パンデミックと財政の大転換

GAFA支配と租税国家の危機をこえて

合田寛 著

新日本出版社

はじめに

新型コロナ・パンデミックは人々の意識と生活を大きく変えた。猛威を振るうパンデミックもいずれ過ぎ去り、日常を取り戻すときがくるであろう。しかしパンデミックは、医療の危機、公衆衛生の危機のみならず、社会的な不平等の危機、気候変動の危機、自然災害の危機、さらに経済の危機など、われわれが直面しているさまざまな危機を気づかせることになった。パンデミックによって浮かび上がった現代のさまざまな潜在的な危機は、パンデミックが去っても消えるものではなく、私たちはパンデミック以前の世界に戻ることはできない。

危機に対する備えを持たない社会で、その危機が現実に起こればどのような困難が生じるのか。それをコロナ禍から、私たちは知ることができた。潜在的な危機が現実の危機となって現れる前に、危機を取り除き、危機がたとえ避けられないものであったとしても、それによる被害を最小化する手立てを講じておかなければならない。

私たちが直面している危機は巨大危機であり、歴史的な危機である。個人や民間部門の力のみでは十分に対処することはできない。危機を予知し、それに対して万全の備えを図るには、政府や自治体の役割を欠かすことができない。とりわけ財政が果たさなければならない役割はますます大きくなる。

政府は「自助努力」を強調するが、人々が危機に対応できるためには、医療、介護をはじめ、雇用や貧困対策などの公共サービス、社会インフラの整備など、公共支出の充実が前提条件である。また私的な資本を超える社会的共通資本の領域を拡大し、それに応じて公的な関与の範囲も広がっていかなければならない。

財政がその課題に応えるためには、財政の現状とこの数十年のトレンドを根本的に転換しなければならない。レーガン、サッチャー「革命」以来、市場原理と競争原理を優先する新自由主義の思想が支配的となり、財政が本来果たすべき役割が軽視されてきた。財政収支の均衡が主要な政策目的とされ、政府支出の面では、社会保障をはじめとする公共支出の抑制を中心とした緊縮政策がとられてきた。税制面では、法人税や富裕層に対する減税によって、税負担の配分が企業（資本）から消費や労働にシフトされ、その結果、税のシステムはますます逆進的となった。それはまた、大企業や富裕者による税逃れ、タックスヘイブンの利用によって、増幅され、所得や富の不平等を深刻にしている。

グローバリゼーションが進展する中で、このトレンドは国際的な潮流となっており、国内だけで解決できるものではない。開発途上国を含め、地球的規模で取り組まれなければならない課題となっている。新しい国際ルールの実現が求められており、そのためには国際連帯と協力が不可欠となっている。

長期にわたる税と財政のトレンドを反転させ、公正な原理にもとづいて、二一世紀にふさわしい新しい社会・経済を支えるグローバルシステムを構築しなければならない。パンデミックのいま、その必要性はかつてなく鮮明となっている。その条件と可能性を探ることが本書の課題である。

二〇二一年八月

著者

目次

第1章　新型コロナ・ウイルスの衝撃と財政の転換

1　パンデミックが浮き彫りにした重層的世界危機

新型コロナ・ウイルスの世界的流行（パンデミック）は私たちの社会のさまざまな矛盾を明るみに出し、すでに進行していたいくつかの危機を浮き彫りにしている。

第一に、パンデミックによって直接に引き起こされている危機は、いうまでもなく公衆衛生と医療の危機である。感染者が爆発的に広がり、重症化した人の数が増える一方、医療機関の対応能力が追い付かず、医療危機が逼迫《ひっぱく》している。ベッドや医療機器、さらに医師、看護師など医療従事者が不足し、自宅療養中に病状が悪化し、死に至るケースが続発するなど、医療崩壊がすでに進行していることを目の当たりにした。

医療崩壊に至った原因として、これまで政府が、社会保障費の効率化、合理化の名のもとに、医療、保健衛生など公衆衛生予算を大きく削減してきたために、今回の新型コロナのような大規模な感染症パンデミックに対処できる余裕が失われ、それが感染の広がりを加速したということができる。

新型コロナ・パンデミックによって直接に浮き彫りにされたのは公衆衛生の危機、医療の危機であるが、危機は医療の危機にとどまらない。政府与党の「自助」を最優先する政策の下で、社会保障予算をはじめ、教育、労働などさまざまな分野の公共サービス・社会インフラが切り捨てられた結果、突然の外的なショックに対して、社会全体が極めて脆弱《ぜいじゃく》な状態にあることが明らかとなった。

第二に、貧困と極端な不平等の危機である。新型コロナの感染拡大によって真っ先に影響を受けたのは、もともと不安定な仕事に従事していた非正規労働者や零細な個人経営の事業者だ。彼らはロックダウンや外出禁止政策によって、真っ先に解雇され、仕事を失い、日々の生活に充てる所得が激減し、その補償を十分受けられない状況に陥った。

デジタル企業、製薬企業など一部大企業は史上最高の利益をあげ、その株主や富裕者たちは、株価の上昇で大儲けしている。リモート勤務が一般化する一方、医療、介護、保育、物流など、現場で働く以外にない労働者、エッセンシャル・ワークに従事する人たちは、ますます過酷な仕事を余儀なくされている。コロナ・パンデミックはすでに進行していた社会の不平等を明るみに出したが、不平等はパンデミックによってさらに深刻化している。またそれはさまざまな社会的格差を拡大している。

第三に、気候変動と地球温暖化の危機である。パンデミックは自然の生態系を無視して、大規模な開発や利用によって自然を破壊してきた人間の活動が限界に近づいていることを浮き彫りにしている。今回の感染症を引き起こした新型コロナ・ウイルスは、大規模な森林開発や都市化など、人間が自然界に深くかかわり、自然に変革を加えた結果、野生動物に潜むウイルスの生活環境に人間が入り込むようになったことを反映している。ウイルスが人間に近づき、侵入したというよりも、人間がウイルスを呼び込んできたといえる。

その点では、感染症のパンデミックは、気候変動の危機を起こした原因と深いかかわりがある。気候変動の危機も人間による石炭、石油など化石燃料の採掘と燃焼、森林開発と都市化などによって、CO_2（二酸化炭素）の排出を劇的に増やしたことによって引き起こされているもので、人間の活動の広がりによって引き起こされているものだ。

また地球の温暖化にともなって、ウイルスを媒介する蚊や野生動物などの棲息する地域が変動し、人間が住む環境との間に新しいかかわりを持つようになったことも、新興感染症が頻発する原因となっている。

第四に、新型コロナ・パンデミックは金融・財政の危機、そして世界経済の危機を一層深めている。感染の拡大を防ぐために各国は都市の封鎖、ロックダウン、外出制限、営業自粛など、経済活動に大きな制限を加えてきた。その結果、各国とも、経済は大きな打撃を受け、成長率の大幅低下に見舞われている。

世界経済は、新型コロナ・パンデミックが起きる以前から長期停滞のもとにあり、各国は異例の低金利政策や積極的財政出動など、あらゆる政策を総動員して経済を支えてきたが、好転の兆しは見えなかった。そのさなかに突然のパンデミックの襲来を受け、各国の経済は大打撃を受けている。破綻に直面した経済を支えるために、各国は巨額の財政支出と新たな金融緩和で対応しているが、そのことが財政と金融の新たな危機を招いている。

経済と財政の危機はとくに途上国において深刻だ。もともと劣悪な生活環境の下で、コロナ感染のリスクは大きく、保健衛生のサービスも行き届いてはいない。パンデミックによって新たに何億人もの極端な貧困者が生み出されている。しかも、もともと財政力の弱い途上国は、先進国のようにこれらの危機に対応するに十分な余力はない。

これらの四つの危機はそれぞれが独立した現象ではなく、互いに関連しあう重層的な危機として現れている。これらはグローバル化と新自由主義政策によって、以前からすでに進行していた危機であるが、コロナ・パンデミックによって大きく浮き彫りにされ、いっそう破局的な形で表れているものと見ることが可能だ。

2 財政の新しい役割

これらの重層的なグローバル危機に対処するために何が必要とされているだろうか。「自助」の精神や「自国中心主義」では解決できないことはいうまでもない。相互扶助と国際連帯の精神が今ほど必要とされているときはない。

またこれらの課題に応えるためには個人や民間部門の力だけでは十分ではない。社会の幅広い力と資源の結集が必要となる。公的部門の役割が飛躍的に高まる。さらに「社会的共通資本」、あるいは

「コモンズ」（人々が共同で管理し利用する資産）を重視する社会への移行が課題となる。「私益」ではなく「公益」を重視する社会への移行が求められる。

しかも、地球的規模の課題を解決するために、一国内部の「公益」にとどまることはできない。グローバルな「公益」の視点が必要で、国際的な「共通資本」、「コモンズ」の役割が大きくなる。国際的な公共支出、いわゆる「国際公共財」の提供が課題となる。コロナ・パンデミックから世界の人々が抜け出すために、ワクチンの世界的供給が不可欠であるように、国内的、国際的に広がる公共的課題に応えるためには、財政の役割が飛躍的に高まる。またそれを支えるために十分な財源が不可欠だ。

新型コロナ・ウイルスのパンデミックに対処するために、各国は前例のない大型財政出動をおこなった。ＩＭＦ（国際通貨基金）の「財政モニター」（二〇二一年四月）によると、パンデミックが始まって以来の世界各国の財政出動は一六兆ドルにのぼり、うち一〇兆ドルは財政支出増または収入減で、六兆ドルは政府の借金・保証・資本注入となっている。

その結果、各国の財政収支はのきなみ悪化し、二〇二〇年の財政赤字は、世界平均をとると対ＧＤＰ（国内総生産）比で一〇・八パーセントを記録しており、パンデミック以前までの三パーセント台から急激に悪化している。財政収支の悪化は特に先進国で顕著で、先進国平均では一一・七パーセント、新興国九・八パーセント、途上国五・五パーセントとなっている。とりわけ深刻なのは米国（一五・八パーセント）で、次いで英国一三・四パーセント、日本一二・六パーセントなどとなっている。財政悪化の要因は、先進国では歳出増と歳入減の両方によるのに対して、途上国では歳入減の影響が大きい。

図表1—1　公的債務残高と利払い費（対GDP比）

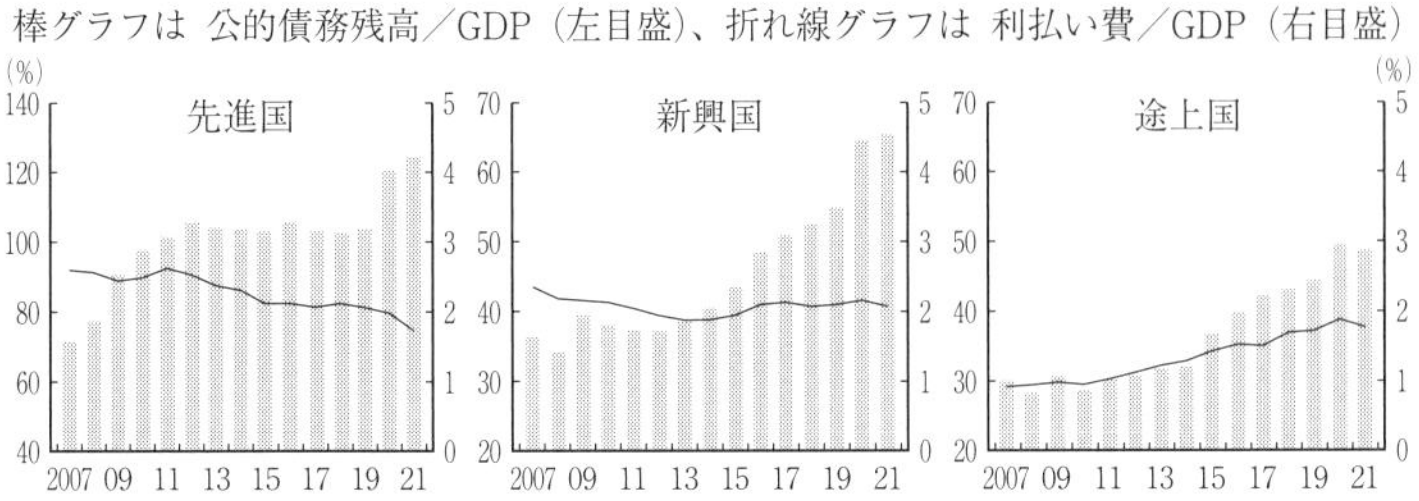

棒グラフは 公的債務残高／GDP（左目盛）、折れ線グラフは 利払い費／GDP（右目盛）

出所）IMF "Fiscal Monitor 2021.4"

図表1—2　公的債務残高（対GDP比）と長期金利の推移

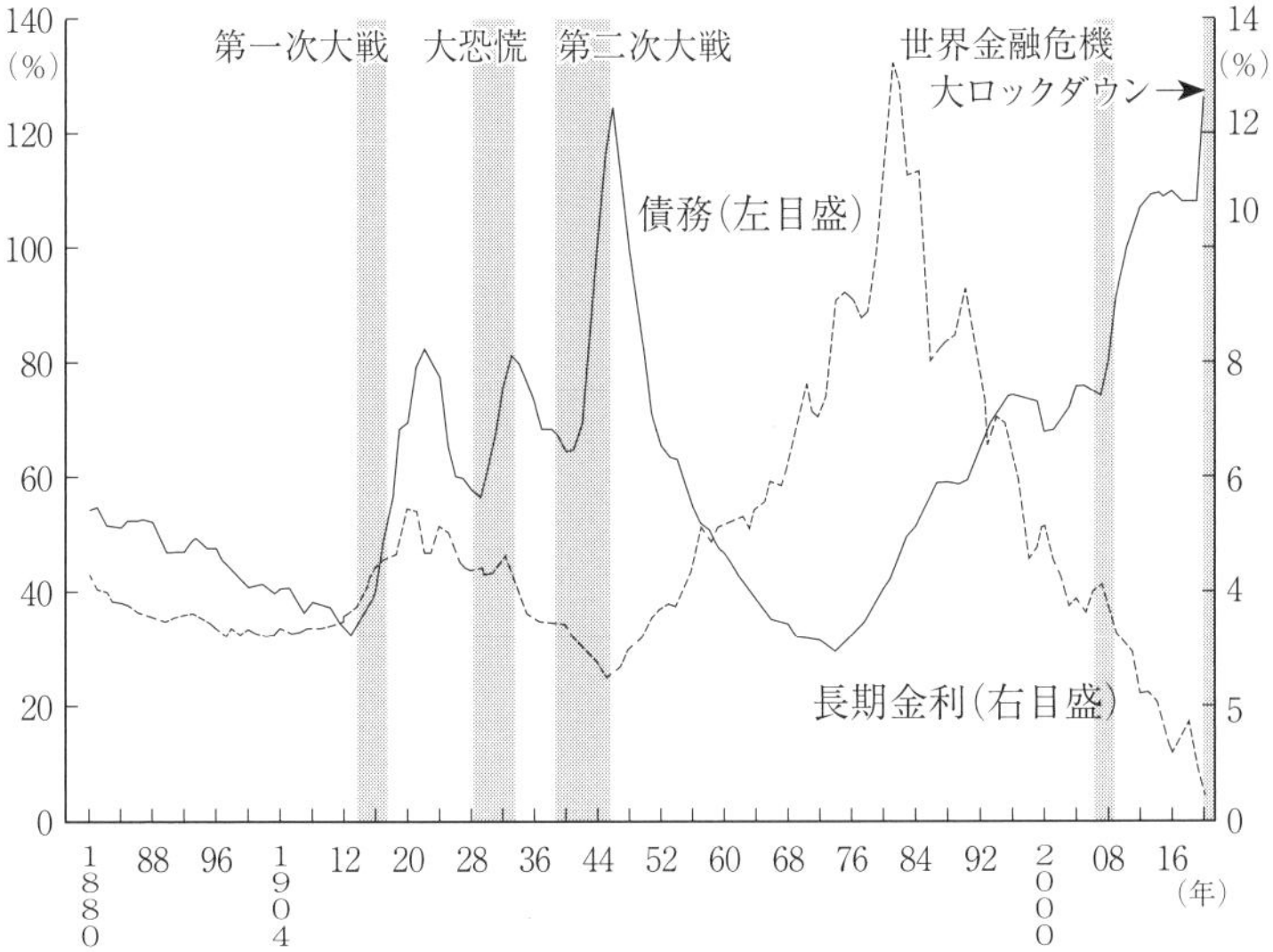

出所）IMF "Fiscal Monitor 2021.4"

その結果、各国の公的債務残高のレヴェルは急激に高まっている（図表1―1および1―2）。二〇二〇年には世界平均で対GDP比九七・三パーセントに達しており、二一年以降も高水準の債務残高が続くことが予測されている。公的債務残高のレヴェルは特に先進国で高く、平均で一二〇・一パーセントと、第二次大戦以来最も高いレヴェルとなっている。とりわけ高いのは日本でGDP比二五六・二パーセントと突出しており、米国は一二七・一パーセント、英国は一〇三・七パーセントなどとなっている。

3　新自由主義と緊縮政策

もともとあった公的債務に新型コロナ・ウイルス対策として積み上がった巨額の財政赤字が加わり、各国は史上最大規模の債務の累積に直面している。これにどう対処すればよいか。いくつかの選択肢がある。一つは財政収支の均衡化を目指す考え方だ。財政収支を均衡化させるためには歳出の削減か増税、あるいはその両方が必要となる。財政収支均衡化のための歳出削減は一般に「緊縮政策」と呼ばれる。

緊縮政策の背景には新自由主義思想がある。第二次世界大戦後、先進諸国はいわゆるケインズ政策にもとづいて、完全雇用を確保し、福祉制度を構築し、労働規制をはじめさまざまな社会規制を備える「大きい政府」を目指す政策を採用した。

これらの政策を資本蓄積の危機ととらえた資本の側は、イデオロギー上の反転攻勢を企てた。一九四七年、オーストリアの思想家フリードリッヒ・ハイエクはミルトン・フリードマンらとともに、モンペルラン協会を創設し、思想闘争の拠点とした。

モンペルラン協会は、「自由市場原理」を個人的自由と同一の理念として信奉し、ケインズ政策や経済計画など国家の介入や労働組合の活動を自由経済に対する挑戦として、これを排除することを目的とする世界的な運動を展開した。

しかし新自由主義でいう「自由」とは、個人の自由から取り出した「私企業の自由」であり、企業が自由に取引できる「市場の自由」だ。それゆえに「新自由主義」に基づく政策は、企業利益が優先される一方、「個人の自由」は軽視され、奪われることもしばしばであった。とりわけ大企業が支配する今日の資本主義の下では、新自由主義は大企業の自由を意味し、それ以外の中小企業や個人の自由とはますます相いれない状況が生み出されてきた。

一九七〇年代に入り、石油ショックを契機として資本主義は危機と動揺の時代に入る。七〇年代末～八〇年代に発足した米国のレーガン政権、英国のサッチャー政権は、この新自由主義思想を本格的に実践する政権として誕生し、企業活動の自由と市場原理を最優先する政策を実行に移した。日本でもほぼ同時期に成立した中曽根内閣の「行政改革」によって同様の政策が始められた。

新自由主義は経済のしくみを基本的に市場に任せること、それによって価格メカニズムを活用すれば最も効率よく資源の配分が可能という考えをとる。したがって政府の介入はそれを阻害しない範囲にとどめることが求められ、政府活動の範囲は小さいほどよいという「小さな政府」論の考え方がとられた。

新自由主義はまた、企業利益の極大化をめざし、株主の最大利益を図る経済体制であり、目指す社会は「株主資本主義」である。市場における株価の趨勢《すうせい》が経済活動の指標になることから、長期的な視野を必要とする投資や社会インフラの整備は後回しにされる。

新自由主義の政策は、戦後積み上げられてきた福祉制度の解体、諸規制の緩和、国有企業の民営化、労働組合活動の制限などを特徴とするものであり、財政面では、歳出の削減と減税による財政規模の縮小と財政収支の均衡化を目指すものであった。

十数年前に起きたリーマンショック後とられた世界的な緊縮政策は、今日顧みるべき教訓を示している。リーマンショック直後（二〇〇九年）に開かれたロンドンサミットで五兆ドルの財政刺激策が合意され、各国は巨額の財政出動で足並みを合わせた。しかしその翌二〇一〇年のトロントサミットで、時限を示して財政赤字の半減、債務残高の対ＧＤＰ比率の低下を求める政策転換を各国に求めた。これを受け各国は緊縮政策に転換し、公共支出削減と増税の路線を進めた。

これに最も忠実に従ったのは英国の保守党キャメロン政権であるが、主要先進国は緊縮政策の推進で足並みをそろえた。日本も例外ではなかった。緊縮政策は各国とも、社会保障費など公的支出の削減、付加価値税の増税、法人税の減税などを共通の内容とするものであったが、いま世界の人々を苦しめている、福祉の破壊、失業者の増加、賃金低下、貧困の増大、格差の拡大などの深刻な事態の多くは、この十年余に及ぶ緊縮の名のもとにおこなわれた政策の結果生み出されたものである。

4 財政の「健全化」目標について

財政収支の均衡化は果たして望ましい政策目標であろうか。とくに経済が不均衡な状態に置かれている時に、財政収支を均衡させることにどれほどの意味があるであろうか。

財政はよく家計にたとえられる。例えば財務省は、財政を家計にたとえ、財政の危機をあおっている。家計収支の場合、借金に依存する家計は不健全と見られ、借金依存から早期に脱却することが望ましい。しかし財政を家計と同一レヴェルで論じることはできない。

国の借金（負債）は、国民から見れば国に対する債権であり、国が国債を発行すれば、その証券は国民にとっては安全な金融資産となる。民間部門（企業や家計）で投資や消費が停滞するときには、公的部門が民間部門に代わって需要を創出しなければ、デフレとなり経済が落ち込む。

1で述べたように、今後予想されるグローバルな危機に対応するために、公的部門が果たすべき役割がますます大きくなることが予想される。他方、長期不況の下で、民間投資は低迷し、民間部門、とくに企業部門では資金が余剰となっている。公的部門が必要とする巨額の資金は民間部門から供給されなければならない。公的部門の資金不足（赤字）は、民間部門の資金余剰（黒字）と海外部門の資金不足（経常収支黒字）によって支えられるので、経常収支の黒字が続く限り、経済はバランスを維持することができる。

以上の理由から、財政収支の均衡化あるいは黒字化を、他の目標から切り離して政策目標にすることは適切ではない。財政の「健全化」を図っても、それによって経済が不健全化すれば本末転倒である。しかし、政府といえども無限に借金することはできない。債務が一定のレヴェルを超えると、債務の返済と利払いのためにさらに借金を重ねる悪循環が始まる。また、経常収支が赤字に転換すれば、海外からの借り入れに依存せざるを得なくなる。債務水準を一定以下に抑えるために、安定した税収が確保されなければならない。

5　新自由主義と税

税は近代民主国家の基礎である。近代の国家は、一七世紀の思想家ジョン・ロックが解明したように、市民が自らの生命・財産を守る機能を担わせるために設立したものであり、税はそのために必要となる費用として共同で負担するものである。税とその支出（予算）は民主的に選ばれた代表者を通じて議会で決定される。このプロセスは民主主義にとってきわめて重要なものであり、支出が税収により多く依存すればするほど、納税者によるコントロールが利き、民主主義のレヴェルは高まり、代表民主制はよく機能するということができる。

税には税収確保とともに、もう一つの重要な機能である所得再分配機能がある。必要とする税収が大きくなるにつれ、また社会の所得や富の格差が広がるほど、どこから税を徴収するかが問題となる。生活に必要な最低限以下の所得は課税されるべきではないし、十分な余裕のある富裕者や大企業の所得や富にはより多く負担を求めることができる。所得再分配が機能するためには、水平的な公平だけでなく、垂直的公平、すなわち所得や富の大きさや負担能力に応じて課税する累進課税と応能負担が求められる。

二〇世紀に入り目覚ましく発展した資本主義は、少数の巨大企業による独占利潤の獲得と市場の支配、株価高騰による少数の富裕者への富の蓄積を生み出し、所得と富の格差の拡大を招いた。

米国では早くから所得税に累進税率が取り入れられ、第一次世界大戦時の一九一七年、所得税の最高税率が六七パーセントに引き上げられた。同時に法人税に超過利潤税が導入され、利益率が八パーセントを超える利益は異常な高利益とみなされ、最大八〇パーセントの累進税が課された。これは高まる戦費を賄うとともに、戦争を利用した不当利得を吐き出させる目的もあった。

さらに大恐慌の後、政権に就いた民主党のルーズベルト大統領は、いわゆる「ニューディール税制」を打ち出し、所得税の最高税率は七九パーセント(三六年)、八一パーセント(四一年)と引き上げられ、第二次大戦中は一〇〇パーセント近くまで引き上げられた。同時に連邦遺産税の最高税率は七〇パーセントに引き上げられた。これは参戦に伴う巨額の戦費調達を図るだけでなく、高まる所得や富の拡大に対処し、富裕者の富や企業の支配力の集中を止めようとする狙いがあった。

注目すべきことは、個人所得税、法人税、遺産税の高い累進課税は戦後も長く維持されたことである。一九四四年から八一年までの所得税の最高税率の平均は八一パーセントであった。富裕層(上位〇・一パーセント)は三〇年代から七〇年代までの四〇年間、平均でも所得の五〇パーセント以上の税金を支払っていた。法人税についても五一年から七八年まで法定税率は五〇パーセント程度であった。個人の富裕者も企業も、戦後長い間、少なくとも所得の半分は税として支払っていたのである。

状況が一変するのは八〇年代に入ってからである。一九八一年、政権に就いたレーガン大統領は税制の抜本改革を掲げ、戦後長く維持されてきた累進課税を覆す税制の大改革を断行した。九〇パーセント程度だった所得税の最高税率は一気に二八パーセントに引き下げられ、一五段階あった税率区分は二段階に簡素化された。法人税率は四六パーセントから三四パーセントに引き下げられるとともに、加速度償却や投資税額控除などの企業優遇措置が導入された。

これより早く英国では、七九年に政権に就いたサッチャー首相が、いわゆる「サッチャリズム改革」の柱として、所得税の最高税率を八三パーセントから四〇パーセントに下げ、一一段階あった税率区分を二段階に簡素化した。また四五パーセントだった法人税率を三五パーセントに引き下げた。同時に付加価値税の税率を八パーセントから一五パーセントに引き上げた。

英米を中心とした主要先進国が、八〇年代に入って、戦前・戦後を通じて長く維持されてきた、富裕者や大企業に高負担を求める税のシステムを大きく転換するに至った理由は何であろうか。

一つの理由として考えられるのは、重い税負担は働く意欲を阻害し、成長を抑制する、あるいは脱税・税逃れを図るインセンティブを与えるというものである。レーガン税制の背景には「ラッファー曲線」で示された考え方がある。すなわち税率がある一定の高さに至るまでは、増税によって税収は増えるが、それを超えると、税収は逆に減るという「理論」である。しかし、「ラッファー理論」の正しさは実証的に証明されていない。後任のブッシュ（父）大統領ですら、これを「ブードゥー（魔術）経済学」と言って笑ったという。

あとで述べるように、レーガン政権期に、富裕層や大企業による脱税・税逃れが急増したことは確かである。しかしレーガン減税後も脱税・税逃れはいっこうに減ることはなく、それどころか、逆に増えたのである。

かつて大統領選のテレビ討論会で、ドナルド・トランプ候補が、「税金を払っていない」という批判に対して、「それは私が賢いからだ」と誇らしげに答えたことがある。脱税や税逃れを非道徳的な行為ではなく、逆に英雄的行為とみなす風潮を、八〇年代のレーガン税制改革はつくり出したのである。

したがって、八〇年代における税の振り子の逆戻りは、経済的・財政上の合理的な理由によるものと考えることはできない。本当の理由は、ウォール街のエスタブリッシュメントによる政治権力の獲得にかかわっている。いったん政権につけば、自らに有利な減税法案を成立させ、いっそう富と所得を集中させることができる。大きな経済力を手にした少数の者たちが、莫大《ばくだい》な献金とロビー活動によって、自分たちにさらに有利な経済ルールづくりを求めて政治家に働きかける。

税のシステムの振り子の逆戻りは、ハイエクらがモンペルラン協会を拠点にして開始した新自由主義による思想闘争の勝利といえるものであり、資本による（上からの）「反革命」の成果である。グローバル企業による世界支配の完成である。「過去二〇年間、階級闘争が続いたが、勝利したのはわれわれの階級だ。われわれの階級が税率を劇的に引き下げたのだ」。これは米国の投資家で大富豪のウォーレン・バフェットが一〇年前に述べた言葉だ（CNNのインタビュー）。

新自由主義時代の税制の特徴は、市場の自然な働きをできるだけ阻害しない税システムである。経済活動に対して「中立的」な税制が選ばれる。法人税はできるだけ低く、所得税は累進的でない、できるだけフラットな税制を理想とする。その結果、「資本所得には軽く、労働所得には重く」という税体系ができ上がる。

新自由主義思想の根底には、資本に対する課税は資本蓄積を損ない、経済を悪化させるという根強い考え方がある。しかし資本に対する課税が投資を抑制したり、経済成長の妨げになっているという証拠はない。むしろ八〇年代以前の高い法人税と高度な累進所得税のもとで、各国は高い成長と平等な社会を経験してきた。資本課税と累進課税は経済に対する好循環をつくり出し、民主主義を支えてきた。

資本減税は大企業や富裕者による税逃れを防ぐためだという考えがある。しかし一般に高い税負担を避けるために税逃れが起きているわけではない。税逃れや脱税は税の高低にかかわらず起きる。「税金を払わないのは賢いからだ」という認識はトランプだけのものではないだろう。多国籍企業や多くの富裕者にとって、支払う税をいかに最小限にするかが最大の関心事である。会計事務所や法律事務所などのプロフェッショナルを雇い、そのための戦略に全力を挙げている。

新自由主義の下では、ある国が資本に対する課税を軽減すると、競争上、他の国もそれに追随して減税をおこなう。その結果、国際的な税の引き下げ競争がもたらされる。他方、資本（企業）の側はより低い税、あるいはまったく税のないタックスヘイブンを目指して国境を越える。新自由主義が続く限り、それは際限のない「底辺への競争」となる。

「底辺への競争」は、単に税の世界の出来事にとどまらない。税をめぐる競争によって税収が減れば、税を財源とする公共サービスが切り捨てられ、社会保障が切り詰められる。資本に有利な条件をめぐる競争は、さらに労働規制の緩和、環境規制の緩和などを導き、市場万能の社会に行きつく。新自由主義がもたらすこれらの結果は、多数の国民の利益に反し、民主主義と相いれない。

「底辺への競争」は何をもたらしたのか。カリフォルニア大学のエマニュエル・サエズとガブリエル・ズックマンは、所得を資本所得と労働所得に分類し、前者に対する課税を「資本税」（法人税のほか財産税、配当やキャピタル・ゲイン等への税を含む）、後者に対する課税を「労働税」（個人所得税のほか給与税、医療保険料を含む）として、両者の関係を分析している。*1

分析は、近年、資本税の税率が大幅に引き下げられる一方、それによる税収減を補うために労働税の税率が引き上げられた結果、二〇一八年には米国史上初めて、資本所得の税率が労働所得の税率を下回ったことを明らかにしている。その結果、所得税の累進度が大きく緩和され、ほとんどの所得階層で税率が一定である一方、最富裕層で逆に税率が低い逆累進構造となっていることを明らかにしている。

新自由主義思想にもとづく「資本に軽く、労働に重い」課税、それによる税率の平準化、累進性の低下、高所得層での逆進化は、米国のみならず世界的な傾向となっている。日本もその例外ではなく、法人税の相次ぐ減税や、配当、キャピタルゲイン課税の軽減措置によって、高所得者に適用される税率の方が、中・低所得者に対する税率よりも低い逆進税制となっている。税が所得再分配の機能を果たすのではなく、逆に格差の拡大をもたらしている。

「資本に軽く、労働に重い」課税、底辺への競争、税の抜け穴、租税回避ビジネス、租税回避、タックスヘイブンなどは別々に生じている問題ではない。これらすべては資本の要求によってつくられ、仕組まれた構造であり、相互に関連し、悪循環となって、税のシステムをゆがめ、民主主義を蝕《むしば》んでいる。

6 グローバル化と税

新自由主義思想とともに、戦後の税システムに大きい影響を与えたのはグローバル化である。税の在り方を決めるのは国家の主権であるが、グローバル化に伴って資本やマネーは簡単に国境を越える。国家の主権と資本の論理が相対立し、やがて国家は資本にのみ込まれる。それがグローバル資本主義の現在であり近未来である。

財政にはまず、国家が自国民の命と暮らしを守り、共同の利益を図り、経済を安定させる役割がある。税は財政がそのような役割を果たすために必要な財源として機能する。ところがグローバル化に伴って、国内で生じた所得であっても自由に国境を越えて海外に流出し、あるいは自国民／自国企業が、海外で所得を生み出すことも多くなる。その結果、国家は必要な税収を確保できなくなる。

グローバル化の下で国家が必要とする税収をあげるためには、その課税対象として自由に国境を越えることのできない労働所得、あるいは消費を選ぶことになる。また税の引き下げを競い、他国の企業を自国に呼び込もうとする。他方、企業や富裕な個人は、税率の低い国に利益や所得を移し、自国の高い税負担を逃れる。あるいはタックスヘイブンに所得を隠し、税を免れる。

こうしてグローバル化がもたらす税制も、新自由主義がもたらす税制と同じく、「資本に軽く、労働に重い」課税に帰着する。最も負担力のある大企業や富裕者が応分の負担をしない結果、働く国民が過分の負担をする税収構造が生み出される。しかも税収は慢性的に不足し、緊縮政策が彼らに押し付けられる。

グローバル化と新自由主義によって財政は蹂躙《じゅうりん》されるがままである。しかし先進国はまだ救いがある。生産力も高く、所得や富には余裕がある。税収が不足しても借り入れで賄うことができ、それを支える中央銀行がある。

それに対してグローバル・サウス（グローバル化に取り残された南半球の国々）、とくに貧困な途上国の財政は、グローバル化と新自由主義のしわ寄せをまともに受けている。これらの国ではもともと低所得者、零細な企業が多く、税収は不十分である。有力な税収源は進出してきた企業から得られる法人税であるが、多国籍企業は進出の条件として、自社に有利な税の扱いを求めるだけでなく、実現した利益をタックスヘイブンに持ち出し、その国には支払うべき税を支払わない。

グローバル化と新自由主義は、相まってグローバル企業が世界を支配する環境をつくり出している。しかしグローバル化と新自由主義は、同時にそれへの対抗力を生み出している。グローバル・サウスは先進国の市民とともに、グローバル企業の支配を打ち破る力を蓄えている。グローバルな課題は国際的な連帯と協力によって解決の道を探らなければならない。それは税の世界では始まっている。

一つはタックスヘイブンに対する国際的な取り組みである。タックスヘイブンは巨大企業や富裕者によって、所得を隠し、税を逃れるために利用され、各国の財政を逼迫させた。

タックスヘイブンに対する取り組みは、九〇年代末からOECD（経済協力開発機構）を中心として取り組まれてきたが、リーマンショック後の二〇一三年より、多国籍企業の利益移転に焦点を当てる「BEPS（税源浸食と利益移転）プロジェクト」が本格的に始められた（第5章で詳述）。BEPSプロジェクトは一五年に最終報告書を提出したが、その後、OECD非加盟国を含めた約一四〇か国が参加して、残された課題であるデジタル課税の問題に取り組んでいる。

そこで浮き彫りにされた問題は、グローバル化に伴って国境を越えて移動する資本やマネーに対して、どの国がどれだけ課税するかという、国家の課税権の範囲をめぐる問題である。課税権やその配分をめぐる問題は、国家の利害が衝突する問題であり、その解決は困難であるが、国家間の連帯と協力によって解決する道が模索されている。

国際協力が求められるもう一つの税の問題は、税の競争の問題である。先述したように、グローバル化に伴って、各国は企業の海外進出を抑制し、あるいは自国に企業を誘致するために、互いに税率を引き下げ、優遇措置を拡大する悪しき競争（「底辺への競争」）に追い込まれている。

税の引き下げ競争の対象は、自由に国境を移動できる企業や投機マネーに対する税であり、法人税など資本所得に対する税である。法人税など資本所得に対する税が引き下げられれば、それによる税収減を補うために、国境を自由に移動できない労働所得や消費に対する課税が強められる。

したがって税の引き下げ競争に歯止めをかけるためにも、国際協力は不可欠である。そのための協力の一環として、国際的最低税率の設定に向けた取り組みが進められている。

7　現代貨幣理論（ＭＭＴ）は有効な解決案か

いわゆる現代貨幣理論（ＭＭＴ：Modern Monetary Theory）が脚光を浴びている。ＭＭＴも新自由主義思想による均衡財政主義と緊縮財政主義の行き詰まりを反映する理論である。しかしＭＭＴは新自由主義にもとづく税と財政の理論に対抗できる理論であろうか。ＭＭＴの有力な主張者である米国の経済学者ランダル・レイによれば、ＭＭＴとはこうである。[*2]

1　政府の支出は通貨の創造であり、通貨を発行する主権国家では、支払い不能になることはない。政府が支出するために租税を必要とはしない。のみならず、納税者が通貨を使って租税を支払うことができるためには、あらかじめ政府が支出しなければならない。

2　租税の目的は政府支出の財源を確保するためではない。租税の納付義務を課すことによって、その支払いのための通貨の需要をつくり出すことだ。政府が租税を必要とするのは、納税のために通貨を手に入れようとして、労働力、資源、生産物を売却するように国民を仕向けるためだ。つまり「租税が貨幣を動かす」のである。

3　貨幣は、政府の債務証書である。貨幣は単なる負債の「証拠」あるいは「記録」であり、「商品貨幣」ではなく「信用貨幣」である。
4　支出が所得を決定する。経済が悪化しているときには、財政が赤字になることは、自動安定化装置が働いていることを示すものである。
5　税の機能はインフレ抑制である。法人税は有害な税であり廃止すべきである。貧困層を支援するための富裕税の創設は実現困難である。
6　政府は完全雇用政策を進め、「最後の雇い手」の役割を果たす。そのために「就業保証プログラム」を実施する。就業プログラムの賃金は基準賃金となり、これを最低賃金とする。

またニューヨーク州立大学のステファニー・ケルトンは、MMTを次のように説明する[*3]――政府は収入を支出するのではなく、まず支出し、市中に税金の支払いや国債購入のための資金を供給する。政府が国債を発行するのは、資金を調達するためではなく、国債を保有しようと望む国民に応えるためである。またそれによって金利を維持することだ。中央銀行がキーボードをたたくだけで、債務をそっくり返済することができる。

またケルトンは次のようにも言う。MMTは、貧しい者に配るために富める者に税を課すというロビンフッド的アプローチを支持しない。公共の利益のために支出を増やすには富裕者に頭を下げなければならない、あるいは富裕者とたたかわなければならないと政治家が思い込んでいたら、政府は富裕層の弱点、関心事、非現実的な政治的要求ばかり気にするようになる。

以上二人の主張者の論理から明らかなように、ＭＭＴは新自由主義が引き起こした税と財政の危機の問題を解決する指針を与えるものではない。八〇年代以降の「資本課税から労働課税へ」の税のシフトや「底辺への競争」、大企業や富裕者の税逃れやタックスヘイブンの問題などにはほとんど無関心である。新自由主義やグローバル化がもたらす現代資本主義の中心問題に迫るものではない。

ＭＭＴの最大の問題は、税の役割を不当に過小評価し、景気調整の単なる一手段と考えていることにある。ＭＭＴのコアとなる部分に「租税が貨幣を動かす」（Taxes Drive Money）というキーワードがある。レイによれば、その意味は国家が租税債務を課し、強制する権限を有していれば、その通貨に対する需要を確保できる、国民が通貨を手に入れようと、労働力、資源、生産物を政府に売却するように仕向けるため、というものだ。同じことをケルトンは、「税は通貨への需要を生み出すためにある。税を払うにはそれに先立って通貨を稼ぐために働く必要がある」と説明する。

ケルトンはそのことを説明するために「モズラーの名刺」のたとえを用いる。モズラーは子どもたちに自宅の掃除や家事をやらせ、そのたびに報酬として数枚の名刺を渡す。その名刺を毎月三〇枚、父親に渡せば、子どもたちはテレビを見たり、プールで泳いだり、ショッピングモールに連れていってもらえることとする。そうすると子どもたちは名刺を得るために掃除や家事に懸命になる、というたとえ話である。名刺でしか払えない「税金」を子どもたちに課すことによって、「通貨」が生み出されるのである。国家が国民に税を課すのは、それによって支出するためではなく、国家のために働かせるためだ、というのである。

ＭＭＴの主張で評価できるのは、財政を家計にたとえ、「先に収入があり、後で支出する」「何かを購入するためには、先に稼がなければならない」という、間違った考えを否定するところにある。また財源が足りないことを理由に、必要な支出を削減する緊縮政策を否定することにある。

主権国家は財源のいかんにかかわらず、必要な時に必要な財政支出をおこなうことは可能であるし、またそうしなければならない。有効需要が不足する不況時には積極的な財政出動をおこない、総需要を引き上げることが求められる。またコロナ・パンデミックのような緊急時には、国民の命と暮らしを守るために、機動的な支出を躊躇《ちゅうちょ》してはならない。

しかし、支出は税収と常に一致する必要はないとはいえ、支出のレヴェルと税収のレヴェルとの間には一定のリンクが求められる。より多くの学校、病院を建設するためには、より多い税収が必要となる。

また税を支払う国民は、その使途を監視し、コントロールする権利を有する。議会における予算の審議を通じて、税の設計とその配分を議論することができる。「代表なくして負担なし」は民主主義の原点である。

ＭＭＴは、税の必要性は認めるが、税のシステムの在り方には関心を示さない。誰に課税するのか、税負担をどう配分するのかについての説明はない。税の種類についても、法人税なのか、所得税なのか、直接税なのか間接税なのか、あるいは資本課税なのか労働課税なのか、などについては無関心である。

それればかりか、ＭＭＴは、企業課税や富裕者課税に否定的である。ランダル・レイは、海外に逃れることを止めることは困難との理由で、法人税は廃止すべきと、法人税廃止論を唱えている。富裕税についても、富裕者は税法に影響を与え、自らに対する優遇措置を得ることができるので、不公平対策にはならない、という。ケルトンも、富裕者課税をおこなえば、政府は富裕層の政治的要求ばかり気にするようになるとの理由で、富裕者課税に消極的である。

ＭＭＴは、巨大企業の税逃れや、富裕者の政治的な力を絶対的なものと前提し、それを規制・監督し、変革しようとする姿勢が希薄である。今日のグローバル資本主義の下では、グローバルに展開する多国籍企業やその支配的株主である富裕者に、応分の負担を求めることは困難な課題である。しかしその巨大な力とたたかわないであきらめてはならない。そのための国際的な協力は始まったばかりである。

8　ポストコロナの財政の転換

コロナ・パンデミックを経て、財政はいま重大な転換点にある。ポストコロナの財政は従来の延長上の財政であることはできない。新自由主義財政からの根本的な転換が求められている。

新自由主義の下での経済政策は、資本の効率化を最優先課題とし、企業活動の自由と市場原理を優先する政策のもとで、「小さい国家」と財政収支の均衡が追求された。歳出面で社会保障費など公共支出の削減による緊縮政策が推進された。歳入面では財政赤字の削減の一方、税制面では経済活動の活性化のためとして、法人税の減税と所得税の累進性緩和がおこなわれ、税収確保のために、経済活動に「中立的」な税として消費税の増税がおこなわれた（図表1―3）。

これに対してポストコロナの経済政策においては、新自由主義の克服が最大の課題となる。経済における公共部門の比重は高まり（大きい国家）、財政の均衡主義は否定され、債務を抱えた国家が常態となる。

ポストコロナの財政政策のためには〈二つのリバランス〉が前提となる。歳出面では社会保障、医療、教育、社会基盤公共投資などの公共支出の充実に加えて、気候変動、格差拡大、雇用問題を解決し、あわせて経済を回復し、安定させるためのグリーン・ニューディール（積極財政政策）が求められる。

他方、歳入面では、一定割合の債務は容認されるが、長期的には歳入に占める適正な税収比率の回復（リバランス①）が必要となる。そのために税制では、行き過ぎた新自由主義的租税政策を巻き戻し、「税の公正」の実現をはかることが課題となり、市場・企業活動優先の税制から、格差是正、再分配政策重視の税制が構築されなければならない。

そのうえで、所得課税を基幹税とし、資産課税で補完することとし、直接税比率を回復（リバランス②）する。法人税は税率を引き上げるとともに、大企業優遇税制の是正を図る。所得税は累進性を

図表1—3　新自由主義の財政

新自由主義の経済政策
資本の効率
（企業活動の自由
市場原理の優先）

小さい国家
財政収支均衡

新自由主義の財政政策
歳出：緊縮政策＝公共支出（社会保障など）の削減
歳入
- 債務　縮減
- 税制
  - 法人税（企業活動の活性化のため）→減税
  - 消費税（市場の効率性を阻害しない）→増税
  - 所得税（経済活動に中立的に）→累進緩和

図表1—4　「ポストコロナ」の財政

ポストコロナの経済政策
新自由主義の克服

公共部門の比重大＝大きい国家
財政均衡主義の否定＝債務を抱えた国家

ポストコロナの財政政策〈二つのリバランス〉
歳出：公共支出の拡大（社会保障、医療、教育、社会基盤公共投資）の充実
加えて気候変動、格差拡大、雇用確保に対処するグリーン・ニューディール
歳入
- 債務：容認。ただし歳入に占める適正な税収比率の回復（リバランス①）
- 税制：行き過ぎた新自由主義的租税政策を巻き戻し、「税の公正」を実現

＝市場・企業活動優先の税制→格差是正、再分配政策重視の税制
所得課税を基幹税とし、資産課税で補完。直接税比率を回復（リバランス②）
- 法人税→税率引き上げ、大企業優遇税制の是正。税逃れ・タックスヘイブン規制
- 所得税→累進強化。金融所得優遇の是正。税逃れ・タックスヘイブン規制
- 消費税→税収に占める比重の引き下げ
- 資産税→富裕税の創設、相続税の強化

強化し、金融所得優遇を是正する。また税逃れ・タックスヘイブン規制を強める。消費税については税収に占める比重を引き下げる方向を目指す。資産税として富裕税を創設するとともに、相続税の強化を図る（図表1―4）。

注

＊1　エマニュエル・サエズ、ガブリエル・ズックマン著、山田美明訳『つくられた格差　不公平税制が生んだ所得の不平等』二〇二〇年、光文社

＊2　L・ランダル・レイ著、島倉原、鈴木正徳訳『MMT現代貨幣理論入門』、二〇一九年、東洋経済新報社

＊3　ステファニー・ケルトン著、土方奈美訳『財政赤字の神話　MMTと国民のための経済の誕生』、二〇二〇年、早川書房

第2章　深刻化する不平等と貧困

1　パンデミックが浮き彫りにしたもの

不平等という名のウイルス

新型コロナ・ウイルスの世界的な蔓延《まんえん》（パンデミック）は、現代資本主義の下で進行しているさまざまな負の側面を浮き彫りにしている。なかでもパンデミックは、貧困者を一層貧困に追い込む一方、富裕者はさらに富を増やし、格差の拡大を一層激しくしている。

国際ＮＧＯオックスファムが、二〇二一年一月に発表した「不平等のウイルス」[*1]（The Inequality Virus）はパンデミックによって一握りの富裕者が富を増やした一方、多くの人々が貧困に陥り、その回復には長期の困難が伴う現実をリアルに描いている。

報告書は次のように述べる。

パンデミックによって世界のトップ一〇〇〇人の超富裕層の富は、二〇年末までの九か月で三・九兆ドル（約四三〇兆円）増え、パンデミック直後に失った損失を回復した。これによって総資産は約一二兆ドル（一三二〇兆円）に達したが、この金額は、Ｇ20の政府がパンデミック対策のために支出した金額に等しい。

図表2―1　5.5ドル（1日）以下で暮らす人々の人数

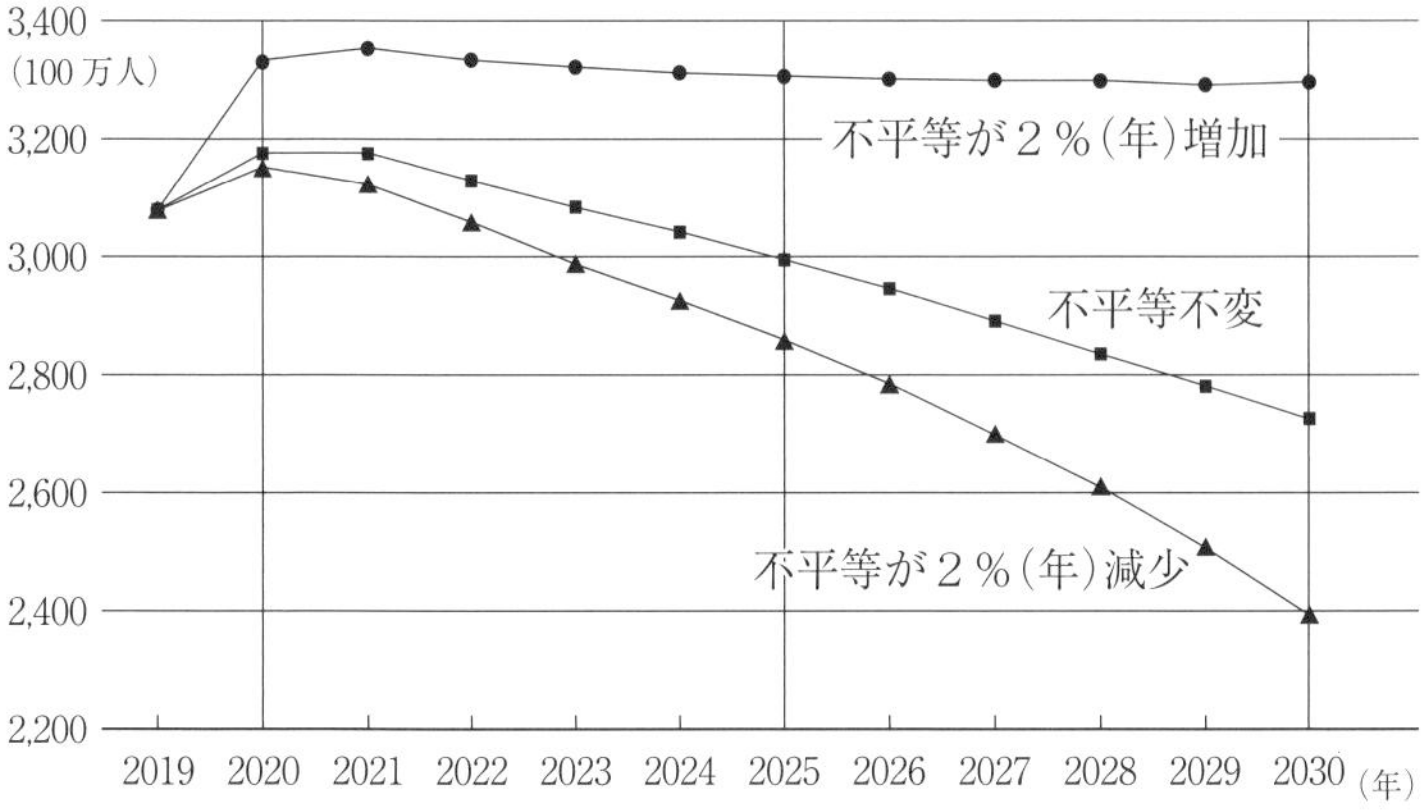

出所）Oxfam “The Inequality Virus” 2021.1

他方、同時期に数億人が仕事を失い、貧困と飢餓に直面した。過去数十年続いていた、貧困の減少傾向は逆転した。貧困層の人々の数がパンデミック以前に回復するには一〇年以上かかる。パンデミックは女性、黒人、先住民など、歴史的に限界状況に置かれ、抑圧されてきた人々の貧困をいっそう深刻にしている。

報告書は、貧困層の数が今後どう推移するかを予測している。不平等が今後も年二パーセントのスピードで増えれば、二〇三〇年に一日五・五ドル以下で暮らす貧困層の数は三四億人で、現状と変わらない。しかし不平等を毎年二パーセント減らせば、三年間でコロナ以前の水準に戻すことが可能となる（図表2―1）。

パンデミックと貧困層

ＩＭＦ（国際通貨基金）スタッフの研究[*2]によると、新型コロナ・ウイルスの感染者と死亡者は、豊かな地区よりも貧しい地区で多くなっている。各国内でも世界全体でも、パンデミックとそれを制御するための取り組みによって、貧困層が不釣り合いに大きな影響を受けている。

パンデミック下では、貧しい人々はしばしば感染の最前線に立たざるをえない。第一に、食料品店や宅配サービスなどに従事する労働者の多くは、パンデミック下でも必要不可欠な業務であり、リモートワークを選択する余地は限られている。第二に、貧困地区は人口密度が高い場合が多く、より感染が広がりやすい。第三に、いざという時の貯金も貧困地域の住民は少ない場合が多く、労働時間を減らして感染リスクを抑える可能性が限られている。

それに対して、豊かな人々は、仕事を減らしたり自宅外で過ごす時間を制限したりする選択肢があるため、感染リスクを低下させることが可能だ。

モデルによるシミュレーションでは、ウイルスに最終的に感染する割合が富裕世帯では一〇パーセントをわずかに上回る程度であるのに対して、貧困世帯では二年間に五〇パーセントを超えることが示されている。死亡率に関しても、モデルは、貧困世帯の死亡率が四倍ほど高いことを示している。

新型コロナ感染症は、とくに貧困層に感染のリスクを負わせているが、逆にパンデミックは貧困と格差をますます増幅している。ＩＭＦスタッフの別の研究[*3]は、ＳＡＲＳ（重症急性呼吸器症候群）、ＭＥＲＳ（中東呼吸器症候群）、新型インフルエンザなど、今世紀に発生したさまざまな新興感染症に焦点を当て、感染症終息後の五年間にみられた所得分配への影響を調査している。

その結果、今世紀に発生した種々の大規模な感染症流行は、所得格差を拡大させ、基礎教育しか受けていない人々の雇用見通しを悪化させた一方で、上級学位を取得している人々の雇用にはほとんど影響しなかったことがわかった。

所得格差を示すジニ係数で見ても、感染症流行の五年後にはジニ係数は一・五パーセント近く上昇している。感染症の影響は、失業、仕送りの減少をはじめとする所得への打撃、雇用見通しの悪化などのために長引くことが多い。感染症が雇用に与えた影響は学歴によって大きな違いが見られた。高学歴の人は雇用にほとんど影響を受けていない一方で、基礎教育しか受けていない人は雇用が急減しており、五年後には五パーセント以上も減っている。

同研究は、「パンデミックは社会のほぼすべての人に悪影響を与えるものの、政策では、社会の中でも最も恵まれない人々の生活に長期的なダメージ、言い換えれば『傷跡』が残るのを防ぐことに特に注意を払う必要がある」と結んでいる。

パンデミックの影響はとくに途上国、新興国において厳しいものとなっている。ＩＭＦスタッフによる別の研究[*4]によると、途上国、新興国は貧困削減と平均余命に関してこれまで大きな進歩を実現してきたが、現下の危機は、こうした進歩の多くを危険にさらすとともに、貧富の差を一層拡大させつつある。

本研究は世界の一〇六か国について、新型コロナ・ウイルス危機を受けた二〇二〇年の所得分配のジニ係数と、その変化率を計算している。その結果は、新型コロナ・ウイルスが所得分布に及ぼす影響は過去のパンデミックよりもかなり大きいことを示している。

この分析では、新興市場国と発展途上国でジニ係数の平均が〇・四二七に上昇し、二〇〇八年の水準に並ぶことが示されている。低所得途上国の場合には、二〇〇八年の金融危機以降の改善ペースが遅かった上に、新型コロナ危機によってより大きな影響を受けることになり、新興市場国と発展途上国では福祉が八パーセント低下する可能性がある。新興市場国と低所得途上国で世界金融危機以降に実現された進歩が帳消しになりかねない、と指摘している。

2 世界の不平等の趨勢

格差の拡大は新型コロナ・パンデミックによって浮き彫りにされたが、それ以前から、グローバル化と新自由主義政策のもとで、長期的にますます悪化する傾向となっている。

格差の拡大あるいは不平等は二つの次元でとらえることができる。一つは一国内の不平等であり、もう一つは国境を越えたグローバルな不平等である。グローバリゼーションと新自由主義政策の広がりに伴って、近年、この二つの不平等は互いに作用しながら、ともに拡大している。

まずグローバルな不平等について考えてみよう。

世界不平等研究所の『世界不平等レポート２０１８』は、トマ・ピケティが著書『21世紀の資本』

図表2―2　グローバルな所得の成長と不平等
1980～2016年累積実質成長率（1人当たり国民所得）

	中国	ヨーロッパ	インド	ロシア	米国/カナダ	世界
全人口	831%	40%	223%	34%	63%	60%
下位50%	417%	26%	107%	-26%	5%	94%
中位40%	785%	34%	112%	5%	44%	43%
トップ10%	1316%	58%	469%	190%	123%	70%
トップ1%	1920%	72%	857%	686%	206%	101%
トップ0.1%	2421%	76%	1295%	2562%	320%	133%
トップ0.01%	3112%	87%	2078%	8239%	452%	185%
トップ0.001%	3752%	120%	3083%	25269%	629%	235%

出所）World Inequality Lab “World inequality report 2018”

（二〇一三年、邦訳は二〇一四年、みすず書房）を生み出したデータベースをもとに、不平等の最新動向を、全世界の一〇〇人以上の研究者ネットワークを駆使して編集し、刊行されたレポートである。*5

本レポートは所得分布の各階層が世界全体の所得伸び率に占める割合を算出し、世界の不平等の動向を計測している。同レポートは八〇年代以降、全体として上位階層が、世界全体の所得伸び率のうちの大きな割合を示していることを明らかにしている。以下レポートの主要点を紹介しよう。

一九八〇年以降の約四〇年間の世界の一人当たりの所得の伸びを見ると、全体で六〇パーセントの伸びがみられた（図表2―2）。下位五〇パーセントも一定の伸び（九四パーセント）を示したが、それは中国（四一七パーセント）、インド（一〇七パーセント）など新興国の所得が大きく伸びたためである。これに対して、米国／カナダは五パーセントのわずかな伸びであった。他方、上位

図表2—3　世界の所得成長の階層別シェア 1980～2016年

	中国	ヨーロッパ	インド	ロシア	米国/カナダ	世界
全人口	100%	100%	100%	100%	100%	100%
下位50%	13%	14%	11%	-24%	2%	12%
中位40%	43%	38%	23%	7%	32%	31%
トップ10%	43%	48%	66%	117%	67%	57%
トップ1%	15%	18%	28%	69%	35%	27%
トップ0.1%	7%	7%	12%	41%	18%	13%
トップ0.01%	4%	3%	5%	20%	9%	7%
トップ0.001%	2%	1%	3%	10%	4%	4%

出所）World Inequality Lab “World inequality report 2018”

一パーセントは一〇〇パーセントを超え、とりわけ上位〇・〇〇一パーセントは二三五パーセントの高い伸びであった。

国別にみると、この間、とくに中国で、上位一パーセントは二〇倍近く、上位〇・〇〇一パーセントでは三八倍と、最富裕層の所得の伸びが著しい。最上層の顕著な伸びはインドやロシアでも見られた。インドでは下位五〇パーセントの所得の伸びが一〇七パーセントであるのに対して、上位〇・〇〇一パーセントの伸びは三一倍、ロシアでは下位五〇パーセントの所得が二六パーセント減少している一方、上位〇・〇〇一パーセントは二五三倍の伸びと顕著な対比を示している。

一九八〇年以降、約四〇年間の世界の総所得の伸びのうち、どの所得グループがどのくらい得たかを示す一覧が図表2—3である。

この期間、所得全体の伸びの圧倒的な部分（五七パーセント）を得たのは、世界の上位一〇パーセントの個人

図表2—4　エレファント・カーブ（1980〜2016年）

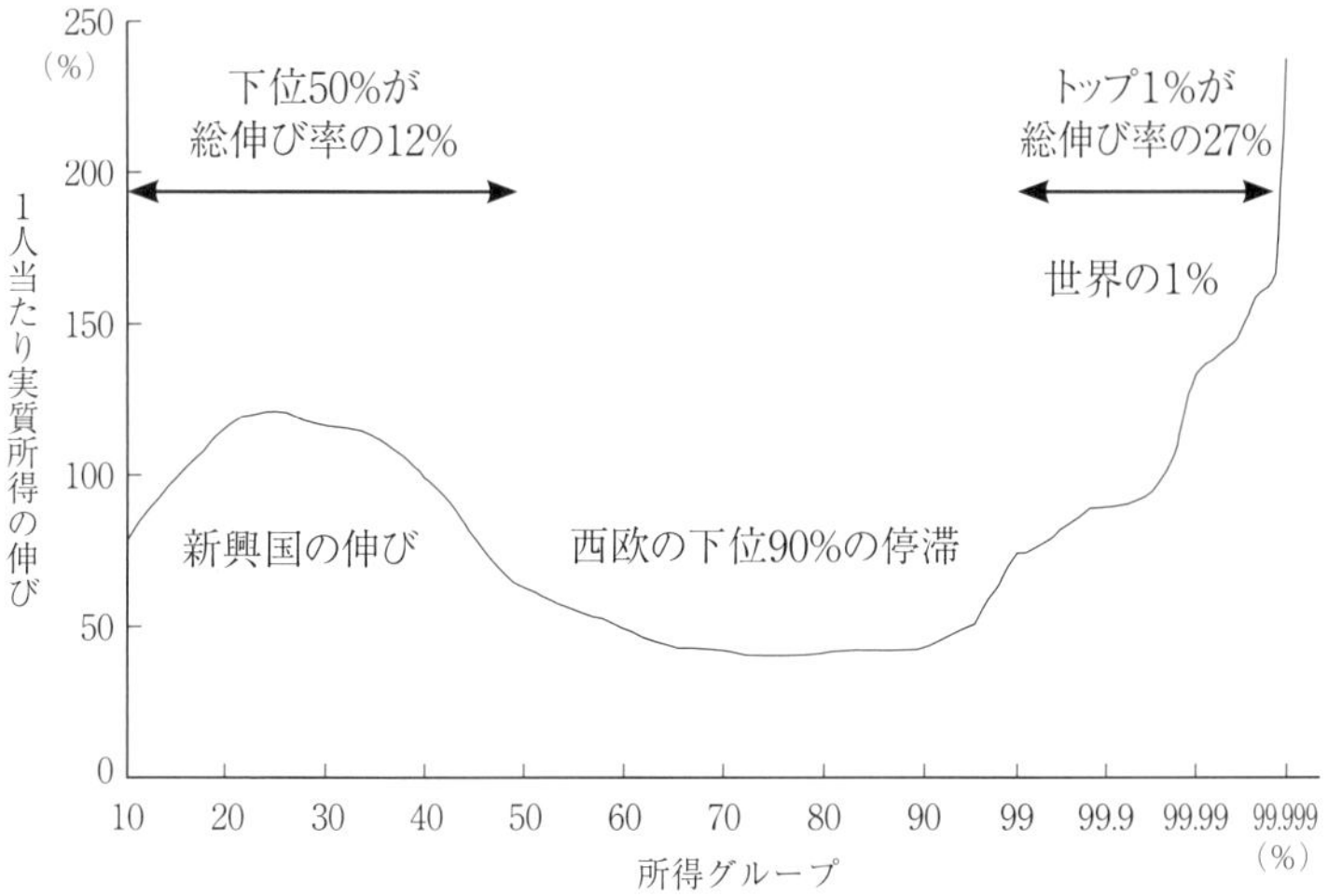

注）横軸は世界の人々を低い所得から高い所得へと並べ、低い方から数えて人口の何割にあたるかによって階層を区分したもの。トップの１%グループを10のグループに分割し、そのうち最富裕グループをさらに10分割、さらにそのうちの最富裕グループをさらに10分割して、超富裕層の異常な所得の伸びを表している。
出所）World Inequality Lab "World inequality report 2018"

であった。上位一パーセントだけでも、伸び率全体の二七パーセントを勝ち得ている。一方、下位五〇パーセントは一二パーセントを得たに過ぎず、このグループが得た所得は上位一パーセントが得た所得の半分以下である。さらに上位〇・一パーセントをとると、このグループが得た所得が伸び率全体に占める割合は一三パーセントとなり、これは下位五〇パーセントが得た所得よりも大きい。グローバル化によって世界の不平等が拡大したことは歴然としている。

　最も伸び率が大きいのは新興国の中間層と世界の上位一パーセント層で、最も伸びが小さいのは欧米の中間層及び下位中間層である。これをグラフに描くと象が鼻を持ち上げた形になるのでエレファ

図表2―5　上位1%の所得は伸びる一方、下位50%は停滞

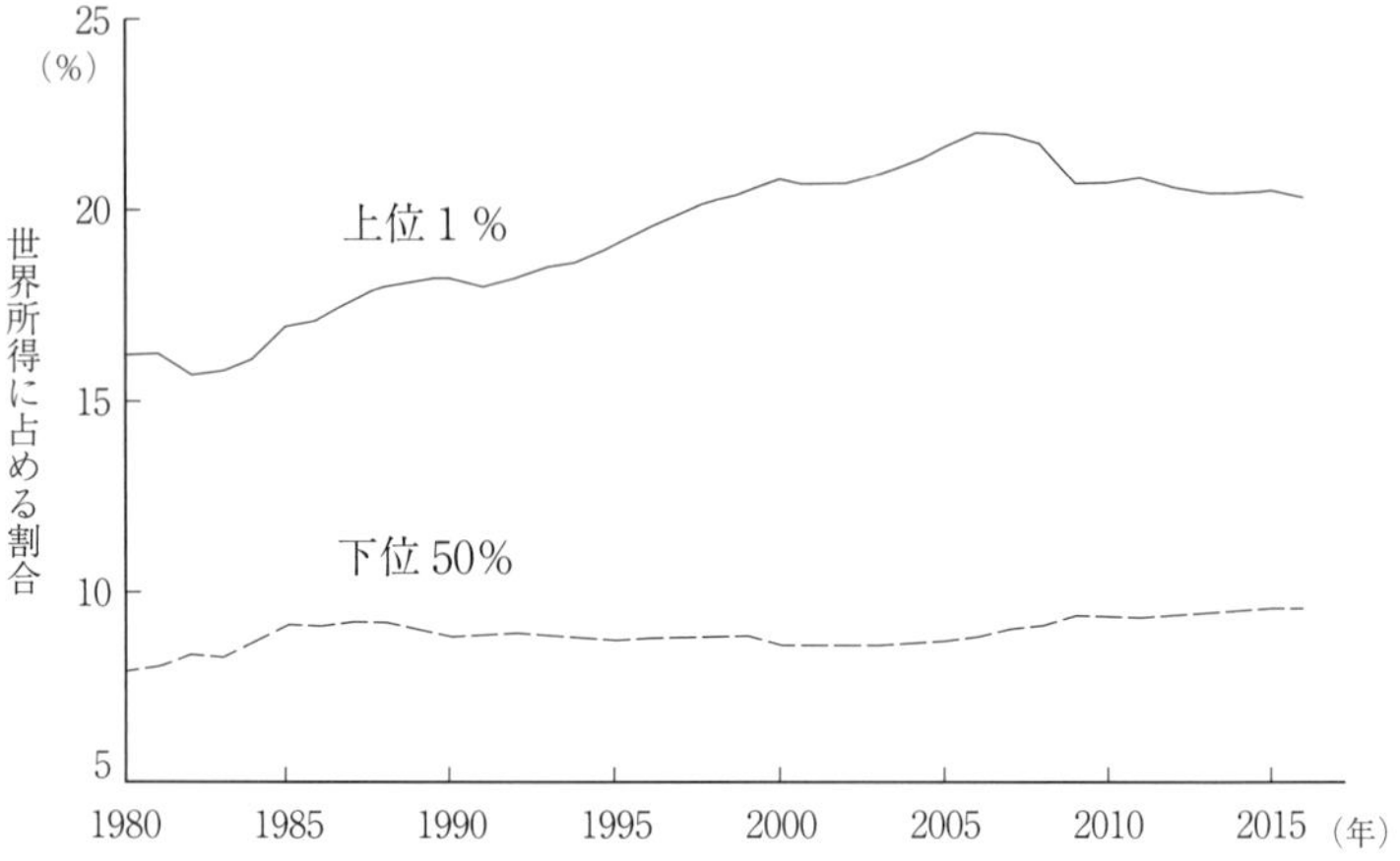

出所）World Inequality Lab “World inequality report 2018”

ント・カーブ（図表2―4）とも呼ばれている。

総所得に占める所得階層別のシェアを見ると、この四〇年間で上位所得層がシェアを拡大した一方、中・下位層のシェアはほとんど変わっていない。すなわち世界の上位一パーセントの所得シェアは一九八〇年の一六パーセントから最近では二〇パーセントとなったが、下位五〇パーセントの所得シェアは九パーセント前後のまま、あまり変わっていない。すなわち上位一パーセントは下位五〇パーセントが手にする総所得の約二倍を得ているということになる。これは成人一人当たりの平均所得で見ると、一〇〇倍の差があることを意味している（図表2―5）。

このままの状態を放置し、世界各国がアメリカなみの不平等の傾向をたどるならば、二〇五〇年には上位一パーセントの所得シェアは現在の二〇パーセントから、二八パーセントに上がり、下位五〇パーセントのシェアは現在の約一〇パーセントから、六

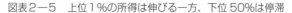

図表2—6　グローバルな所得の分配の推移

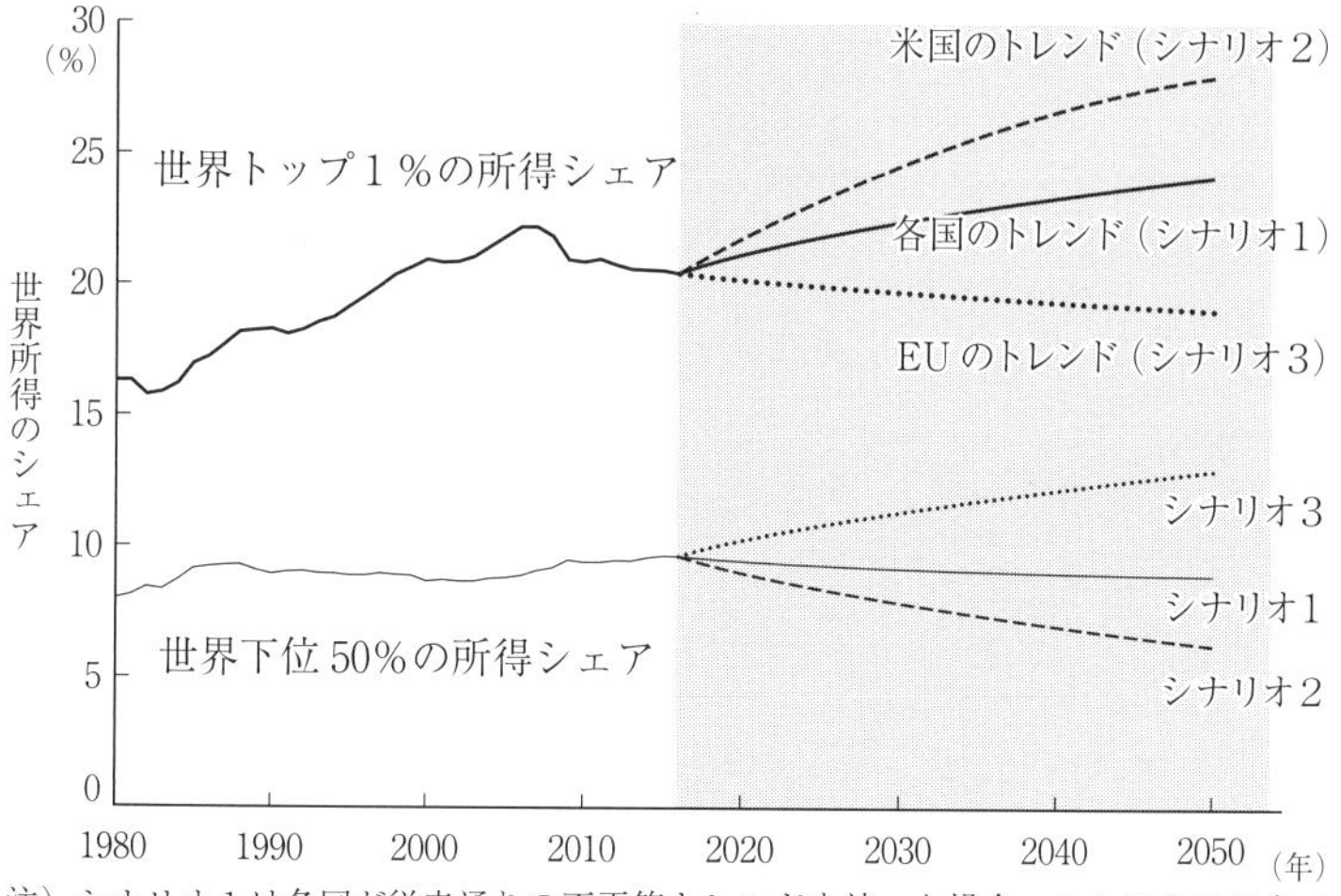

注）シナリオ１は各国が従来通りの不平等トレンドを辿った場合、シナリオ２はすべての国が米国のトレンドを辿った場合、シナリオ３はすべての国が EU のトレンドを辿った場合

出所）World Inequality Lab “World inequality report 2018”

図表2—7　グローバルな富の分配の推移

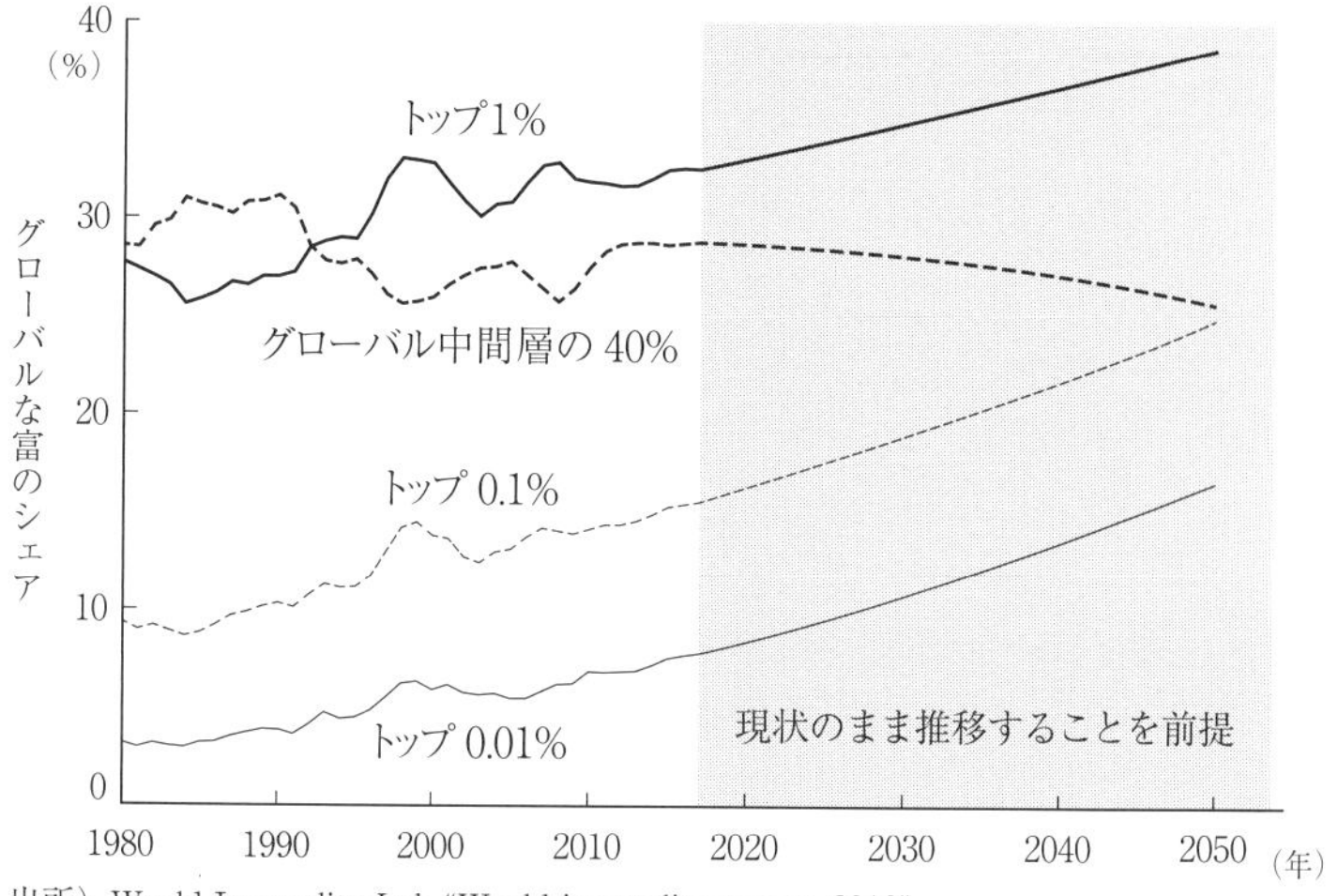

出所）World Inequality Lab “World inequality report 2018”

パーセントに低下する（図表2―6）。

富の格差は所得の格差よりももっと大きい。世界の上位一パーセントの富裕者の富のシェアは一九八〇年には二八パーセントであったが、二〇一六年には三三パーセントに増加している（図表2―7）。世界各国が現在のアメリカなみの不平等の傾向をたどるならば、二〇五〇年には上位一パーセントのシェアは現在の三三パーセントから四〇パーセント近くに高まることが予想される。さらに上位〇・一パーセントのシェアは二六パーセントとなり、中位四〇パーセントのシェアと同程度になることが予想される。

レポートは世界の不平等の拡大に関する以上の分析を踏まえて、八〇年代以来、約四〇年間の不平等の拡大の主因を税制の変化、とくに累進性の緩和による最上位層の所得の急増に求めている。したがって世界的な所得と富の不平等の拡大を是正するためには、累進税を強化する租税政策の大きな変更の必要性があることを強調している。

累進税率の適用は税引き後の不平等を縮小させるだけでなく、税引き前の不平等を減少させる効果もある。その理由は第一に、累進税率は高所得者がさらに所得を引き上げようとするインセンティブを弱めることになるからである。第二に限界最高税率が高い場合、貯蓄に回す資金が減り、そこから得られる資本所得が減るからである。

3　各国の国内不平等

一九八〇年代以降、グローバルなレヴェルでの不平等の拡大と並行して、各国の国内でも不平等は急激に拡大している。『世界不平等レポート２０１８』は二〇一八年に出版されたものなので、直近のデータが得られない。しかし本レポートに続く最新のデータは、オンライン上の「世界不平等データベース」（WID.world データベース）から入手できる。このデータベースをもとに、国別の不平等の最近までの動向を確認しよう。

グラフ（図表2―8）は主要国（米国、英国、フランス、ドイツ、日本）の不平等の趨勢《すうせい》を示している。一見して明らかなように、八〇年代を境目にして、それまで縮小傾向にあった不平等がどの国でも拡大傾向に転じている。

最も不平等の拡大が顕著であった米国についてみよう（図表2―9）。所得階層の上位一〇パーセントが国民所得全体に占める割合は、第二次世界大戦前後から一九八〇年までは三五パーセントをやや下回るレヴェルに推移していたが、八〇年代に入り急激に高まり、直近の二〇一九年には四五・四パーセントと国民所得の半分を占めるに至っている。

図表2—8　所得上位 10%の所得総額が総所得に占める割合

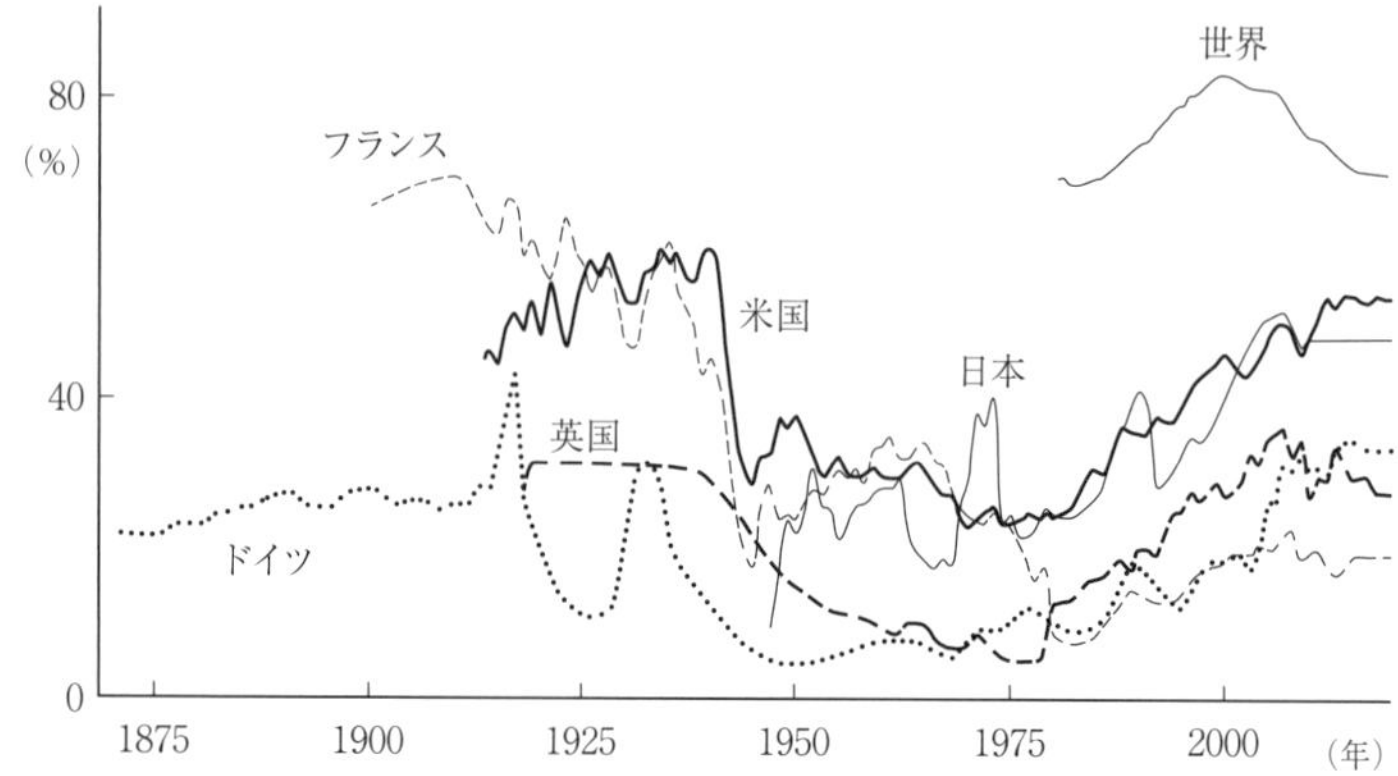

出所）WID.world データベース

図表2—9　各所得階層の所得総額が総所得に占める割合（米国）

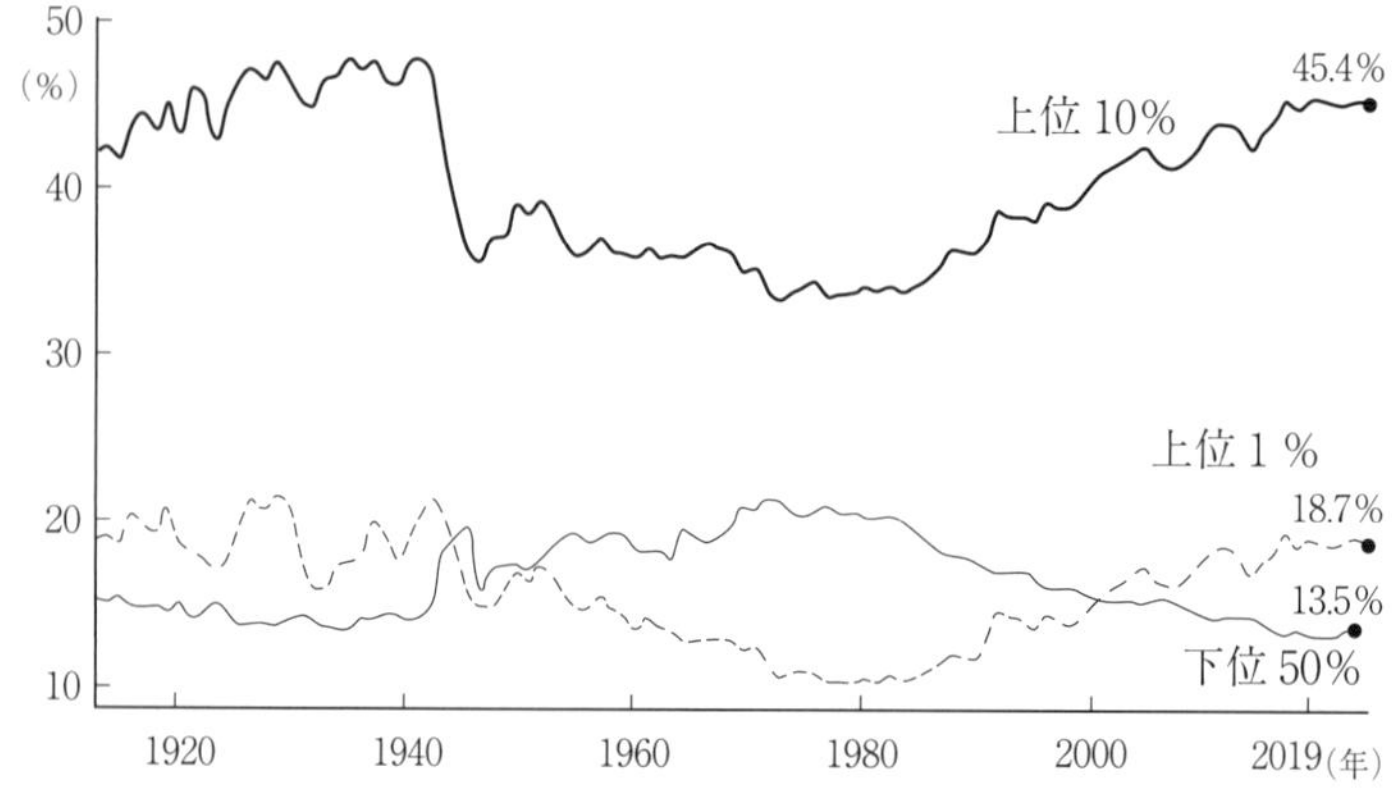

出所）WID.world データベース

図表2—10　各階層の富が富の総額に占める割合の推移（米国）

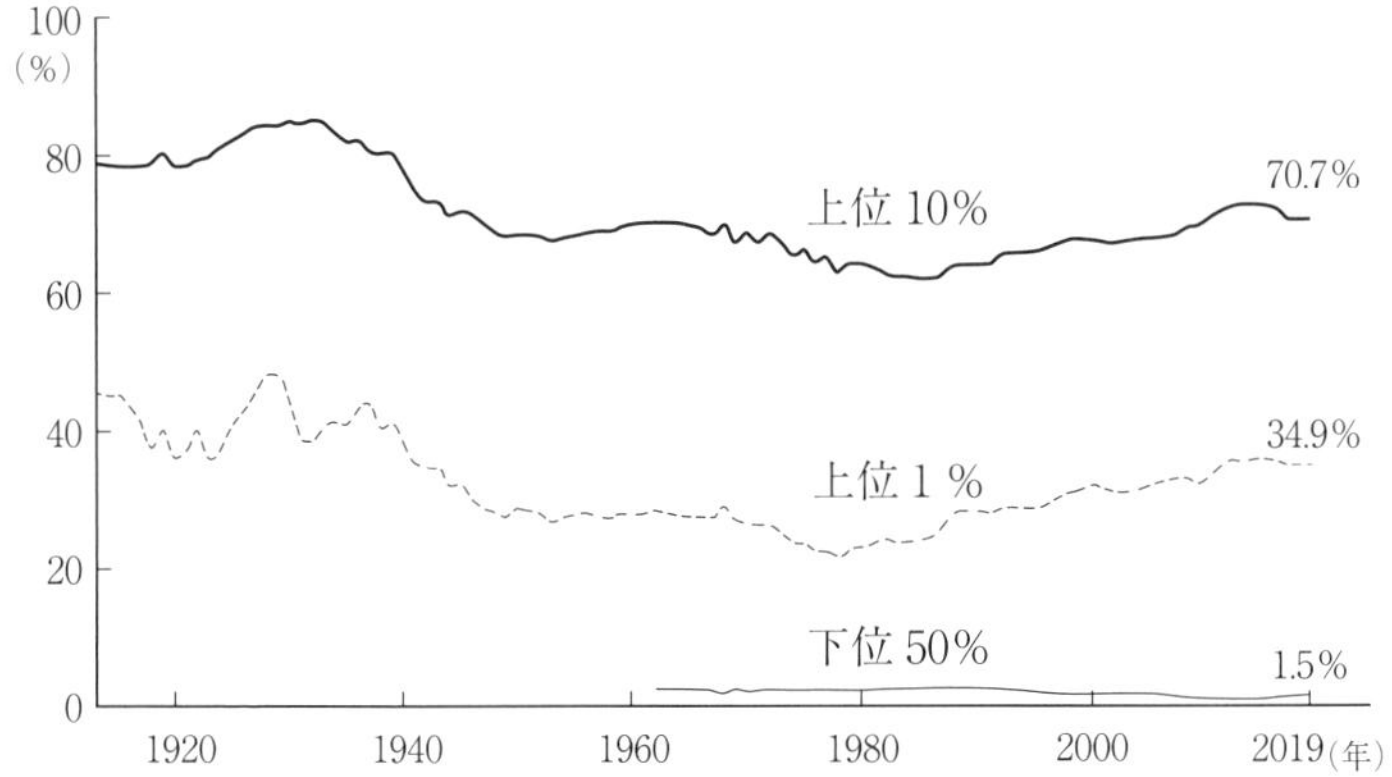

出所）WID.world データベース

図表2—11　各階層の富が富の総額に占める割合の推移（日本）

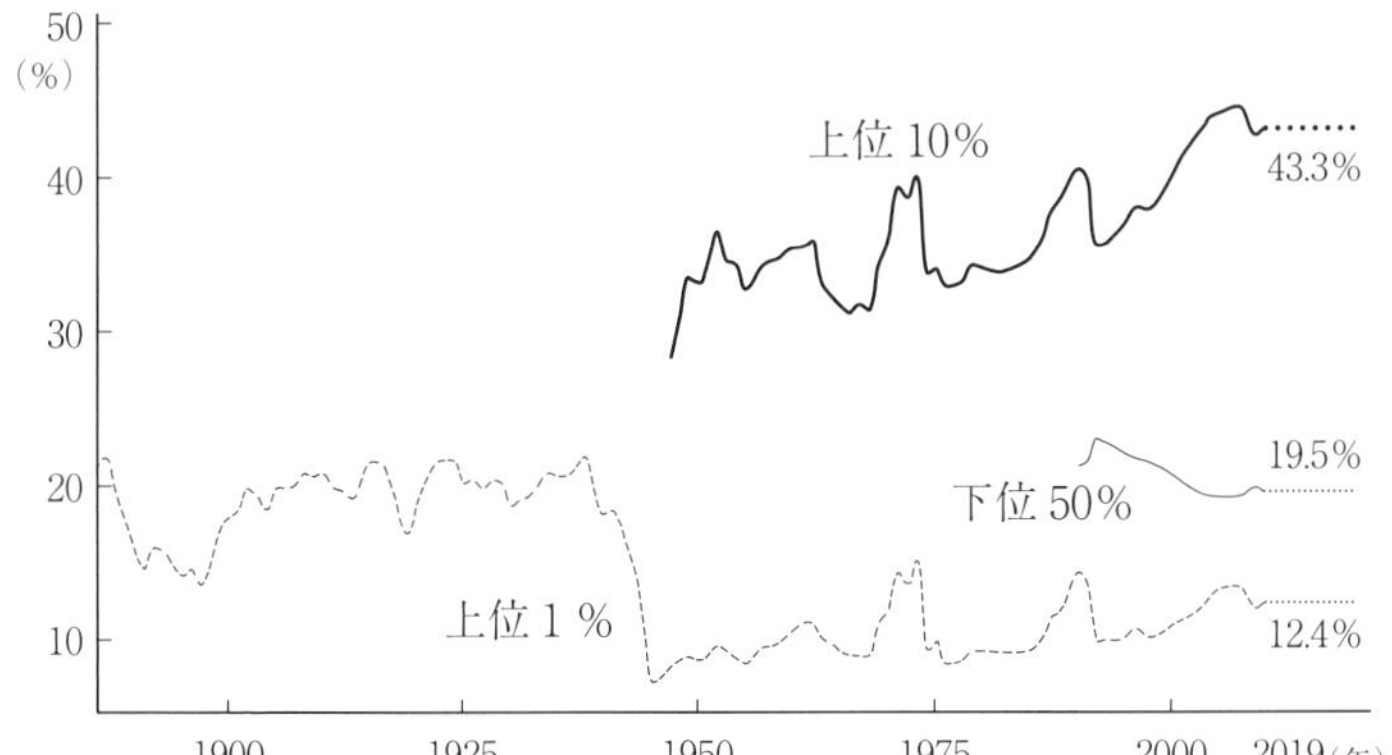

出所）WID.world データベース

上位一パーセントをとると、八〇年までは一〇パーセント程度であったのが、二〇一九年には一九パーセント近くまで上がり、この四〇年間でほぼ倍増している。一方、下位五〇パーセントは二〇パーセントを超える水準から、直近では一三・五パーセントへと大きく減らしている。二〇〇〇年ごろに上位一パーセントと下位五〇パーセントは逆転し、前者が後者を上回った。そして現在、上位一パーセントは、人数ではそれより五〇倍も多い労働者階級の約一・四倍の所得を得ているのである。

この期間、富の不平等はもっと拡大した。なかでも米国の富の不平等の拡大はもっとも激しい（図表2―10）。上位一〇パーセントは約六〇パーセントから七〇パーセント台に乗せ、総資産の七割を占めるに至っている。上位一パーセントは約二〇パーセントから三五パーセントへと上がる一方、下位五〇パーセントは三パーセントからわずか一・五パーセントへと半減している。

米国以外の諸国もほぼ同様の傾向を示している。日本では上位一〇パーセントが八〇年の約三四パーセントから、二〇一九年には四三・三パーセントへと上がり、米国のレヴェルに接近している（図表2―11）。上位一パーセントは八〇年当時、一割未満のレヴェルを維持していたが、二〇〇〇年ごろ一割を超え、二〇一九年には一二・四パーセントへと上がっている。下位五〇パーセントはピーク時の二三パーセント（九二年）から一九・五パーセントに下がっている。

4 超富裕層と極端な貧困層

近年の不平等は、とくにごく一握りの富裕者への富の集中となって表れることに特徴がある。とりわけ新型コロナ・パンデミックが世界を襲った二〇二〇年から二一年にかけて、富の集積はいっそう進んだ。

米誌『フォーブス』は毎年、世界の長者番付を発表している（図表2―12）。この番付は一〇億ドル（一一〇〇億円）以上の資産を保有する世界の富裕者の番付で、今世紀に入って以降、リストされる人の数もその総資産も急激に増える傾向にある（図表2―13）。

二〇二一年版には二七五五人がランクされ、その資産合計は一三兆一〇〇〇億ドル（一四四一兆円）となっている。内訳は米国人七二四人、中国人（香港、マカオを含む）六九八人などとなっている。米中の覇権競争は激しくなっているが、億万長者の数でも中国は米国に迫る勢いである。

二〇二〇年版では、ランクインした富裕者は二〇九五人で、保有資産の合計は八兆ドルだったので、富裕者数は三一・五パーセント増、資産総額は六三・八パーセント増となる。新型コロナ・パンデミック下で世界の富豪はますますその富を増やしていることがわかる。

図表2—12　2021年世界億万長者番付（フォーブス）

	氏　名	国籍	所　属	億ドル	兆円	前年比
1	ジェフ・ベゾス	米国	アマゾン	1770	19.29	56.6％増
2	イーロン・マスク	米国	テスラ	1510	16.46	
3	ベルナール・アルノー	フランス	LVMH	1500	16.35	97.4％増
4	ビル・ゲイツ	米国	マイクロソフト	1240	13.52	26.5％増
5	マーク・ザッカーバーグ	米国	フェイスブック	970	10.57	77.3％増
6	ウォーレン・バフェット	米国	バークシャー・ハサウェイ	960	10.46	42.2％増
7	ラリー・エリソン	米国	オラクル	930	10.14	57.6％増
8	ラリー・ペイジ	米国	グーグル	915	9.97	79.8％増
9	セルゲイ・ブリン	米国	グーグル	890	9.7	81.3％増
10	ムケシュ・アンバニ	インド	リライアンス・インダストリーズ	845	9.21	
11	アマンシオ・オルテガ	スペイン	インディテックス（ザラ）	770	8.39	39.7％増
12	フランソワーズ・ベッテンコート・マイヤーズ	フランス	ロレアル	736	8.02	30.4％増
13	鍾睒睒	中国	農夫山泉	689	7.51	
14	スティーブ・バルマー	米国	マイクロソフト	687	7.49	30.4％増
15	馬化騰	中国	テンセント	658	7.17	
16	カルロス・スリム	メキシコ	テレフォノス・デ・メヒコ	628	6.85	20.5％増
17	アリス・ウォルトン	米国	ウォルマート	618	6.74	13.6％増
18	ジム・ウォルトン	米国	ウォルマート	602	6.56	10.3％増
19	ロブ・ウォルトン	米国	ウォルマート	595	6.49	10.0％増
20	マイケル・ブルームバーグ	米国	ブルームバーグ	590	6.43	22.9％増
29	孫正義	日本	ソフトバンク	454	4.95	
31	柳井正	日本	ファーストリテイリング	441	4.81	

図表2—13　世界のビリオネア（超富裕層）の人数と総資産額

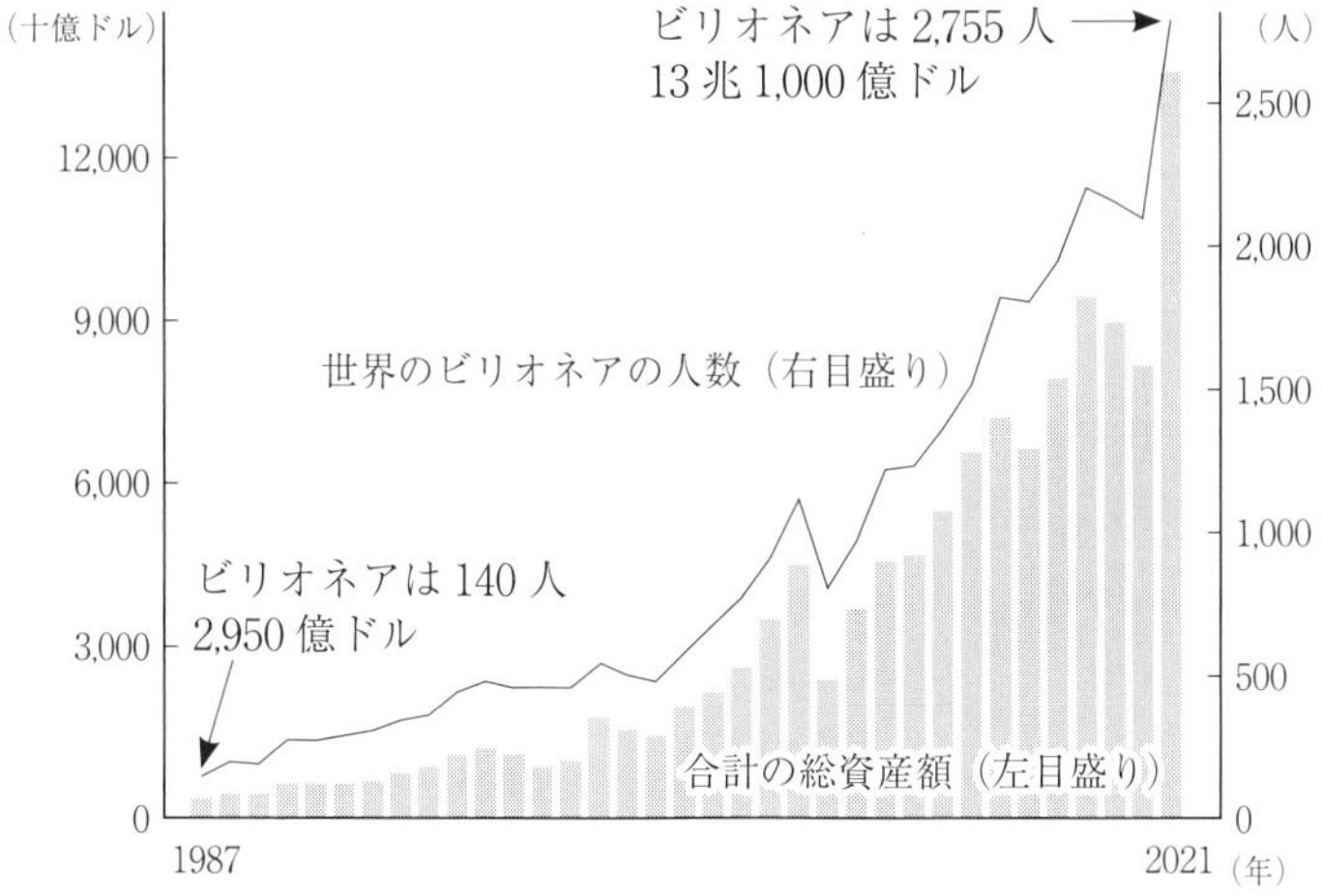

出所）フォーブス・ジャパン 2021

日本の億万長者の富は欧米の富豪ほどではないが、コロナ下で富を大きく増やしている（図表2—14）。二一年版では一四人が新たにリストに入り、合わせて四九人がランクインしている。とくにソフトバンクの孫正義氏とユニクロの柳井正氏の資産はこの一年で倍増し、四兆円台に乗せている。この二人は世界ランキングでも、孫氏は二九位、柳井氏は三一位と順位を上げている。

超富裕層の増大の一方、極端な貧困の削減のペースは遅々としている。世界銀行は世界の貧困問題に取り組んでおり、二年に一度、「貧困と繁栄の共有」報告書を発行している。新報告書「貧困と繁栄の共有二〇二〇　運命の逆転」[*6]（二〇二〇年一〇月）によると、近年、鈍化傾向にあった貧困削減のペースが、新型コロナ・ウイルス感染症の世界的流行によって減速し、二〇二〇年は世界の極度の貧困層が過去二〇年の間で初めて増加に

図表2―14　日本の億万長者番付（フォーブス・ジャパン）

		2021年	2020年	前年比
1	孫正義	4兆8,920億円	2兆1,940億円	123.0%増
2	柳井正	4兆6,270億円	2兆3,870億円	93.8%増
3	滝崎武光	2兆8,420億円	2兆1,190億円	34.1%増
4	佐治信忠	1兆690億円	1兆60億円	6.3%増
5	永守重信	9,920億円		
6	高原豪久	8,810億円	6,320億円	39.4%増
7	三木谷浩史	8,260億円	5,780億円	42.9%増
8	似鳥昭雄	5,730億円	4,280億円	33.9%増
9	重田康光	5,620億円	5,030億円	11.7%増
10	毒島秀行	4,850億円	4,390億円	10.5%増

図表2―15　グローバルな貧困率の推移

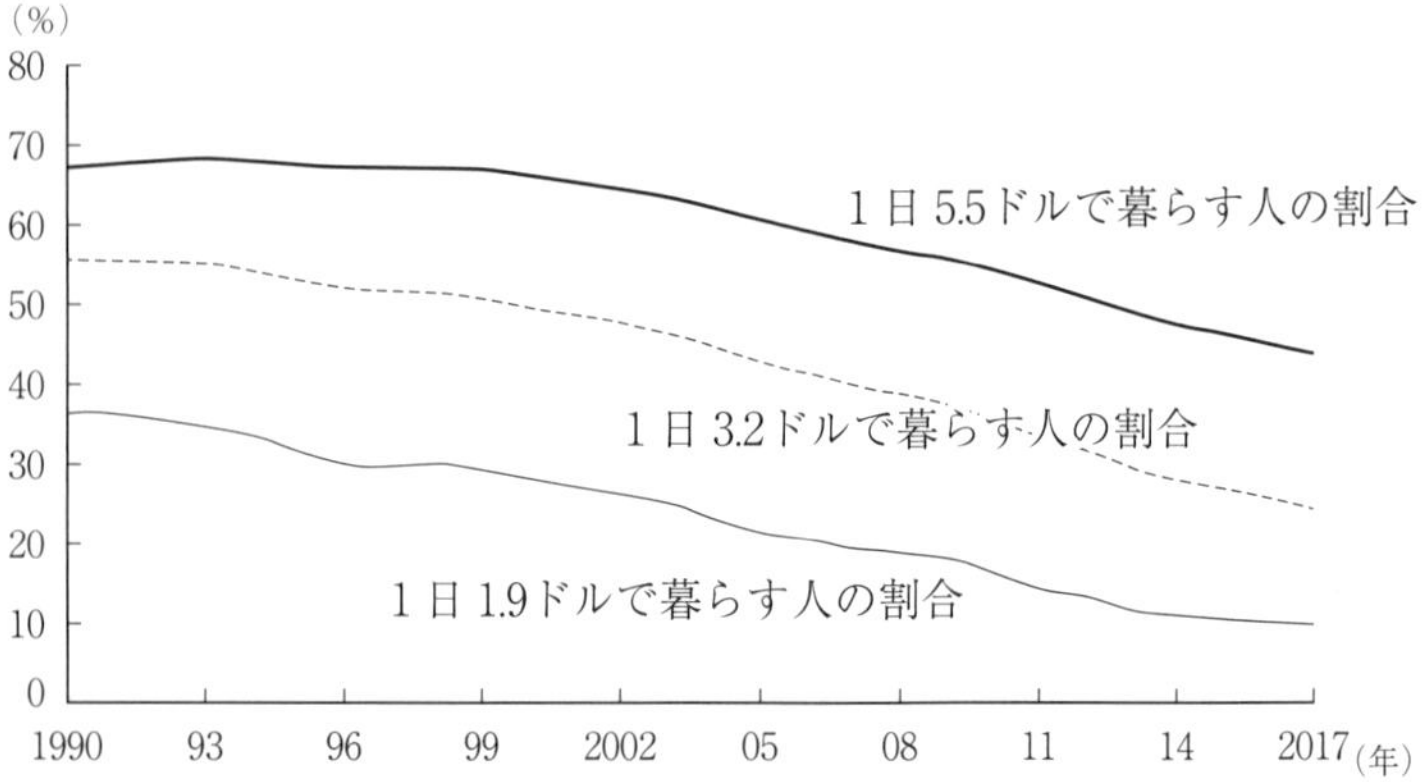

出所）World Bank “Poverty and Shared Prosperity 2020: Reversals of Fortune” 2020

図表2—16　グローバルな貧困層の人数

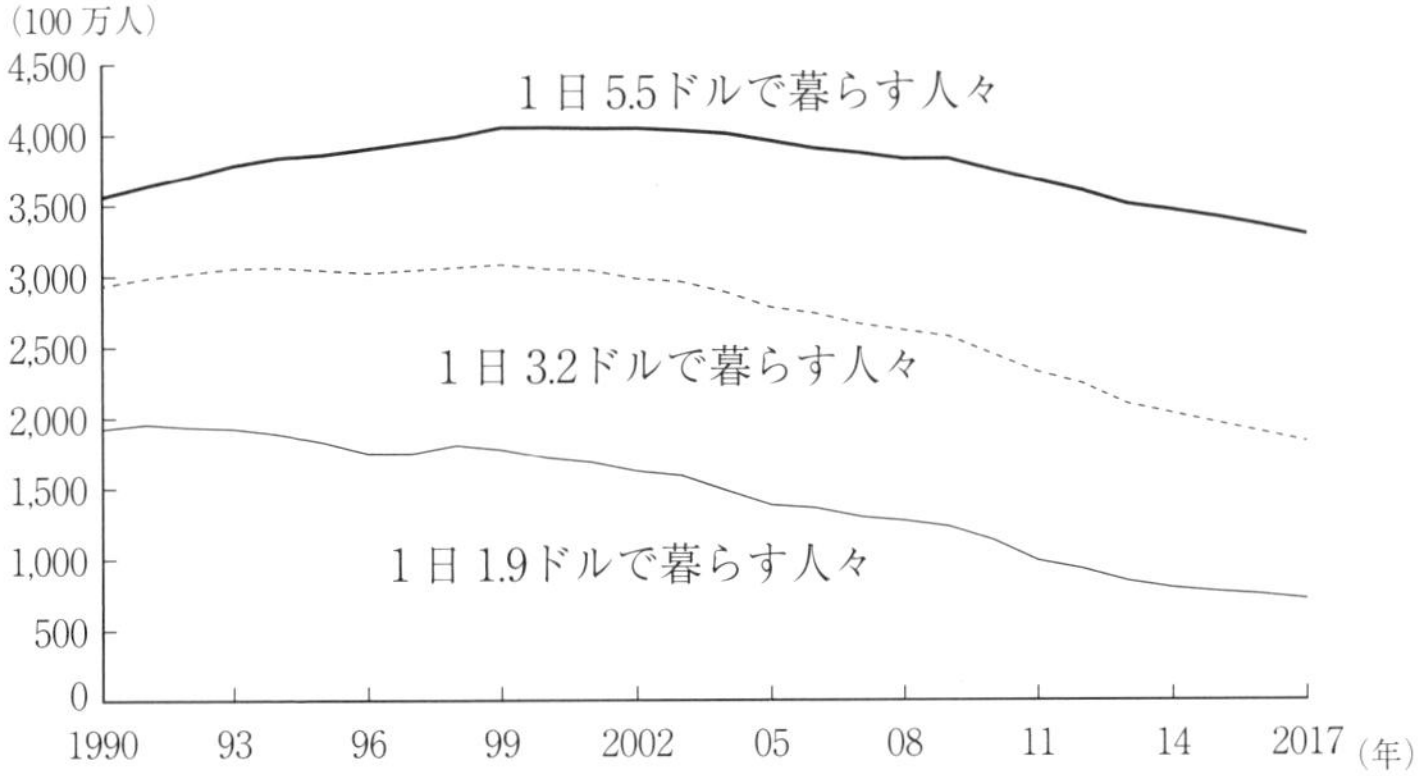

出所）World Bank "Poverty and Shared Prosperity 2020: Reversals of Fortune" 2020

転ずると述べている。

世界銀行は一日一・九ドル以下で生活する人々を極度の貧困層と定義し、二〇三〇年までにこれをなくすことを目標としている。国連の持続的開発目標（SDGs）も一七の目標の第一に貧困の撲滅を掲げ、世銀と同じ貧困ラインの定義を採用し、三〇年までに達成することを目標に掲げている。

世銀の報告書によると、一九九〇年には一九億人近くが極端な貧困状態にあり、貧困率も四〇パーセント近くであったが、それ以来減少傾向に向かい、二〇一五年には世界で七億三六〇〇万人となり、貧困率も一〇パーセント程度に下がった（図表2—15、2—16）。このまま減少傾向が続けば、二〇二〇年の貧困率は七・九パーセントに低下することが予測されていた。ところがパンデミックにより、二〇二〇年には新たに八八〇〇万人から最大一億五〇〇〇万人まで増加し、世界の貧困率は九・一〜九・四パーセントへと、増加に転ずると予測している。

しかし世界銀行の貧困ラインの定義には批判も多い。国連の人権理事会に提出された特別報告書「極端な貧困と人権に関する特別報告者の報告」[*7]によると、一・九ドル／一日の貧困ラインは世界の最貧国、とくにアフリカのサブサハラ地域の平均貧困ラインから導かれたものであり、この水準では、とりわけより発達した資本主義の国などでは、最低限の生活を維持することができない。この基準で世界の貧困が減少に向かっているという判断は誤っており、極端な貧困はいまだに根絶されていないと批判する。

この特別報告の著者は、ニューヨーク大学法科大学院教授のフィリップ・アルストンで、人権・グローバル正義センター長を務めている。二〇一四年から二〇二〇年まで、極度の貧困と人権に関する国連特別報告者として活躍し、その間、英国、米国などの貧困を実地調査し、途上国だけでなく、先進国で進行している貧困を告発している。二〇一八年五月には日本の生活保護基準の引き下げを批判する声明を発表している。

本報告においてアルストンは、貧困と格差の除去に果たす税の役割について、次のように述べている――グローバル化による成果は富裕層にまわされ、世界の半分はいまだに一日五・五ドル以下で暮らしている。極端な不平等をなくすための基本は再分配である。ソーシャル・ジャスティス（社会正義）は財政システムにもっともよく反映される。公正で平等な税の改革は、すべての人のための幸福を尊重し、増進する社会の基礎を提供する――。

さらに「課税は連帯と分かち合いのシンボルとして、貧困を除去する一連の政策の最前列かつその中央に置かれなければならない」と述べ、タックス・ジャスティスの実現を最重要の課題として位置付けている。

5　ピケティの功績

一九八〇年前後から、米英両国を先頭にして、世界の主要国はそれまでのケインズ主義政策を転換し、企業利益と市場機能を最優先する新自由主義政策を推し進めた。同時にこの時期、世界は資本が自由に国境を越えるグローバル化の時代に本格的に突入した時代でもあった。

本章で示したように、世界の不平等化の傾向も、ほぼ同時期に進行している。今日の所得や富の不平等、格差の拡大は、新自由主義政策とグローバル化がもたらしたものといわざるを得ない。

トマ・ピケティの大著『21世紀の資本』も、そのねらいは、八〇年代以降の世界の不平等の拡大に注目し、その原因を探ることにあった。ピケティはこの大著において、資本主義のもとにおいて、成長率が低く資本収益率[*8]が高い時には、格差の拡大は必然的であることを明らかにした。すなわち、現代の資本主義の下では、r（資本収益率）＞g（成長率）の不等式が成立し、これが格差拡大の根本的な力であると論じた。さらに、格差拡大のもう一つの力として、所得に対する資本の比率[*9]（資本／所

図表2—17　世界的な収益率と経済成長率　古代から2100年まで　r＞gの趨勢

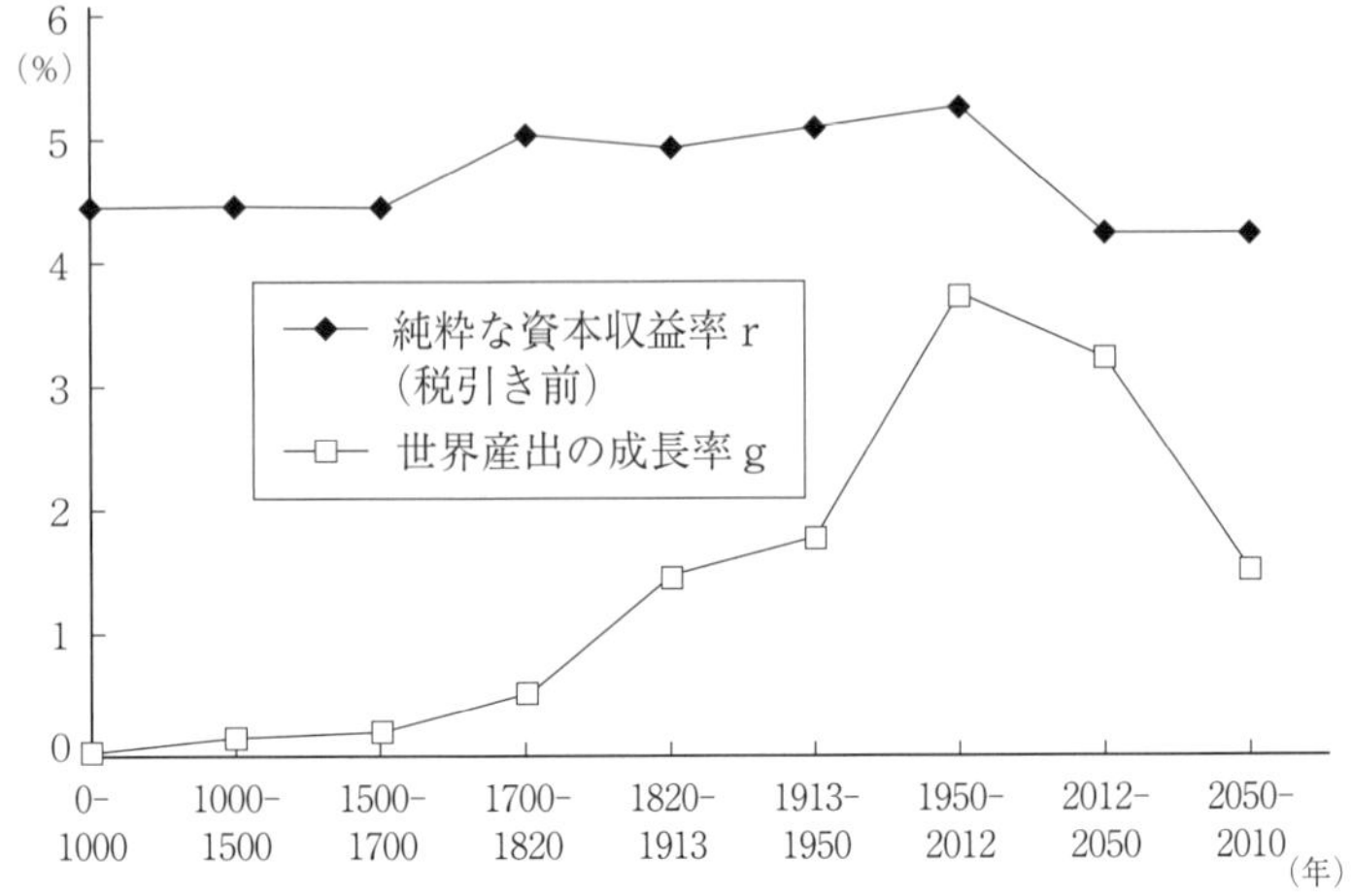

出所）トマ・ピケティ『21世紀の資本』

得）をあげる。そしてそのどちらの力も八〇年代以降、強まる傾向にあり、それが世界の格差拡大の原因だと論じている。

ピケティは、格差拡大のこの二つの力は、市場が不完全なために生じているものではないという。著書では「資本市場が完全になればなるほど、ｒがｇを上回る可能性が高まる」と論じている。市場を万能と見る新自由主義政策こそが、格差拡大の原因であることを認めているのである。

ピケティは所得格差を労働所得の格差と資本所得の格差の二要素に分け、それを合計した結果としてとらえている。所得はすべて、賃金などの「労働所得」と、利潤、配当、利子、キャピタル・ゲイン、地代などからなる「資本所得」のいずれかに分配される。したがって格差は二つの所得の内部の格差と、二つの所得の構成割合によって左右されることになる。

資本所得の格差は所有する資本（財産）が大きいほど大きく、極端な格差がみられる。それに対して、労働所得の格差は、近年、企業の経営者に対する報酬の巨額化による格差拡大がみられるものの、資本所得の格差ほどではない。r＞gの不等式が維持される限り、その傾向は強まる。したがって富の分配の不平等が高まれば高まるほど、総所得の不平等も大きくなる（図表2―17）。

ピケティは、r＞gの不等式の意味するところは、「過去に蓄積された富が産出や賃金より急成長する」ことであり、そのことを「過去が未来を食い尽くす」と表現している。これこそ資本主義の中心的な矛盾であり、不平等の根源的な原因であると彼は指摘する。ピケティの世界的な資本課税の提案はこうした考えに基礎をおいている。もちろんピケティも所得に対する累進課税の意義を否定しているわけではなく、過剰な所得に対する八〇パーセント以上の没収的な最高税率も許容されるものとしている。

しかし、所得は富裕者にとって明確に定義された概念ではなく、高税率はしばしば租税回避のインセンティブを与える。ピケティは富裕者に対する有効な課税は、資本に対する直接課税だけだと考える。「もっとも簡単な解決策」として、所得ではなく所有する富を基準にし、毎年、累進税を直接かけることを提案している。一定額を超える富に対して、富の規模に応じて段階的に〇・一パーセントから二パーセント、五パーセントと累進的に課税することは必要だし、大金持ちに対しては一〇パーセント以上の税率も考えられると論じている。

6　つくり出された格差

八〇年代以降の世界の不平等と格差の拡大は、グローバリゼーションの下で新自由主義政策がとられ、市場機能の優先、企業活動の自由、諸規制の緩和が推し進められたためである。新自由主義は大企業に高利潤をもたらし、株価高騰や金融取引の活性化を招いたが、その結果もたらされたのは、一方における資本所得の増加と富の累積、他方における労働所得の停滞と貧困の累積であった。

不平等と格差の拡大は、基本的には国民所得のうち労働者が受け取る所得の割合（労働分配率）の低下によるところが大きいが、それに劣らず税制改革の果たす役割も大きい。レーガンやサッチャーによる八〇年代の税制改革は、新自由主義政策の主要な柱として打ち出されたものである。格差拡大は意図せざる結果ではなく、政策によってつくり出されたのである。

米国、英国などで所得税の累進性が強化され、最高税率が七〇パーセント台に引き上げられた時期は、一九二〇年前後であったが、それは第一次世界大戦（一九一四～一八年）を契機にしており、戦費調達の目的と無関係ではなかった。その後、戦間期には最高税率はやや引き下げられるが、第二次世界大戦時（一九三九～四五年）には再び引き上げられ、九〇パーセントを上回る没収的な税率が適用された。

その経過から見る限り、累進性の強化は戦時の緊急措置として導入されたもので、非常時の税制であり、平時に民主主義と普通選挙によってもたらされたものではないという見方も成り立つ。しかし、大戦時の高い累進性は第二次世界大戦終了後も元に戻されることはなかった。戦後、民主主義が復活した時期を通して長期にわたって変更されることなく、政策が転換される八〇年ごろまで維持されてきたのである。大戦後のこの期間に、多くの国で累進性を維持しながら、経済成長と福祉社会の実現を図ってきたのである。

「レーガン／サッチャー革命」以降、所得税の最高税率の引き下げは世界的な潮流となり、現在では、米国三七パーセント、英国四五パーセント、日本四五パーセントと、八〇年当時と比べ、ほとんど半分の税率となっている。

法人税の税率も同じ傾向をたどり、一九八〇年代までの米国の法人税率は四六パーセント、英国の法人税率は五二パーセント、日本でもピーク時には四三・三パーセントだったのが、それ以来、各国は税率引き下げ競争で、現在では、米国では二一パーセント、英国では一九パーセント、日本でも二三・二パーセントと低下。二分の一、あるいはそれ以下に引き下げられた。ＯＥＣＤ諸国の平均税率をとると、三二・二パーセント（二〇〇〇年）から二三・二パーセント（二〇二〇年）へと、この二〇年だけとってみても九パーセントの下落となっている。

法人税の減税は税引き後の企業利益を増やし、株価高騰を通じて、大量の株式を保有する富裕者の富をさらに増やすことから、所得税の最高税率の引き下げと相まって、富裕者をますます富裕にした。法人税が減税されただけではない。企業利益を含む資本所得全般に対する課税が軽減されたのである。ここでいう資本とは、ピケティに倣《なら》って、財産または富と同義なものとして扱う。したがって資本所得には企業利潤のほか、配当、利子、キャピタル・ゲイン、地代など、労働によって得られた所得(労働所得)以外の所得が含まれる。八〇年代以降の新自由主義税制改革によって、資本所得には軽く、賃金など労働所得に重い、税負担のシフトが推し進められた。

カリフォルニア大学のエマニュエル・サエズとガブリエル・ズックマンの共同研究による著書『つくられた格差』[*10]によれば、米国では一九八〇年まで、資本所得に対する平均税率は四〇パーセントを超え、労働所得に対する平均税率は二五パーセント以下であった。ところがその後、資本所得に対する平均税率は法人税率の引き下げ、配当に対する最高税率の引き下げなどによって急低下する一方、労働所得に対する課税は給与税の増加などによって上昇を続けた結果、二〇一八年に、現代史上初めて、資本所得の税率が労働所得の税率を下回ったという。

その結果、米国の税制は累進性の機能を失った状況にある。同研究によれば、米国では下位五〇パーセントの階層(労働者階級)は所得の二五パーセント前後の税金を払い、その上の四〇パーセント(中流階級)では二八パーセント前後支払っているのに対して、最上位四〇〇人になるとその税率は二三パーセントに落ち込む逆進的な状況となっている。

その結果はまた、米国の連邦総税収に占める資本課税のシェアの縮小と労働課税のシェアの増大に

図表2—18　連邦税収における労働シェアと企業シェア

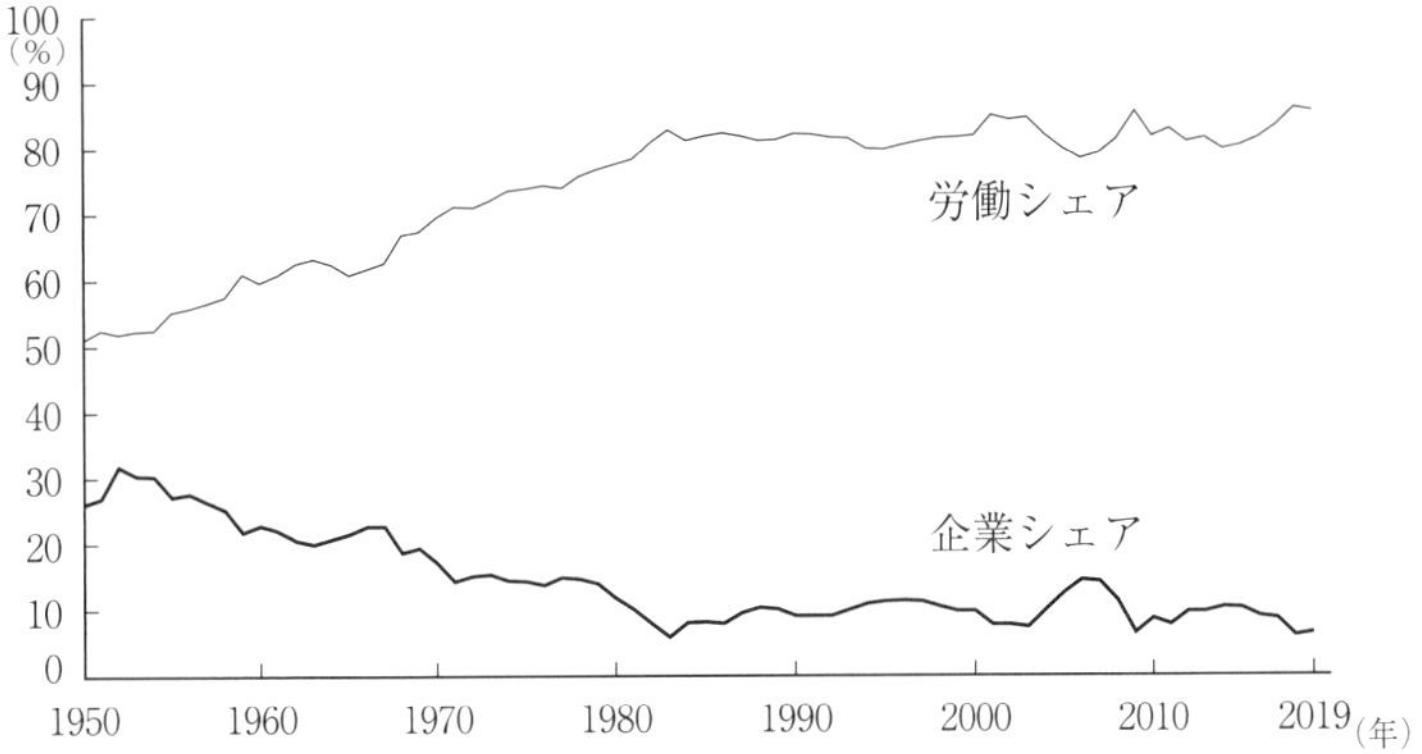

出所）U.S. Department of the Treasury "The Made in America Tax Plan" April 2021

表れている。米財務省の報告書によると、連邦税収に占める法人税のシェアは、五〇年代には約三割程度あったが、それ以来減り続け、今では一割を割った。その一方、労働に対する課税のシェアは約五割から増え続け、現在では八割を超えている*11（図表2—18）。

サエズ／ズックマンによれば、米国で貧困層の税負担が高くなる主たる理由は、いくら賃金が少なくても一律に課税される給与税だという。米国の給与税は社会保障税とメディケア税からなり、合わせて一五・三パーセントの税が給与から差し引かれる。もう一つの理由は、多くの地方で課税されている売上税や物品税などの消費税だという。

日本でも同様である。所得税は、分離課税となっている配当、キャピタル・ゲインに対する税率が低いため、一億円を上回ると税負担が減る逆進的構造になっている。他方、労働者階級では「給与税」としての性格を持つ逆進的な社会保険料負担が大きく、また消費税の負担は低所得層ほど所得に対する負担率が大きい。

税制が逆進的であるということは、税制が貧困と格差を広げているということを意味する。税制が富裕層にますます多くの所得や富を集中する役割を果たしている。富裕層は貯蓄率が高く、しかも有利な投資先に恵まれているので、さらに所得を膨らませることができる。格差拡大と富の集中が際限なく続くことになる。貧困と格差の拡大を食い止めるためには、税制の抜本的な改革が避けられない。

注

＊1　Oxfam "The Inequality Virus: Bringing together a world torn apart by coronavirus through a fair, just and sustainable economy", 2021

＊2　IMF Working Paper "Information and Inequality in the Time of a Pandemic" Allan Dizioli AND ROBERTO PINHEIRO, September 2020

＊3　ＩＭＦブログ「収束後にも貧困層の困窮を深めてきた感染症」ダビデ・フルチェリ、プラカシュ・ラウンガニ、ジョナサン・Ｄ・オストリー、二〇二〇年五月一一日

＊4　ＩＭＦブログ「新型コロナによる格差拡大　新興市場国と発展途上国の場合」ガブリエラ・クガト、成田太志、二〇二〇年一〇月三〇日

＊5　ファクンド・アルヴァレド、ルカ・シャンセル、トマ・ピケティ、エマニュエル・サエズ、ガ

ブリエル・ズックマン編、徳永優子、西村美由起訳『世界不平等レポート　２０１８』二〇一八年、みすず書房

＊6　World bank "Poverty and Shared Prosperity 2020: Reversals of Fortune", 2020.10

＊7　Philip Alston "the Special Rapporteur for extreme poverty", 2020

＊8　ピケティは、「資本収益率」を「その法的形態（利潤、賃料、配当、利子、ロイヤルティ、キャピタル・ゲイン等々）によらず、その投資された資本の価値に対する比率」と定義している。

＊9　ピケティによると「資本」とは「富」あるいは「財産」と同義で、政府や民間が所有するすべてのものの市場価値を指す。

＊10　エマニュエル・サエズ、ガブリエル・ズックマン著、山田美明訳『つくられた格差　不公平税制が生んだ所得の不平等』二〇二〇年、光文社

＊11　U.S. Department of the Treasury "The Made in America Tax Plan", 2021

第3章　世界経済の再生とグリーン・ニューディール

1　コロナ・パンデミックと気候変動

パンデミックによって世界中に広がっている感染症、ＣＯＶＩＤ―19は、コウモリを自然宿主とする新型コロナ・ウイルスによる感染症である。二〇〇三年にアジアを中心に流行したＳＡＲＳ（重症急性呼吸器症候群）や二〇一二年に中東地域で流行したＭＥＲＳ（中東呼吸器症候群）も、同じくコウモリを自然宿主とするコロナ・ウイルスである。他にもエイズの原因であるＨＩＶウイルス、エボラ出血熱を起こすエボラ・ウイルスなど、近年、新しいウイルスを原因とする感染症が流行する頻度が高まっている。

二〇世紀後半以降に続々と出現したウイルスはエマージング・ウイルスとも呼ばれるが、これはグローバル化、森林破壊、都市化など、人間の自然に対するかかわりや社会活動の拡大の結果、野生動物を隠れ家とするウイルスの生活環境に人間が入り込むようになったことに原因がある。「国連環境計画」（ＵＮＥＰ）によると、コロナ感染症など新興感染症の七五パーセントは動物由来のもので、人間の活動が地球の隅々まで及んだ結果、生じているものである。人間の活動の広がりによって気候変動がもたらされ、エコシステム（生態系）や生物多様性が長期にわたって損失を受けてきた。人間の健康は地球の健康と密接に関連しており、生息環境と生物多様性を守らなければ、パンデミックは今世紀に新常態（ニュー・ノーマル）になると警告している。

また世界保健機関（ＷＨＯ）は、動物由来の感染症に対する対策として、「ワンヘルス」（One Health）の考えを重要視している。「ワンヘルス」とは、開発や人口増加に伴って野生動物と人との接触機会が拡大した結果、動物由来の感染症が増えてきているが、それに対する対策は従来の医療のように感染した患者を治療するだけでは不十分で、人と動物と環境の関係改善を図り、それぞれの健康を維持・増進させなければ、今後も大流行は防げないという考えである。

生態系の破壊は気候変動によってもたらされる。生態系が壊されると細菌やウイルスは防護壁を容易に飛び越える。たとえばマラリアや黄熱、ジカ熱などの感染症は蚊によって媒介されるが、これまでの感染地域は主に熱帯地域に限定されていた。しかし温暖化によって熱帯は一〇年に五〇キロ弱の勢いで拡大している。熱帯の境界とともに蚊も北に移動しつつあり、北の先進国といえども安心できないのである。

温暖化は北極圏の氷やシベリアの永久凍土に長い間閉じこめられていた細菌もよみがえらせる。二〇一六年、シベリアの奥地で少年が炭疽《たんそ》で死亡し、二〇人の住民の感染が確認されたが、それは永久凍土が溶け、七五年前に炭疽で死んだトナカイの死骸が露出して炭疽菌が大気中に放出されたことが原因であった。

気候変動に関する政府間パネル（ＩＰＣＣ：Intergovernmental Panel on Climate Change）第五次報

告書（二〇一四年）では、気温や降雨の変化によって、感染症やその他の病原体を媒介する生物が生息範囲を広げており、たとえばデング熱を媒介するヒトスジシマカが生息域を北方に広げつつあることが指摘されている。

2　迫りくる地球の危機

感染症の広がりは、気候変動がもたらした一つの事例に過ぎない。地球温暖化と気候変動がもたらす災いは、あらゆる局面で人類の生存への脅威となっている。

その主な原因は二酸化炭素（CO_2）などの温室効果ガスの排出の増大に伴う地球の温暖化である。世界の平均地上気温は工業化以前（一八五〇〜一九〇〇年）と比べてすでに約一℃上昇している。しかもその気温上昇の大半はこの三〇年間のうちに生じている。現在の進行速度で温暖化が進むと、二〇三〇年から二〇五二年の間に一・五℃上昇する可能性が高い（図表3―1）。このまま十分な対策をとらなければ、今世紀末（二一〇〇年）には、一九八五年から二〇〇五年の平均と比べ、最大四・八℃の気温上昇が予測されている。

その主要な原因は人為起源による大気中への温室効果ガス（ＧＨＧ）の排出である。ＩＰＣＣ第五

図表3―1　1850～1900年を基準とした世界の温暖化

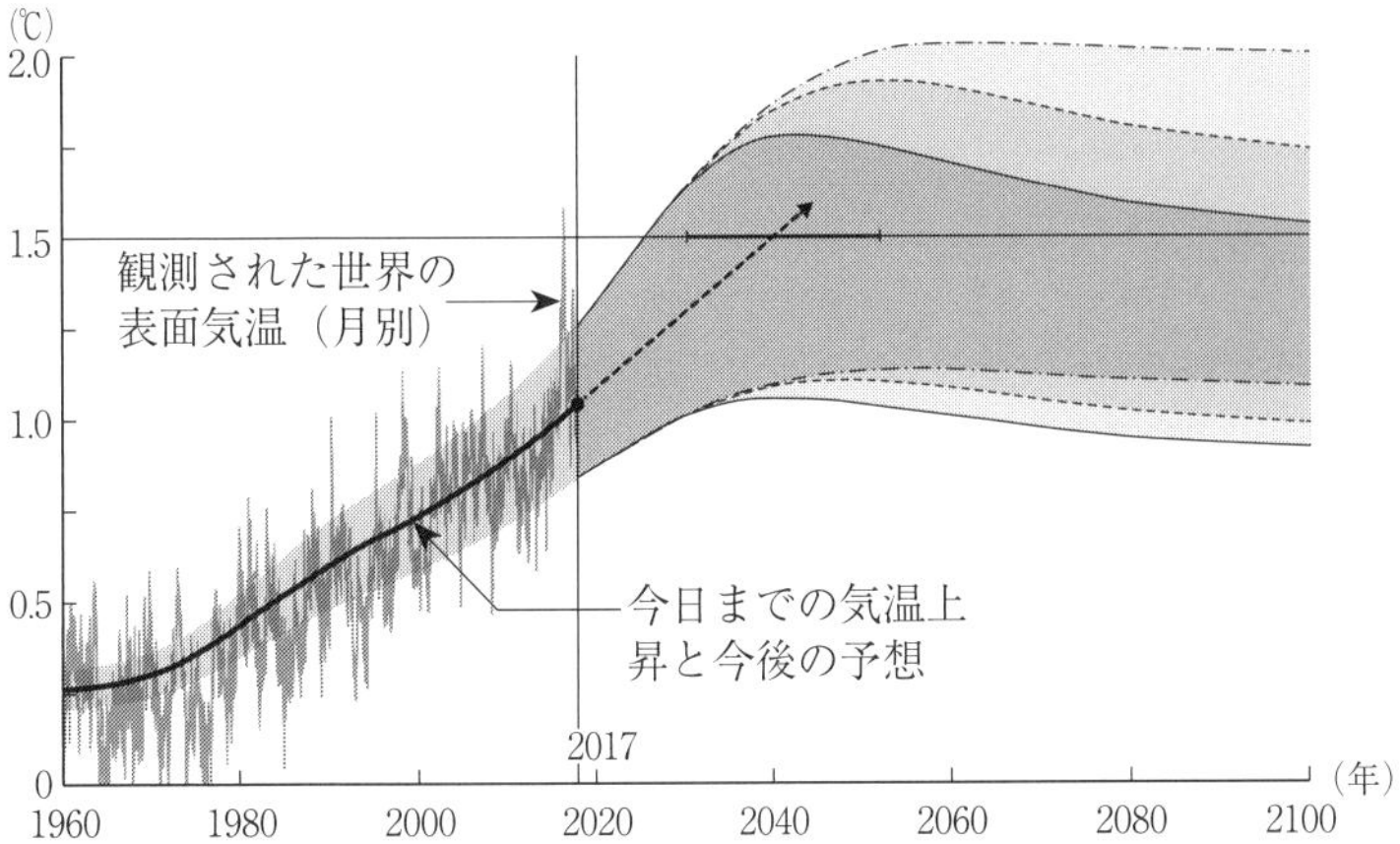

出所）"IPCC Special Report on Global Warming of 1.5℃", 2019

次評価報告書[*1]によれば、温室効果ガスの排出は一九七〇年以来増え続け、一九七〇年から二〇〇〇年までの間は年間一・三パーセントの伸びであったが、二〇〇〇年から二〇一〇年までの間の排出量は毎年一〇億トン、年間伸び率は二・二パーセントと高まった。その結果、二〇一〇年の年間総排出量は四九〇億トン（CO_2換算）となり、過去八〇万年に前例のない史上最高値を記録した（図表3―2）。

GHGには二酸化炭素（CO_2）の他、メタン（CH_4）、一酸化二窒素（N_2O）などが含まれるが、化石燃料の燃焼等に起因するCO_2の排出が、一九七〇～二〇一〇年におけるGHG総排出量の増加の約七八パーセントを占めている。

二酸化炭素の排出は一九五〇年ごろから急増し、その年間排出量は四〇〇億トン近く（二〇一〇年）に達している（図表3―3）。そのうち、約四〇パーセントは大気中に残留し、温暖化の最大の要因とな

図表３―２　ガス種別人為起源温室効果ガス（GHG）年間総排出量

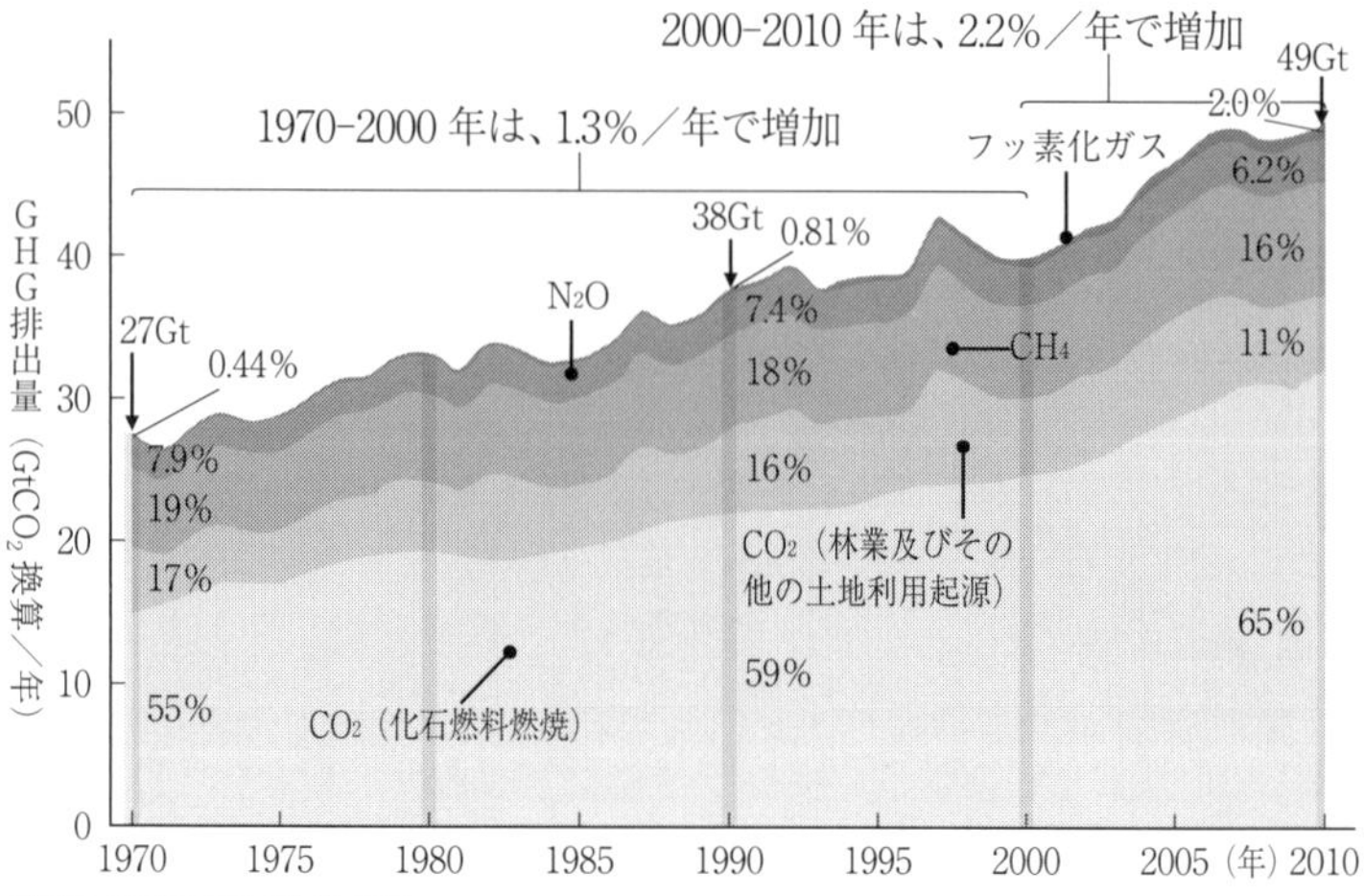

出所）IPCC 第５次報告書

っている。また二〇～三〇パーセントは海洋によって吸収され、海洋酸性化の原因となっている。海洋の酸性化によって炭酸カルシウムができにくくなり、プランクトンが減って、漁業に影響を与えている。

工業化以前（一七五〇年）からの累積排出量は二兆トンに達しているが、そのおよそ半分は、過去四〇年の間に排出されたことになる。世界の平均気温の温暖化の程度は、二酸化炭素の累積総排出量にほぼ比例している。したがってさらなる温暖化を食い止めるためには累積総排出量の抑制がカギとなる。

二酸化炭素の総排出量の増大の結果、温室効果ガス（二酸化炭素、メタン、一酸化二窒素）の大気中の濃度は大幅に増えた。工業化以前（一七五〇年）とくらべると、それぞれ四〇パーセント、一五〇パーセント、二〇パーセントの増加となっている。二〇二一年の二酸化炭素濃度は過去八〇万年間で最高の四一七ｐｐｍに達している（図表3—4）。

二〇〇〇年以降、ＧＨＧの排出量は農業、林業及びその他の土地利用（ＡＦＯＬＵ）部門以外の全部門で増加し続けている。二〇一〇年のＧＨＧ総排出量は四九〇億トン（CO_2換算）であったが、そ

図表3—3　世界の人為起源二酸化炭素排出量

1850～1970年におけるメタン及び一酸化二窒素排出量の経年変化の定量的情報は限られている

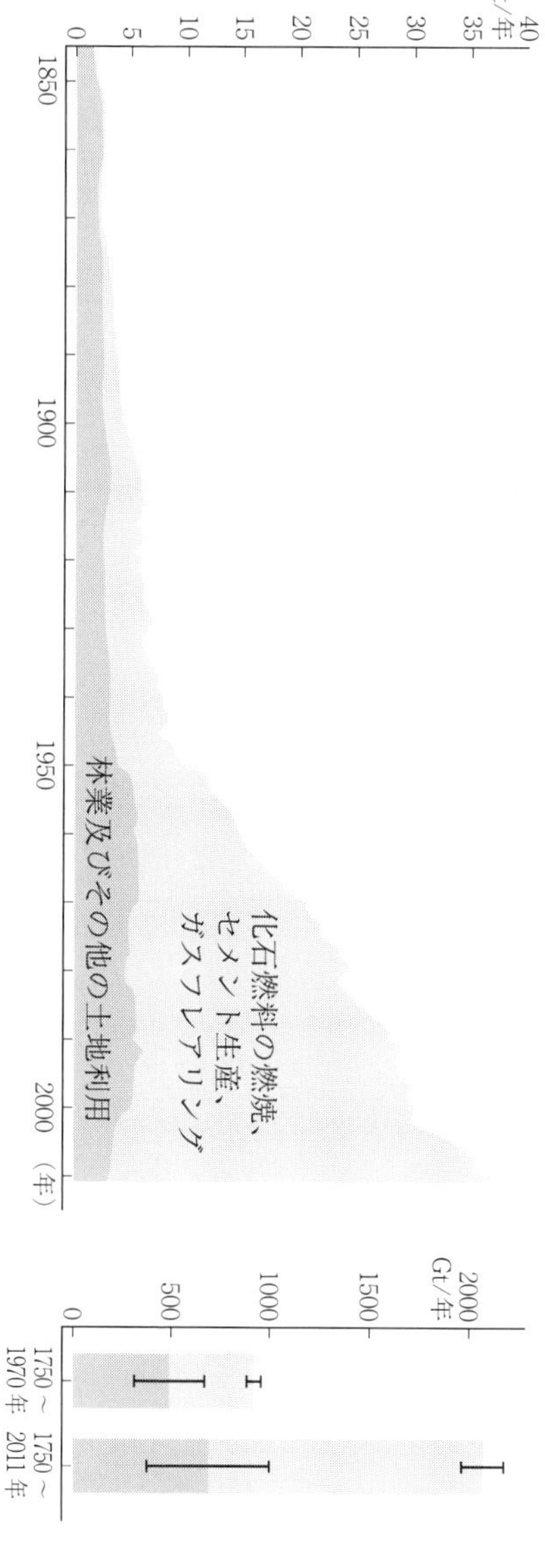

出所）IPCC 第5次報告書

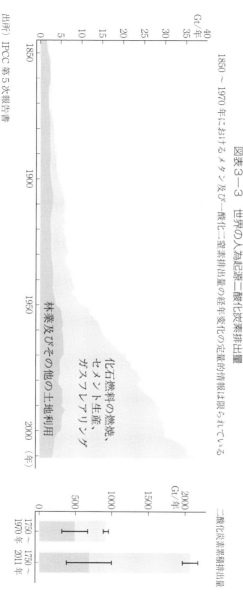

図表３―４　世界平均温室効果ガス濃度

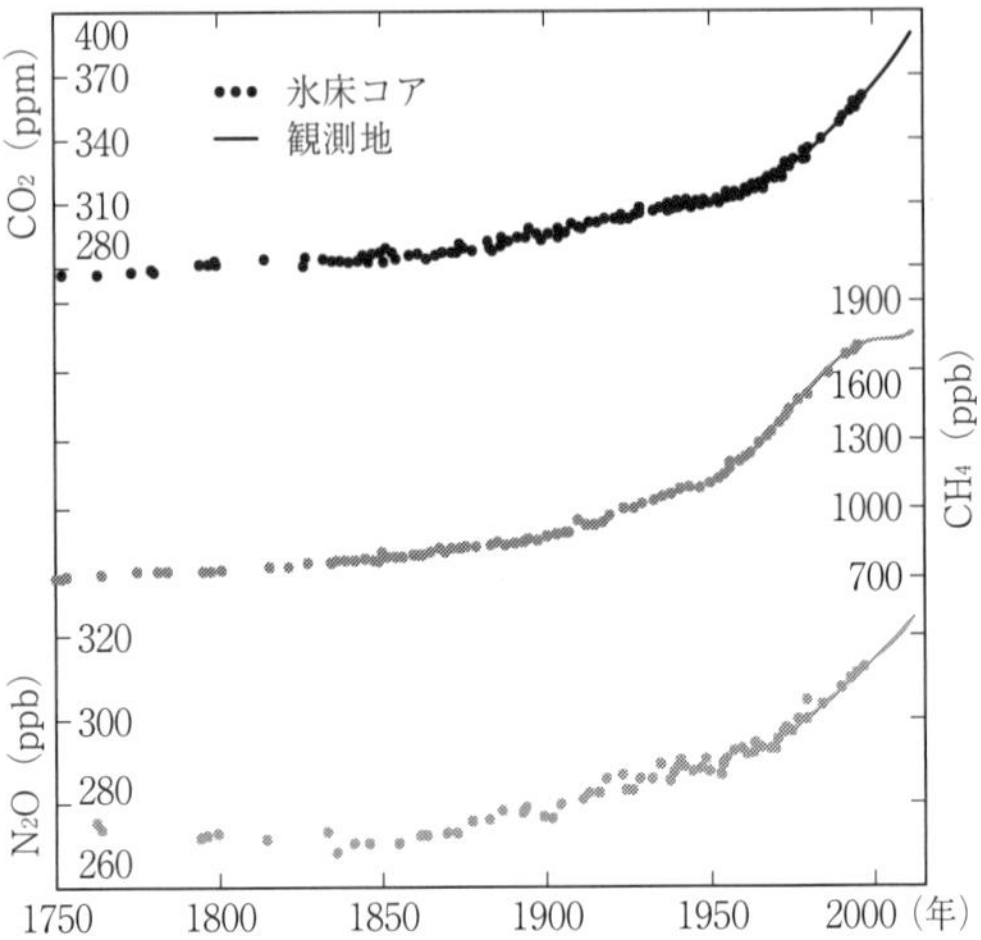

出所）IPCC 第５次報告書

の内訳は、三五パーセントがエネルギー供給部門由来であり、二四パーセントがＡＦＯＬＵ部門、二一パーセントが産業部門、一四パーセントが運輸部門、六・四パーセントが建築部門由来であった。電力及び熱生産からの排出を最終消費の部門（すなわち間接排出）に帰属させると、産業及び建築部門のＧＨＧ排出はそれぞれ三二パーセント、一九パーセントに増加する（図表3―5）。

近年とくにエネルギー供給部門、産業部門における排出量の伸びが目立っている。二〇〇〇年から二〇一〇年までに、温室効果ガスの年間排出量は約一〇〇億トン（CO_2換算）増加したが、この増加を部門別にみると、エネルギー供給部門が四七パーセント、産業部門が三〇パーセント、運輸部門が一一パーセント、建設部門が三パーセントとなっている。

気候変動による地球環境の危機が広く認識されて以来、およそ三〇年以上が経過した。しかし最も直近のその三〇年間に、最も急速に温暖化は進行したのである。すでに気候変動は世界の全ての大陸

図表3—5　経済部門別温室効果ガス排出量の比率

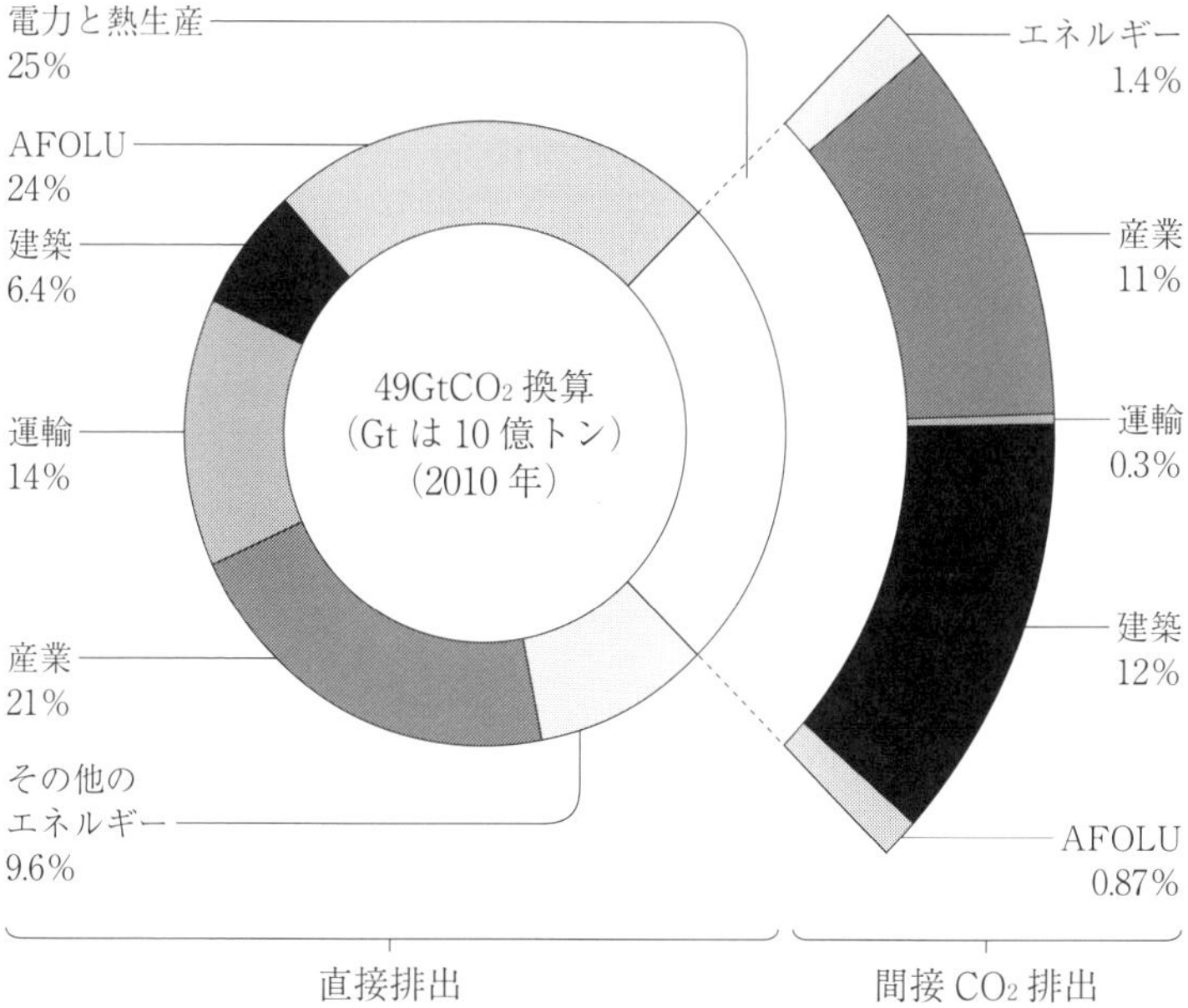

出所）IPCC第5次報告書

と海洋にわたって、自然及び人間システムに影響を与えている。大型台風やハリケーンなどの異常気象、熱波による健康被害、頻発する山火事、河川の洪水と干ばつ、海面の水位の上昇、北極圏の氷床やシベリアの永久凍土の融解など、危機はすでに身の回りに迫っている。

気温が一℃上がっただけで、すでに世界でさまざまな深刻な影響が出始めている。このまま手をこまねいていると、この先どういう破滅的現象が起きるのか想像もつかない。気候変動による地球環境の変化はもとに戻すことができない。手を打つことができる今のうちに包括的な対策をとらなければならない。

気候変動は単に気候を悪化させるだけではない。現代の国際問題の多くは気候変動と無関係ではない。たとえば難民問題。過去一〇年で少なくとも一億人が安全を求めて故郷を離れ、難民となって国外に移住している。難民が生まれる原因には戦争や内戦などさまざまあるが、その多くの背景には干魃《かんばつ》、洪水などによる不作や飢饉《ききん》があり、その遠因には気候変動がある。難民が流入した国では差別と分断が助長され、しばしば民族差別と排外主義を主張する右派が支持を集め政権を奪う。

貧困と格差の問題もしかりである。温暖化による気温の上昇は植物の成長を妨げ、小麦、トウモロコシなど主要穀物の収穫量を減少させている。また世界の砂漠化が進み、耕作可能地を侵食している。気温の上昇によって害虫が異常発生し、収穫に壊滅的な打撃を与えている。異常気象による食糧難は特に貧困な途上国の住民に栄養失調と飢餓をもたらし、これらの国をますます貧困にしている。

食糧危機は途上国の問題にとどまらない。異常気象による豪雨や河川の氾濫《はんらん》、熱波、干魃、ハリケーン、大規模火災などが世界の主要穀倉地帯を襲う頻度は高まっている。大災害によって世界の食糧生産が減れば、食糧価格は高騰し、日本など食料自給率の低い国は大きい影響を受けることになる。

温暖化による気温の上昇は地球全体で均等ではなく、とくに北極、南極など極地の気温を上昇させている。極地やグリーンランドの氷が溶ければ海面が上昇する。また人為的温暖化によって増えた熱の九〇パーセント以上は海に吸収され、蓄えられている。海に吸収された熱は、海水温の上昇と海面上昇の原因となっている。

温暖化によって陸上の気温はすぐに上昇するが、海面で吸収された熱は冷たい中深層水に徐々に吸収されるためにすぐには上昇しない。しかし水温が徐々に上昇すれば、巨大台風の増加、魚の回遊経路の変化、海面の上昇、サンゴの白化などに影響する。一度蓄えられた熱は容易に逃げないので、その影響は長く続き、深刻となる。

海面上昇の影響はナウルやツバルなど太平洋の島国だけの問題ではない。ＩＰＣＣの特別報告（「ＩＰＣＣ海洋・雪氷圏特別報告書」二〇一九年）によると、世界の平均海水面は今世紀末までに最大一・一メートル上昇すると予測している。二三〇〇年には最大で五・四メートル上昇するという推測も出している。[*2] 沿岸の低地にある世界の主要都市で、日本でも東京、大阪などの大都市で、浸水と高潮の危険が増し、水没の危機が迫っている。

3　国際的な取り組みの進展

ＩＰＣＣと「パリ協定」

気候変動の問題に対して科学者を中心にして本格的な国際的研究が始められたのは一九八八年、ＩＰＣＣが設立されて以来である。ＩＰＣＣは、世界気象機関（ＷＭＯ）と国連環境計画（ＵＮＥＰ）によって設立された組織で、気候変化、影響、適応及び緩和方策に関し、科学的、技術的、社会経済学的な見地から包括的な評価をおこなうことを目的として設立された。

ＩＰＣＣによる科学的解明を背景に、気候変動に関する取り組みは人類共通の課題であるとの認識が広がり、国際的な取り組みが展開されることになった。国連では一九九二年、ブラジルのリオデジャネイロで一七二か国の政府代表が参加して「環境と開発に関する国連会議」（地球サミット）が開かれ、気候変動枠組み条約（ＵＮＦＣＣＣ）が採択された。同条約の採択にあたってはＩＰＣＣの第一次評価報告書（一九九〇年）が、重要な科学的根拠とされた。この条約の締約国は気候変動に対する取り組みの進展状況を評価するために毎年締約国会議（ＣＯＰ）を開くことになっている。

一九九七年、京都で開催された第三回締約国会議（ＣＯＰ３）で、「京都議定書」（Kyoto Protocol）が採択され、先進国に対する数値目標が課された。それは二〇〇八～二〇一二年における温室効果ガス排出量を、一九九〇年比で、先進国全体で少なくとも五パーセントの削減を目指すため、欧州八パーセント、米国七パーセント、日本六パーセントなどの法的拘束力を持つ削減目標を課した。京都議定書には発展途上国に対する義務付けがないことを理由に米国は参加しなかった。京都議定書の結果は、基準年である一九九〇年と比較して、世界全体の排出量は増加したことから、気候変動対策としては不十分であったことは事実であるが、共通の目的のもとに各国の数値目標を決めて取り組む初めての試みであり、第一歩としての役割を果たしたといえる。

その後も国際的な目標策定の努力が続けられている。二〇一五年一一～一二月にフランス・パリで、約二〇〇か国が参加して開催された第二一回締約国会議（ＣＯＰ21）において、二〇二〇年以降の温室効果ガス排出削減等のための新たな国際的枠組みとして「パリ協定」（Paris Agreement）が採択された。同協定は、京都議定書とは異なり、史上初めて全ての国が参加する枠組みであった。その内容は、共通の長期目標として、世界全体の平均気温の上昇を工業化以前よりも二℃より充分低く抑えるとともに、一・五℃に抑える努力を求めるものであった。またすべての国が五年ごとに削減目標（「自国が決定する貢献（ＮＤＣ）」）を提出することを義務付けている。

パリ協定は、削減量を各国に割り当てているわけではないので、これまでの各国の削減目標を足し合わせても二℃未満達成のために必要とされる削減量には届いていない。二〇二〇年時点での世界各国の二〇三〇年に向けた削減目標を足し合わせても、世界の平均気温は今世紀末には三℃程度上昇してしまうと予測されている。気温上昇を二℃未満に抑えるためには、二〇七五年頃にはCO_2排出をゼロにする必要があり、一・五℃に抑えるためには、二〇五〇年に排出をゼロにしなければならない。

「一・五℃特別報告書」

パリ協定は二℃目標とともに一・五℃の努力目標を示したが、同時にＣＯＰ21はＩＰＣＣに対して、一・五℃の気温上昇による影響に関する特別報告書を二〇一八年に完成させることを要請した。これは温暖化の影響に脆弱《ぜいじゃく》な国が一・五℃目標を主張し、特別報告書を求めたためである。

要請を受けたＩＰＣＣは、二〇一八年、「一・五度特別報告書」を公表した。*3 同報告によれば、すでに世界の平均気温は、産業革命前に比べて、人間活動によって約一℃上昇しており、現在、一〇年につき〇・二℃の速度で気温上昇が進んでいる。このままのスピードでいくと二〇三〇～二〇五〇年には、上昇幅は一・五℃に達する（図表3―1）。地球温暖化の上昇幅を一・五℃以内に抑制することは今ならまだ可能だ。しかしそのためには社会のあらゆる側面において「前例のない移行」（システム・トランジション）が必要である。CO_2排出量については二〇三〇年までに四五パーセントの削減、二〇五〇年頃には正味ゼロに達する必要がある。

このことを「カーボン・バジェット」（「炭素予算」）で見てみよう。「カーボン・バジェット」とは、人間活動を起源とする気候変動による地球の気温上昇を一定のレヴェルに抑える場合に想定される、温室効果ガスの累積排出量（過去の排出量と将来の排出量の合計）の上限値をいう。

ＩＰＣＣの「一・五℃特別報告書」は、世界の平均気温の上昇幅を産業革命前から見て一・五℃以内に抑えるために排出できる総量を二兆六二〇〇億トン（CO_2換算）と見積もっており、そのうち二〇一七年までに二兆二〇〇〇億トンを排出しているので、残余のバジェットは四二〇〇億トンであると推定している。ところが近年、毎年四百数十億トンのペースで排出していることから、この割合での排出が続けば、あと一五年から二〇年でカーボン・バジェットを使い切ってしまうことになる。一・五℃に留まるためには、おそくとも二〇五〇年までにCO_2の排出量をネットゼロにする必要がある。

「一・五℃特別報告書」は、地球温暖化の上昇幅が、一・五℃の場合と二・〇℃の場合の影響の違いを強調している。上昇幅が、一・五℃ではなく二・〇℃に達すると、すべての陸域において極端に

図表3―6　シナリオ別の目標達成に必要な投資額（2016～2050年の年間平均投資額）

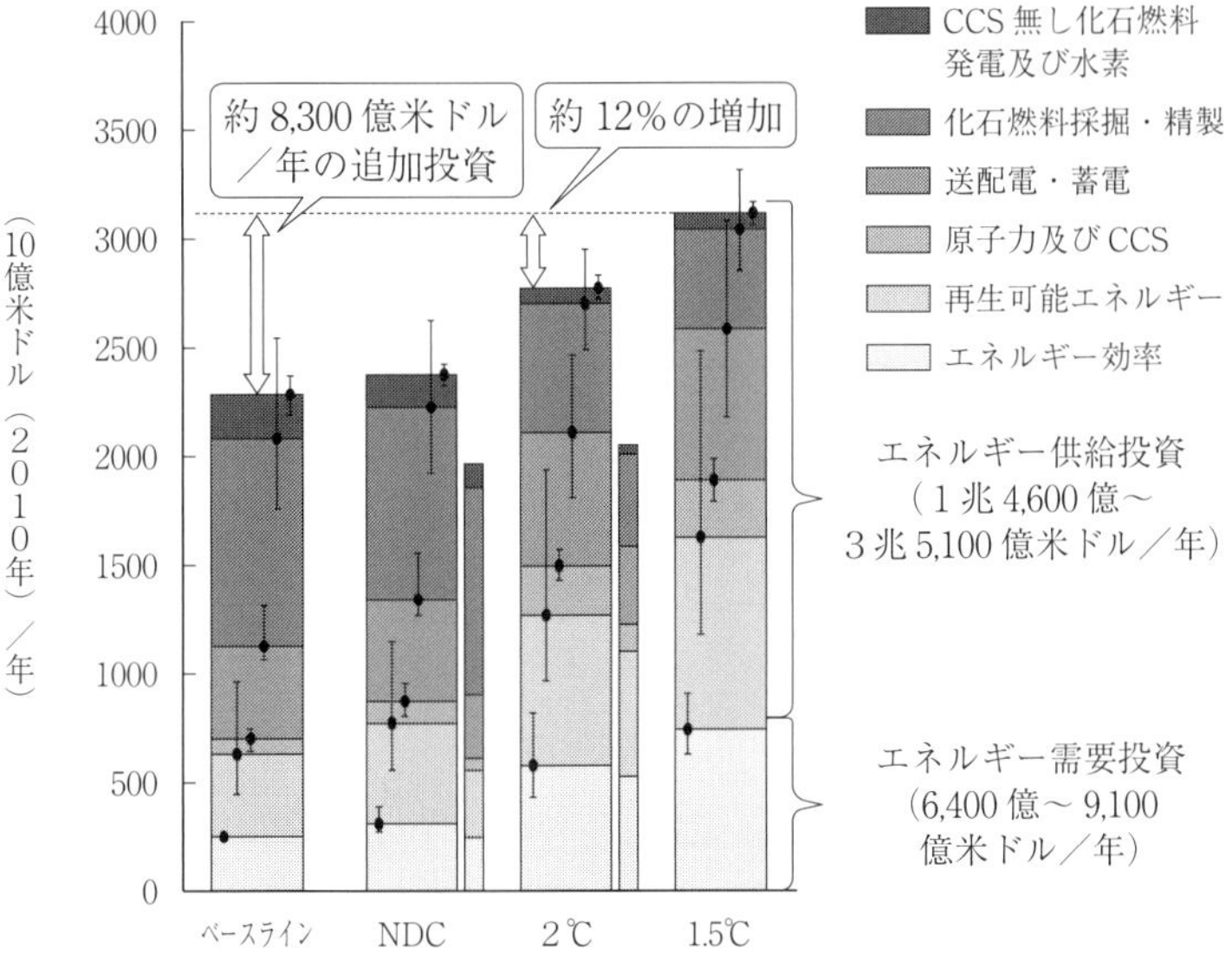

注）NDCとはパリ協定で各国に提出が義務づけられた排出削減目標
出所）環境庁「IPCC『1.5℃特別報告書』の概要」より

暑い日が発生する温暖化がもたらされる。それは特に北半球の高緯度域での豪雨の増加を招き、洪水の危険性を高める。さらに地中海地域などで乾燥が一層進む。氷床や氷河のより激しい融解や、長期的に継続する海面上昇の増加も含まれる。

　とくに深刻な影響は生態系である。サンゴ礁は二℃の気温上昇ではほぼ絶滅してしまうが、一・五℃では七〇～九〇パーセント減少するものの絶滅は免れる。また温暖化を一・五℃に抑えることは、二℃の場合と比べ、気候変動に起因する水ストレス（水不足）の増加に曝《さら》される世界人口の割合を最大五〇パーセントまで削減できる。

「一・五℃特別報告書」は、気候変

動の脅威に対応するだけでなく、その目的に世界の持続可能な発展や貧困撲滅の努力の強化を掲げている。温暖化の進行に伴って貧困が増大する傾向にあるが、二・〇℃に比べて一・五℃に温暖化を抑えることによって、気候に関連するリスクに曝され、貧困の影響を受けやすい人々の数を、二〇五〇年までに最大数億人削減しうるとしている。

一・五℃目標を達成するには、当然、そのために必要な投資額は増える。「一・五℃特別報告書」はそのために必要なエネルギー関連投資額を試算している（図表3-6）。それによるとエネルギー関連の追加投資は、ベースライン（対策を実施しない場合）に比べて年平均で八三〇〇億ドル（約八七兆円）程度が必要になる。二・〇℃の場合と比べると約一二パーセント程度、追加的投資が必要である。

IPCCは一九九〇年の第一次評価報告書の公表以来、数年おきに報告書を公表している。二〇二一年八月、前回の報告（第五次報告書：二〇一三～一四年）から八年ぶりに、第六次報告書の公表が始まった。公表されたのは科学的根拠を示す第一作業部会の報告書であるが、引き続いて二〇二二年に、影響と適応策、緩和策に関する報告書、最後にそれら三つをまとめた統合報告書の公表が予定されている。

第六次報告書は六六か国の二三四人の専門家が、一万四〇〇〇本以上の論文を検討し、七万八〇〇〇件の意見を踏まえて作成されたものであり、現代の世界の科学者の知見を結集した成果である。「人為起源の温室効果ガスは気候変動を生じさせる恐れがある」（第一次報告書）との警鐘から約三〇年、「人間の影響が大気、海洋、及び陸域を温暖化させてきたことには疑う余地がない」（第六次報告書）との断定的判断に変わった。人類への警戒警報と受け止めなければならない。

4 エコシステムと物質代謝

気候変動の危機の根底には、人間の活動による生態系（エコシステム）の攪乱《かくらん》がある。特に産業革命以来の資本主義の急速な発展と工業化は化石燃料への依存を強め、長く自然界に閉じ込められていたCO_2を大気中に呼び戻した。そのために大気中の温室効果ガスの濃度が高まり、地球の温暖化をもたらし、生態系に重大な影響を与えている。

エコシステムとは、生物がその周りの生物や無生物とのつながりで形成しているコミュニティで、それらは炭素、水素、酸素など元素の物質循環、食物連鎖などの養分循環、光合成などエネルギーの流れでつながっている。それらは物質代謝やエネルギー代謝のプロセスに媒介されて連関している。人間もエコシステムを構成する一員であり、他の生物や無生物と共存し、他の生物やその他の自然との間で相互依存の関係にある。

エコシステムは大気のエコシステム、陸のエコシステム、海洋のエコシステムなど、いろいろなレヴェルでとらえることが可能であるが、それらは相互に連関しているので、全体として地球レヴェルのエコシステムとしてとらえることが有益である。地球の長い歴史を通じて、地球レヴェルのエコシステムは、生物、物質、エネルギーのバランスを維持してきた。

ところが近年、この長い間維持されてきたバランスが、地球的規模で崩れようとしている。それが人間の活動によってもたらされた気候変動の危機として現れている。資本主義において人間は資本主義的生産様式に組み込まれ、人間と自然との関係は資本を媒介として結ばれる。[*4]

新自由主義の影響を強く受けた現代資本主義において、資本はますます利潤の極大化を求め、労働力ばかりではなく、自然を最大限利用しようとする。そのことによって人間と自然の間の物質代謝はゆがめられ、破壊される。カール・マルクスのいう「物質代謝の亀裂」(metabolic rift) が生じる。それによってバランスを保っていたエコシステムが攪乱され、破壊される。[*5]

資本主義のもとにおけるエコシステムの破壊は、自然と人間との関係を破壊するだけではなく、人間と社会との関係、人間と人間の関係を破壊するに至る。それは自然の物質代謝だけでなく、社会の物質代謝を破壊する。したがって、気候変動に対するたたかいは、貧困と不平等など、資本主義のもたらす弊害に対するたたかいと結びつかざるを得ない。

5　グリーン・ニューディール

初期のグリーン・ニューディール運動

気候変動問題に対する国際的取り組みは、ＩＰＣＣの設立（一九八八年）、気候変動枠組み条約の採択（一九九二年）以来、ようやく本格的な取り組みが始められた。しかし気候変動に対する取り組みは、化石燃料産業をはじめとする既得権益を持つ産業からの強い抵抗と反発に直面する。政府にまかせておけば進むというものではない。進歩的で強力な社会運動によって支えられなければならない。

またこの社会運動は、自然環境を守る運動だけでなく、新自由主義政策によって生み出されている、貧困や不平等、低賃金や不安定雇用、劣悪な社会保障制度などの改革を求める大衆運動と連帯して進めることによって、より大きい力を発揮することができる。さらにいえば、気候変動に取り組むためには再生可能エネルギーなど多くの分野で巨額の投資を必要とするが、巨額の投資は新型コロナ・パンデミックによって大きく悪化した経済からの回復のためにも必要なものである。

こうした考えのもとに、気候変動への対応を軸として、さまざまな社会問題の解決を目指す幅広い運動が、すでにグリーン・ニューディール（ＧＮＤ）運動として世界で展開されている。この運動をニューディール政策と結び付けて展開するのは、背景に一九三〇年代の大恐慌時との類似性があること、政策の根本的な転換を必要としていること、相乗効果が期待できることなどが考えられる。

ニューディールとは一九三〇年代にアメリカ合衆国大統領フランクリン・ルーズベルトが世界恐慌を克服するためにおこなった一連の経済政策である。ルーズベルトは大統領就任後、それまでの行き過ぎた自由主義政策を転換し、経済に対する政府の関与を強める政策に転換した。グラス・スティーガル法を制定し金融機関に対する規制を強化するとともに、ＴＶＡ（テネシー川流域開発公社）などの公共事業のほか、公共事業局（ＰＷＡ）の設立によって失業者の大量雇用を図った。

「グリーン・ニューディール」は、リーマン・ショックにつながる世界金融危機のさなかの二〇〇七年一月、米国のコラムニスト、トーマス・フリードマンがニューヨークタイムズのオピニオン記事[*6]で提案したのが初めてである。

この提案に真っ先に反応したのは、同じ問題意識を持つイギリスのグループであった。二〇〇七年初め、イギリスで、金融、エネルギー、環境問題の専門家、ジャーナリスト、政治家が集まって「グリーン・ニューディール・グループ」が結成された。同グループは翌二〇〇八年七月、「グリーン・ニューディール」（A Green New Deal）と題する報告書を公表した。このグループの活動によって、その後のヨーロッパのグリーン・ニューディール運動の萌芽が生まれた。

報告書は、世界は金融危機、気候変動危機、石油資源枯渇危機の三重の危機に直面していることを指摘、その包括的な解決を目指す政策としてグリーン・ニューディールを提案した。これは政府が経済に対する規制を取り戻し、気候変動、金融規制、不平等に取り組むことを提案するグリーン・ニューディールの最初の体系的なプランであった。

最初の報告書以降、今日まで数次にわたって報告書が出されているが、直近の報告書[*7]は二〇一九年に公表されたもので、グリーン・ニューディールを具体化する「グリーン・ニューディール法案」を提案している。同法案は社会的不平等、気候変動、破綻した金融の三つの危機から脱出を図るために、政府が市場から主導権を取り戻し、エネルギー、農業、企業、交通、住宅など、社会のあらゆる分野へのグリーン投資を増やし、エコロジーシステムを再生すること、十分な賃金と雇用の創造によって社会的不公平をなくすことなどを提案している。

これらの支出のために巨額の費用が必要となるが、その費用は第一に、投資が増えれば企業利益が増え、雇用が増えれば所得も増えるので、それによって得られる税収増をあてる。第二に、政府や地方自治体がグリーン投資の財源として債券を発行すれば、年金基金をはじめ巨額の国民の貯蓄による投資の対象となる。要するに、投資は自ら必要とする資金を生み出すのであり、資金の流れを変えることによってそれは可能だとしている。

グリーン・ニューディール運動の再興

グリーン・ニューディールは、世界金融危機後、米国でバラク・オバマが大統領選挙の公約で掲げたが、具体化な進展はほとんど見られなかった。グリーン・ニューディールが再び脚光を浴びるのは二〇一八年以降である。

二〇一七年、米国で設立された「サンライズ・ムーブメント」は、気候変動対策を求める草の根の環境保護団体である。二〇一八年一一月の中間選挙でサンライズ・ムーブメントは、化石燃料企業からの献金を受けず、再生可能エネルギーを支持する候補者を推薦する運動を展開し、推薦を受けた候補者の多数が当選した。

選挙後、サンライズ・ムーブメントは、再生可能エネルギーへの移行、公共交通の充実、雇用の拡大などからなるグリーン・ニューディールの旗を掲げた。サンライズ・ムーブメントの支持を受け当選した連邦下院議員の一人、アレクサンドリア・オカシオ＝コルテスは、二〇一九年、下院に特別委員会設置を提案するとともに、上院議員のエド・マーキーとともに、グリーン・ニューディール決議案を上下両院に提出した。

決議案は、電力を一〇〇パーセント再生可能エネルギー化し、インフラと産業への投資を通じて、温室効果ガスを「実質排出ゼロ」にすることを求めている。それだけでなく決議案は、気候変動政策という枠を超え、米国社会の人種、性別、移民などの社会的な不平等の是正を求め、化石燃料産業の労働者のクリーン産業への移行と、高賃金で良質の雇用を大量に創出することなど、持続可能で公正な社会への移行を目指している。決議案は、エリザベス・ウォーレン、バーニー・サンダースら民主党の連邦議員九四名の支持を取り付けたが、共和党の性急な採決強行によって上下両院で否決された。

二〇二〇年の大統領選挙でバイデン候補は、サンダース上院議員との間で協同タスクフォース

(Biden Sanders Unity Task Force) を設置し、二〇年七月、気候変動問題を含む政策提言を発表した。その内容は、遅くとも二〇五〇年には温室効果ガスのネット・ゼロ・エミッションを目指し、階級、年齢、人種等にかかわらず、全ての人にクリーンで安全な環境、基礎インフラへの公正で衡平なアクセスを認めることなどを含んでいる。

一方、英国では労働党が、二〇一九年一一月の党大会でグリーン・ニューディールの導入動議を決議した。党大会の決議に先立って、同年三月に設立された草の根運動"Labour for a Green New Deal"が、労働党に対して、同年の総選挙のマニフェストに入れるよう運動した結果である。この運動の主張は、二〇三〇年までの脱炭素、化石燃料からの早急な離脱、再生可能エネルギーへの大規模投資、正当な賃金を伴うグリーンジョブへの正当な移行、公共輸送の拡充、公共的所有の拡大、途上国のグリーン化への援助、普遍的サービスの保障によるすべての人への基本的権利の保障など、経済・社会の根本的な転換を求める内容となっている。

労働党大会が採択したマニフェスト"A Green Industrial Revolution"(緑の産業革命)は、この運動の主張をある程度反映したものである。マニフェストは、二〇三〇年までに温暖化ガス排出削減の大半を達成するとともに、電気の九〇パーセント、熱の五〇パーセントを再生可能エネルギーと低炭素エネルギーで賄うこととしている。

マニフェストはまた、グリーン産業革命は過去の産業革命と同じように、大規模な投資によって、新しい産業と良質の雇用を生み出すことを宣言している。そして、エネルギー部門、水供給部門を公共の所有に戻すこと、一〇〇万人の雇用を創造し、職業訓練を強めることなどによって、民主主義を生き返らせ、コミュニティを結びつけ、国際連帯を打ち立て、すべての人の生活を改善するとうたっている。

ヨーロッパでは二〇一九年四月、「ヨーロッパのためのグリーン・ニューディール」（The Green New Deal for Europe）が設立されている。この団体は「環境正義」（environmental justice）の理念を共有する全ヨーロッパのコミュニティ、労働組合、政党、活動家の連合体である。

「ヨーロッパのためのグリーン・ニューディール」は、すべての環境政策がグリーン・ニューディールではないとして、グリーン・ニューディールの不可欠の要素として一〇本の柱を示している。すなわち、①世界の気温上昇を産業革命前に比べ一・五℃以内に抑える、②公共機関が主導する、③市民とコミュニティの参加、④良好な雇用の創出、⑤生活水準の向上、⑥平等の実現、⑦未来への投資、⑧成長至上主義の否定、⑨「気候正義」（Climate Justice）の実現、⑩目標に向かっての行動、以上である。

コモンズの再生とグリーン・ニューディール

グリーン・ニューディールは何人かの思想家や運動家によって、資本主義を乗り越える思想として展開されている。米国の政治・経済理論家ジェレミー・リフキン（Jeremy Rifkin）は近著『グローバル・グリーン・ニューディール』[*8]において、グリーン・ニューディールの構想を、要旨、以下のように展開している。

——現代は第三次産業革命の時代である。産業革命の時代にはそれを支えるインフラとなるニューディールが必要とされる。第一次産業革命期には、モリル・ランドグラント法の制定によって、農科大学のための土地供与がおこなわれ、上流階級のためではなく、中産階級のための、すぐに仕事に活かせる科目が学べる高等教育機関が設立された。またホームステッド法によって公有地を一六〇万人の市民に無償提供し、また太平洋鉄道法によって大陸横断鉄道のインフラ建設がおこなわれた。

大恐慌後の第二次産業革命期には、公共事業局（ＰＷＡ）、公共事業促進局（ＷＰＡ）が設立され、数百万人の失業者を雇用するとともに、ＴＶＡなどの総合開発事業がおこなわれた。また州間高速道路法によって、州間高速道路網が建設され、復員兵援護法によって、帰還兵八〇〇万人に無償高等教育が与えられ、連邦住宅局の設立は数百万人に住宅の購入を可能にした。

第三次産業革命はデジタル社会への移行を特徴としている。あらゆる産業革命期にはインフラとして、通信手段、動力源、運搬機構に関する汎用技術プラットフォームの構築が必要となるが、第三次産業革命期のプラットフォームは、ＩｏＴ（モノのインターネット）のプラットフォームの上に、デジタルコミュニケーションのインターネット、ロジスティックスのインターネット、エネルギーのインターネットを一体化することによって構築される。

第三次産業革命期のインフラは、分散型でオープンかつ透明性が高いネットワーク効果を達成できるように設計され、水平方向に展開するスマートインフラである。さらにグローバリゼーションからグローカリゼーションへシフトし、グローバル企業を飛び越えて個人、企業、コミュニティがかかわりあう。

産業革命以来二〇〇年、化石燃料文明による繁栄を享受してきたが、その限界にきている。第三次産業革命期にある現代が必要としているインフラは、グリーン・ニューディールである。第三次産業革命のインフラはすべて民間に任せられない。公的資本、民間資本、社会資本のミックスで健全な社会的市場経済を必要とする——。

リフキンは、『限界費用ゼロ社会』[*9]において、第三次産業革命を通じて、資本主義を乗り越えて進む未来を以下のように描いている。

——資本主義はいま跡継ぎを生み出しつつある。それは協働型（コラボレイティブ）コモンズで展開される共有型（シェアリング）経済だ。二〇五〇年までに世界の大半で経済生活の最大の担い手となる。ますます多くの情報がほぼ無料で何十億という人々の手に渡るにつれ、限界費用はほぼゼロとなる。社会の経済生活を形づくる財やサービスの次第に多くが限界費用ゼロに向かって進み、ほぼ無料になるにつれ、資本主義は狭いニッチへと後退し、経済の周辺部でのみ生き伸びる。限界費用がほぼゼロの社会は資本主義の究極の勝利を象徴しているが、その勝利の瞬間に資本主義は世界の表舞台から退場せざるを得ない。

インフラシステムに共通なものはコミュニケーション媒体、動力源、輸送のしくみであるが、それぞれがインターネットでつながり、ＩｏＴプラットフォームを構成する。共有地の囲い込み運動は新しい都市環境に持ち込まれ、コモンズが生み出された。それは「シビル・ソサエティ」であり、「ソーシャル・コモンズ」である。IoTはそれに親和的である、と——。

リフキンは、グリーン・インフラ建設のためには巨額の費用が必要となるが、その確保のためには、超富裕者に対する増税（年所得一〇〇〇万ドル以上の富裕者に対して、一〇〇〇万ドルを超えた部分に限界税率七〇パーセントを適用）、炭素税の活用などを提案している。また防衛予算のうち兵器の開発・調達費の削減、化石燃料部門への補助削減などをおこなう。公的年金基金による投資、グリーン銀行、グリーンボンドの発行による資金調達を図ることも提案している。

『地球が燃えている』

カナダのジャーナリストのナオミ・クラインは、地球環境の問題に取り組む運動家であるが、グリーン・ニューディールを通じて、資本主義、とくに近年の新自由主義を克服することを課題としている。近著『地球が燃えている』[*10]において次のように述べている。

——気候変動の危機の根底にあるのは自然界とそこに住む人々の大部分を使い切って捨て去る資源として扱い、「搾り取る」という考え方が引き起こした危機だ。「ギグとディグ」の世界観から「ケアとリペア」の精神への転換が必要である。この共通の目的を実現することがグリーン・ニューディールの最大の約束だ。

なぜなら崩壊していくのは地球の生命を維持するシステムだけではなく、私たちの社会の骨組みも同時に多くの方面で崩壊しているからだ。グリーン・ニューディールは脅威にさらされているエコシステムを回復し保護するためだ。新自由主義の下で使い捨てられたものを修復する物語だ。私たちと地球との関係、私たち同士の関係、国と国との関係を修復しなければならない――。

欧州グリーン・ディール

気候変動の危機の高まりやグリーン・ニューディールを求めるグローバルな草の根の運動や科学者、ジャーナリストの提言を受けて、政府レヴェルの取り組みも本格化している。先陣を切っているのはヨーロッパである。二〇一九年に欧州委員会（EC）の新委員長に選ばれたウルズラ・フォン・デア・ライエンは、環境・気候政策面の課題に意欲的に取り組もうとしている。その中心的な柱が欧州グリーン・ディールである。

欧州委員会は二〇一九年一二月、政策文書「欧州グリーン・ディール」[*11]（The European Green Deal）を発表した。「欧州グリーン・ディール」は気候変動への対処と雇用創出を同時に達成する欧州の戦略で、二〇五〇年までにGHG排出の正味ゼロを実現し、世界初の「気候中立大陸」を目指すこと、資源利用と切り離した経済成長（サーキュラーエコノミー）を実現すること、だれもどこも置き去りにしない包摂的な雇用を目指す戦略である。

欧州委員会はこのグリーン・ディールの取り組みを、「クリーン・エネルギー」、「持続可能な産業」、「エネルギー・資源効率的な建築及び改修」、「持続可能でスマートなモビリティー」、「生物多様性およびエコシステムの保全」、「農場から食卓まで戦略」、「汚染ゼロ」など、七つの広範な分野をカバーする新しい「成長戦略」として位置付けている。

欧州委員会は二〇二〇年一月、欧州グリーン・ディールを具体化する「欧州グリーン・ディール投資計画」（The European Green Deal Investment Plan）を公表した。これは欧州グリーン・ディールの目標実現のために、EUの予算に加え、欧州投資銀行（EIB）からの投資等も加えて、今後一〇年間、官民で少なくとも一兆ユーロ（約一二〇兆円）の資金を動員するという計画である。

同年三月には、欧州グリーン・ディールの柱の一つとして、「新しいサーキュラー・エコノミー（循環型経済）行動計画」（A New Circular Economy Action Plan: For a cleaner and more competitive Europe）が公表さた。サーキュラー・エコノミーは従来の「大量生産、大量消費、大量廃棄」のリニア（単線）エコノミーに代わって、リデュース、リユース、リサイクルの「三R」を掲げる循環型経済ビジネスを構築しようとするものである。

さらに同月、欧州理事会と欧州議会は、二〇五〇年に欧州の気候中立を目指すグリーン・ディールの具体的目標を各国に義務付ける「気候法」（Climate Law）案に暫定合意し、法律制定に向けた準備が進められている。

欧州が二〇五〇年までに気候中立の目的を達成するためには、官民の協調した取り組みが必要となる。この目的達成のために民間資金の流れを引き寄せなければならない。そのための取り組みが「欧州タクソノミー」の取り組みである。

二〇二〇年三月、欧州委員会の「サステナブルな金融に関する技術専門グループ」（ＴＥＧ）は「タクソノミー技術報告書」を公表した。タクソノミー（taxonomy）とは、すべての経済活動をサステナビリティ（特に気候変動の解決）に対する貢献の度合いで分類するための体系とされている。

ＥＵタクソノミー規制は次の六つの環境目標に貢献することを義務付けている。投融資適格な産業・業種を仕分けし、投資家の資産運用や企業の設備投資を誘発する戦略である。

1　気候変動の緩和
2　気候変動への適応
3　水と海洋資源の持続可能な利用と保全
4　サーキュラー・エコノミーへの移行
5　環境汚染の防止と抑制
6　生物多様性と生態系の保全と回復

こうしたなか、ＥＵは同年七月、独仏の共同提案にもとづく七五〇〇億ユーロ（約九二兆円）の復興基金（「次世代ＥＵ」）と一兆七四三億ユーロの次期（二〇二一～二〇二七年）多年次財政枠組み（ＭＦＦ）を合わせた包括的なパッケージで合意した。「次世代ＥＵ」は、返済不要の補助金三九〇〇億ユーロと要返済の融資三六〇〇億ユーロからなる。原資は欧州委員会がＥＵ名義の共同債券を発行し市場から調達する。

次期ＭＦＦと「次世代ＥＵ」からなる予算の少なくとも三〇パーセントを気候中立の達成に資する

郵便はがき

料金受取人払郵便

代々木局承認

9647

差出有効期間
2021年12月25日
まで

(切手不要)

151-8790

243

(受取人)

東京都渋谷区千駄ヶ谷4-25-6

新日本出版社

編集部行

ご住所	〒 都道府県
お電話	
お名前	フリガナ

本のご注文は、このハガキをご利用ください。送料300円

《購入申込書》

書名	定価	円	冊
書名	定価	円	冊

ご記入された個人情報は企画の参考にのみ使用するもので、他の目的には使用いたしません。弊社書籍をご注文の方は、上記に必要情報をご記入ください。

愛読者はがき

ご購読ありがとうございます。出版企画等の参考とさせていただきますので、下記のアンケートにお答えください。ご感想等は広告等で使用させていただく場合がございます。

① お買い求めいただいた本のタイトル。

② 印象に残った一行。

(　　　)ページ

③ 本書をお読みになったご感想、ご意見など。

④ 本書をお求めになった動機は？

1　タイトルにひかれたから
2　内容にひかれたから
3　表紙を見て気になったから
4　著者のファンだから
5　広告を見て（新聞・雑誌名＝　　　　　　　　　）
6　インターネット上の情報から（弊社 HP・SNS・その他＝　　　　　　　）
7　その他（　　　　　　　　　　　　　　　　　　）

⑤ 今後、どのようなテーマ・内容の本をお読みになりたいですか？

⑥ 下記、ご記入お願いします。

ご職業	年齢	性別
購読している新聞	購読している雑誌	お好きな作家

ご協力ありがとうございました。　ホームページ www.shinnihon-net.co.jp

政策に活用するという目標が設定されている。「次世代ＥＵ」が「グリーン・リカバリー・ファンド」とも呼ばれるのは、新型コロナ禍による経済への打撃からの回復を、二〇五〇年の気候中立の実現につなげようとしているからだ。

バイデン政権の気候変動対策

バイデン政権はオバマ政権時代よりもさらに野心的な気候変動政策を遂行しようとしている。すでに就任直後、パリ協定への復帰を宣言し、気候変動対策に足を踏み出している。大統領選挙の公約では、持続可能なインフラとクリーン・エネルギーに関する未来のための計画[*12]（二〇二〇年七月）として、二〇五〇年までの脱炭素化実現を目標に掲げ、二〇三五年までの電力部門の脱炭素化や再生可能エネルギーへの投資、自動車産業や公共交通機関などの脱炭素化により、数百万人規模の雇用創出を掲げていた。

就任直後発表した「米国雇用計画」（American Jobs Plan）は総額二兆ドルの八年間にわたる巨額インフラ投資計画であるが、このなかには「交通インフラの整備」として、老朽化した道路や橋などの補修などとあわせ、全国五〇万か所の電気自動車（ＥＶ）充電ステーションの設置支援などの気候変動対策が盛り込まれている。

バイデン大統領はパリ協定に復帰するとともに、気候変動を米国の外交政策と国家安全保障政策の中心に位置づけている。また気候外交を重視し、大統領特使に一五年のパリ協定締結の際、国務長官として活躍したケリー元国務長官を任命した。

二〇二一年四月には米国主催で気候リーダーズ・サミットを開催し、米国は二〇五〇年にＧＨＧ排出ネット・ゼロおよび二〇三〇年までに〇五年比で五〇～五二パーセント削減の目標を示すとともに、各国に温室効果ガスの新たな削減目標を求めた。二〇二一年一一月に予定されている第二六回気候変動枠組み条約締約国会議（ＣＯＰ26）を見据えて、温室効果ガスの排出削減に向けた取り組み強化を図ろうとしている。

日本の「グリーン成長戦略」とは

二〇二〇年一〇月、日本の菅義偉首相は新たな目標として「二〇五〇年カーボン・ニュートラル（温室効果ガス排出実質ゼロ）」を表明した。また、同年一二月、政府は「二〇五〇年カーボン・ニュートラルに伴うグリーン成長戦略」を発表した。二〇二一年に入り、二〇三〇年度の新たな温室効果ガス削減目標として、二〇一三年度から四六パーセント削減することを目指し、さらに五〇パーセントの高みに向けて挑戦を続けるとの方針を示した。

しかし、日本政府のグリーン成長戦略は、さまざまな対策のメニューを掲げているが、現行の目標や政策の大きな変更は見られず、現状では二〇五〇年カーボン・ニュートラル達成は難しい。再生可能エネルギーの導入についても、一〇〇パーセント導入を目指すのではなく、「電力の安定的供給」の名のもとに、「最大限の導入」を図ることとする一方、原子力発電については「可能な限り依存度を低減する」としながらも、脱炭素の重要な選択肢として位置付けられており、再稼働の進展をはかるとともに、多様な原子力技術のイノベーションを加速化することを明言している。政府が「二〇五〇年カーボン・ニュートラル」戦略に、再生可能エネルギー一〇〇パーセント導入を選択肢に入れない理由には、原子力は安定的で安価であるが、再生可能エネルギーに移行するには高いコストがかかるという産業界の主張がある。

経済産業大臣の諮問機関である総合資源エネルギー調査会基本政策分科会は、「二〇五〇年カーボン・ニュートラル」実現に向けた検討をおこなっているが、第四三回分科会（二一年五月一三日）では、公益財団法人地球環境産業技術研究機構（ＲＩＴＥ）が提出した「２０５０年カーボンニュートラルのシナリオ分析[*13]（中間報告）」が議論されている。同報告は「五〇年カーボン・ニュートラル」実現に向けた六つのシナリオを示し、その第一に再生可能エネルギー一〇〇パーセント導入のケースを掲げている。また報告はそれぞれのシナリオの電力コストについて試算しているが、再生可能エネルギー一〇〇パーセントのシナリオの場合の電力コストは五三・四円／キロワット時と試算されており、他の五つのシナリオの場合はいずれも二〇円台であるのに比べて、飛び抜けて高い値となっている。そのうえで報告は「このシナリオは現実的でない」と説明している。

しかし、公益財団法人地球環境戦略研究機関（ＩＧＥＳ）の田中勇伍、松尾直樹両氏の研究[*14]によれば、「再生可能エネルギー一〇〇パーセント」のシナリオのコストが高くなるのは、再生可能エネルギーへの移行に伴うシステム統合費用の増加を高く見積もっていることにある。一年のうち一度か二度生じるかもしれない、風力・太陽光の発電量が極めて小さくなる曇天・無風期間に備えて、高容量の蓄電設備を用意するための巨額の費用を見込んでいるためであり、そのような異常事態に対応する方法は他にもあるという。

日本版グリーン・リカバリーの提案

日本でもグリーン・ニューディールを目指す注目すべき新しいイニシアティブが始まった。二〇二一年二月、「未来のためのエネルギー転換研究グループ」が、「レポート2030 グリーン・リカバリーと二〇五〇年カーボン・ニュートラルを実現する二〇三〇年までのロードマップ」[*15]（グリーン・リカバリー戦略）を公表した。同グループは東北大学の明日香《あすか》壽川《じゅせん》教授ら研究者を中心とするグループで、脱温暖化、脱原発のエネルギー転換をめざしている。この文書は二〇五〇年カーボン・ニュートラルを実現する目標のもとに、二〇三〇年までのロードマップを示す体系的なレポートである。

本グリーン・リカバリー戦略は、二〇三〇年までにすべての原発を廃止すること、石炭・石油火力発電は、二〇三〇年までに停止し、二〇五〇年までにすべての火力発電をゼロとすること、さらに、電力供給における再生可能エネルギー比率を二〇三〇年に四四パーセント、二〇五〇年までに一〇〇パーセントにすることを目指している（図表3―7）。

また、最終エネルギー消費量を、二〇一三年比で二〇三〇年に三八パーセント削減し、二〇五〇年に六〇パーセント減とする。省エネで電力消費量を二〇一三年比で二〇三〇年に二八パーセント減、

図表３—７　グリーン・リカバリー戦略と現行政府案（エネルギー基本計画）との比較

	グリーンリカバリー戦略		現行政府案（第５次エネルギー基本計画）		
	2030年	2050年	2030年（現在の政府目標値）	2030年（2021年改訂予定）	2050年
再生可能エネルギー発電比率	44%	100%	22～24%	主力電源？	主力電源？
原子力発電比率	ゼロ	ゼロ	20～22%	依存？	依存？
火力発電	LNG火力（石炭火力ゼロ）	ゼロ	LNG火力・石炭火力	LNG火力・石炭火力（バイオマス・アンモニア混焼？）	LNG火力石炭火力CCS/CCU
電力消費量（2013年比）	-28%	-32%	+１%	？	？
最終エネルギー消費量（2013年比）	-38%	-60%	-10%	？	？
化石燃料輸入費	約９兆円（2019年17兆円）	０円	推定約14兆円（2019年17兆円）	？	？
エネルギー支出	29兆円	16兆円	推定約49兆円	？	？
エネルギー起源CO_2（2013年比）	-61%	-93%（既存技術のみ）、-100%（新技術を想定）	-25%	？	？

出所）未来のためのエネルギー転換研究グループ「レポート2030」

二〇五〇年に三二パーセント減とする。これらの対策を実施した場合、CO_2排出量は二〇三〇年に一九九〇年と比べて五五パーセントの減少（二〇一三年比六一パーセント）となる。

またグリーン・リカバリー戦略のために必要となる投資は、二〇三〇年までの累計で、二〇二兆円（民間約一五一兆円、公的資金約五一兆円）としている。各分野別の累積投資額の内訳は図表3—8の通りである。電力・熱分野が供給側の再エネ等で、産業・業務・家庭・運輸が需要側の主に省エネで対策がおこなわれる。

一方、エネルギー支出削減額は投資額よりはるかに大きく、二〇五〇年

図表3―8　グリーン・リカバリー戦略における2030年までの各分野累積投資額内訳

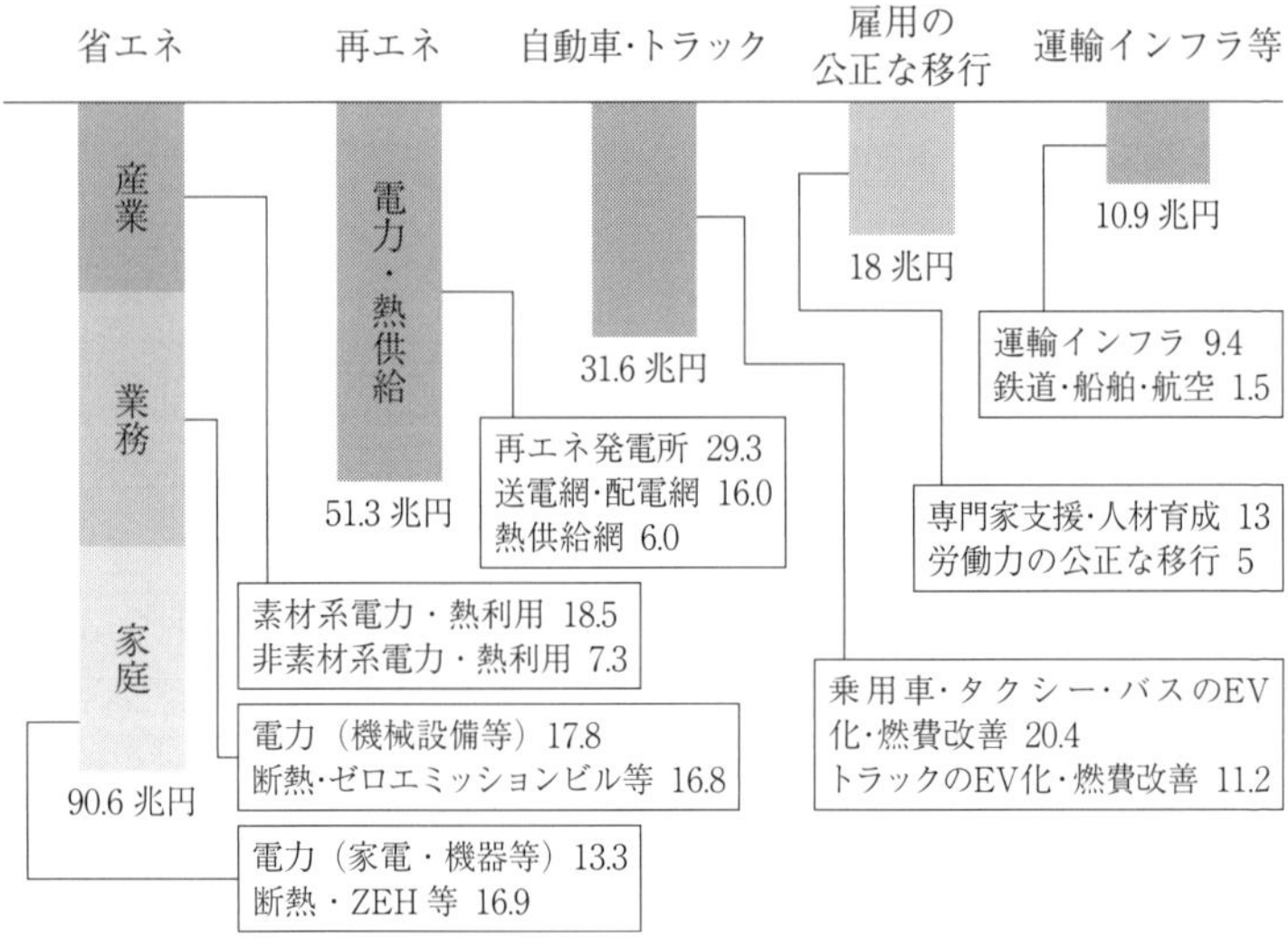

出所）未来のためのエネルギー転換研究グループ「レポート 2030」

図表3―9　グリーン・リカバリー戦略と現行政府案との発電コスト総額比較

年	発電コスト総額［兆円］		発電コスト単価［円／kWh］	
	シナリオ		シナリオ	
	グリーンリカバリー戦略	政府エネルギー・ミックス（原発維持）	グリーンリカバリー戦略	政府エネルギー・ミックス（原発維持）
2018	16	16	16	16
2030	11	15	14	14
2040	10	14	12	14
2050	9	14	10	14

出所）未来のためのエネルギー転換研究グループ「レポート 2030」

までの累積エネルギー支出削減額は約三五八兆円となる。

発電コストに関しては、その総額は、化石燃料費低減によって、二〇三〇年には政府シナリオよりも低減する。一方、発電コスト単価は、二〇三〇年以降に政府シナリオの単価を下回る（図表3―9）。

また雇用については、脱原発・脱化石燃料のエネルギー転換によって、日本の六大CO_2排出産業（発電、鉄鋼、化学、窯業、精油、製紙・紙パルプ）の約一五万人と、原子力発電の約五万人を加算した約二〇万人が影響を受けるが、グリーン・リカバリー投資によって、失われる雇用よりもはるかに多い、累計約二五四四万人の雇用が二〇三〇年までに創出されるとしている。

グリーン・リカバリー戦略のために必要となる総額約二〇二兆円（年平均、約二〇兆円）の投資資金の財源に関しては、大部分（年平均約一五兆円）は基本的に民間資金でまかなうが、五一兆円（年平均五兆円）程度がエネルギー供給インフラなどに対する公的資金による財政支出となるが、それは建設国債の発行によってまかなうこととしている。

グリーン・ニューディールの二つの道

気候変動に対する備えは待ったなしである。しかし待ったなしの課題は地球温暖化だけではない。コロナ・パンデミックが浮き彫りにしているように、いま世界は、健康と生命の危機、貧困と不平等の危機、財政と経済の危機を含む今日の資本主義の総合的な危機に直面している。これらの危機は、とりわけ一九八〇年代以降とられた企業活動の自由と市場原理を優先する新自由主義政策の結果もたらされているものである。

したがってこれらの諸問題を解決するためには、個々の問題を孤立したものとしてではなく、互いに関連のある問題として、同時に解決する方向を目指す必要がある。そのためにはそれらの問題の共通の背景となっている新自由主義の思想とたたかうことが避けられない。

守るべきものは何か。それは人々の命であり、健康であり、くらしであり、自由であり、平等であり、地域であり、農村であり、都市であり、そしてそれらを究極において支える地球である。それらは人々の共同の財産(コモンズ)であり、本来は共同で守らなければならないものである。しかし現代のコモンズは新自由主義思想の下で、資本によって囲い込まれ、管理・支配されている。そしてそれは今日、限界に突き当たっている。コモンズを資本による囲い込みから解放し、人々の共同した力(シビル・ソサエティ)によって監視し、管理する方向を目指さなければならない。

グリーン・ニューディールの課題は、単に地球温暖化を食い止めるだけではない。その目標を達成するためにも、人々が直面している共通の危機に対して、共同で取り組まなければならない。

グリーン・ニューディールは、政治、経済、社会が一体となって取り組まなければ実現しない課題である。政府、経済界、市民がそれぞれの役割を果たさなければならない。しかしそれを進める理念は企業活動の自由や市場原理を優先する新自由主義であってはならない。新自由主義からの決別が求められている。

注

＊1　ＩＰＣＣ第五次評価報告書（ＡＲ５）統合報告書（ＳＹＲ）、二〇一四年

＊2　IPCC "The Ocean and Cryosphere in a Changing Climate A Special Report of the Intergovernmental Panel on Climate Change", 2019

＊3　IPCC "SPECIAL REPORT: Global Warming of 1.5℃", 2018

＊4　カール・マルクス著『資本論』第三篇第五章「労働は、まず第一に、人間と自然とのあいだの一過程、すなわち人間が自然とのその物質代謝を彼自身の行為によって媒介し、規制し、管理する一過程である」（『新版　資本論２』新日本出版社）

＊5　斎藤幸平氏は、資本主義は人間と自然の物質代謝を持続可能な形で管理することを困難にしているとし、脱成長コミュニズムを展望する。斎藤幸平『人新世の「資本論」』二〇二〇年、集英社

＊6　Thomas Friedman "A Warning From the Garden", The New York Times Jan.19, 2007

＊7　The Green New Deal Group "The Green New Deal A Bill to make it happen", 2019

＊8　ジェレミー・リフキン著、幾島幸子訳『グローバル・グリーン・ニューディール』二〇二〇年、ＮＨＫ出版

＊9　ジェレミー・リフキン著、柴田裕之訳『限界費用ゼロ社会〈モノのインターネット〉と共有型経済の台頭』ＮＨＫ出版、二〇一五年

＊10　ナオミ・クライン著、中野真紀子、関房江訳『地球が燃えている』二〇二〇年、大月書店
＊11　European Commission "The European Green Deal", 2019
＊12　The Biden plan to build a modern, sustainable infrastructure and an equitable clean energy future, 2020
＊13　「２０５０年カーボンニュートラルのシナリオ分析（中間報告）」（公財）地球環境産業技術研究機構（ＲＩＴＥ）。総合資源エネルギー調査会基本政策分科会、二〇二一年五月一三日
＊14　公益財団法人地球環境戦略研究機関、田中勇伍、松尾直樹「再エネ１００％シナリオは本当に『現実的ではない』のか？」二〇二一年
＊15　未来のためのエネルギー転換研究グループ「レポート２０３０　グリーン・リカバリーと２０５０年カーボン・ニュートラルを実現する２０３０年までのロードマップ」二〇二一年二月

第４章　デジタル革命と多国籍企業の支配

1　デジタル革命がもたらした四つの特徴

人類は機械の発明とその利用によって、大きな進歩を遂げてきた。一八世紀後半、イギリスで始まった産業革命は、ジェームズ・ワットの蒸気機関の発明がきっかけとなって引き起こされたものであり、それによって工場での大量生産と大量輸送が可能となり、産業の急速な発展の口火が切られた。二〇世紀初めには動力源として蒸気機関に代わって電気が登場し、電動モーターが機械を動かす時代となったが、それがさらに激しい産業の地殻変動を引き起こした。

そしていま、人類はデジタル技術によってコンピュータや情報通信機器を活用する新しい時代を迎えている。蒸気機関や電動モーターは人間の肉体労働を機械に代替させるものであった。それに対してコンピュータとデジタル技術の最近の驚異的発展は、人間の知的労働の限界を吹き飛ばし、人類を新たな世界に導こうとしている。人間と機械の関係を大きく変えることになるかもしれない。米国MIT大学のエリック・ブリニョルフソンとアンドリュー・マカフィーの言葉を借りれば、「いま人類は変曲点にさしかかり、まさに〈第二機械時代〉に突入しようとしている*1」。

デジタル革命がもたらしたものは何か。第一に、あらゆる情報（文章、音、写真、動画など）をビット（0と1）の列としてコード化することによって、情報を「完全・瞬時・無料」で複製・伝達することを可能にした。ビットでできた情報は、アトム（原子）でできたモノとは異なり、瞬時にして完全に複製し、地球の裏まで届けることが可能となる。さらに、デジタル化はあらゆるものを結び付ける特性（コネクティビリティ）から、ビットの世界とアトムの世界を結び付け、自動運転自動車、AIロボットなど、モノのインターネット（IoT）を実現するに至っている。

情報の「完全・瞬時・無料」での複製・伝達が可能となれば、企業にとって限界生産費は限りなくゼロに近づき、ほとんど無コストで生産を無限に拡大することが可能になる。これまでの生産に関する「収穫逓減の法則」あるいは「限界生産力逓減の法則」などのルールは働かなくなり、「規模の経済」を一気に獲得することが可能となる。

デジタル化がもたらした第二の特徴は「プラットフォーム」の創出とその活用である。「プラットフォーム」とは、従来の伝統的な企業の生産プロセスが、原材料調達から製造・販売へと直線的に流れるいわば「パイプライン型」の価値創出構造（バリュー・チェーン）であるのに対して、「プラットフォーム」は相互に関係しあえるオープンな参加型のインフラを提供・管理し、ユーザー間における製品やサービスの交換を通じて、全参加者にとって価値が創造されるシステムで、新しい生態系（エコシステム）を形成する。*2 生態系という言葉は、ここでは、第3章でふれた自然の生態系の意味ではなく、ビジネス、IT分野で、製品開発や各種関連サービスが、多数のユーザーを巻き込んで、業界をこえた連携によって収益を拡大する構造を形成していることを意味する。

「プラットフォーム」型ビジネスにおいては、参加するユーザーが多いほど、参加者の受ける価値が大きい。これはメトカーフの法則（通信の価値は、接続されているシステムのユーザー数の二乗に比例する）がもたらす効果であり、「ネットワーク効果」とも呼ばれる。

「プラットフォーム」はこの「ネットワーク効果」によって、一気に「規模の経済」を実現することができる。プラットフォームで生まれる「規模の経済」は、従来型企業による「供給サイドの規模の経済」とは異なり、「需要サイドの規模の経済」の性格を持ち、競争相手を一気に打ち負かして優位に立つ、強力な「ネットワーク効果」を持つ。

さらに、「プラットフォーム」が生み出すネットワークは、アプリの開発者とその利用者を結び付けることにみられるように、プラットフォームの両側を結ぶ重層的な「ツーサイド・ネットワーク」「マルチサイド・ネットワーク」であることから、その効果は通常のネットワーク効果を大きく上回る。

「プラットフォーム」は囲い込む顧客やネットワークが大きいほど、多くの利益を獲得することができることから、プラットフォーム間には市場支配をめぐって熾烈《しれつ》な競争が生まれる。従来型企業は生産手段の大量所有によって市場を独占するが、プラットフォーム型企業はユーザーを増やし、彼らを結び付けることによって市場を支配する。

「プラットフォーム」はバラバラに分散している無数の情報を、ネットワークを通じて中央に集中する機能を持つ。ネットワークの参加者の情報だけではない。あらゆるモノに装着されたセンサーや通信機能を通じて、膨大な情報を集中できる。

本来、資本主義経済の下では、分散している情報を調整するのは市場の役割とされてきた。市場に情報が集中され、競争と価格メカニズムによって需給が調整され、資源配分の効率性が保たれるものとされてきた。それに対して「プラットフォーム」は分散した情報を中央に集中する新しい「市場」をつくった。この「市場」はデジタルなものであり、集約されるのはモノではなく情報である。中央につくられた「市場」は、その管理者が管理・調整し、場合によっては介入できる。

したがって特定の分野で支配的な地位を占めるプラットフォームは、その分野のあらゆる情報を独占・支配・管理・調整・介入する強大な権限を得ることができる。競争による調整ではなく、独占による支配が主たる特徴となる。

プラットフォームのたたかいの結果は「勝者総取り」に終わり、各分野を支配するプラットフォームはやがて一つか二つに絞られる。デジタル経済の下ではこのプロセスは早く、短期間で独占が形成される。これがデジタル化時代に出現した「現代の独占」の特徴である。[*3] プラットフォーム大手は競争企業を合併・買収（M&A）することによって、一気に市場支配力を確立し、きわめて高い独占利潤を確保している。シリコンバレーの有名な起業家ピーター・ティールはいう。この独占利潤は「社会の犠牲の上に成り立っているものであり、消費者の財布から来るもので、独占企業は責められて当然だ[*4]」。

デジタル化がもたらしている第三の特徴は、これまで生産に必要不可欠であった工場など有形の資

図表4－1　巨大100社の価値の源泉

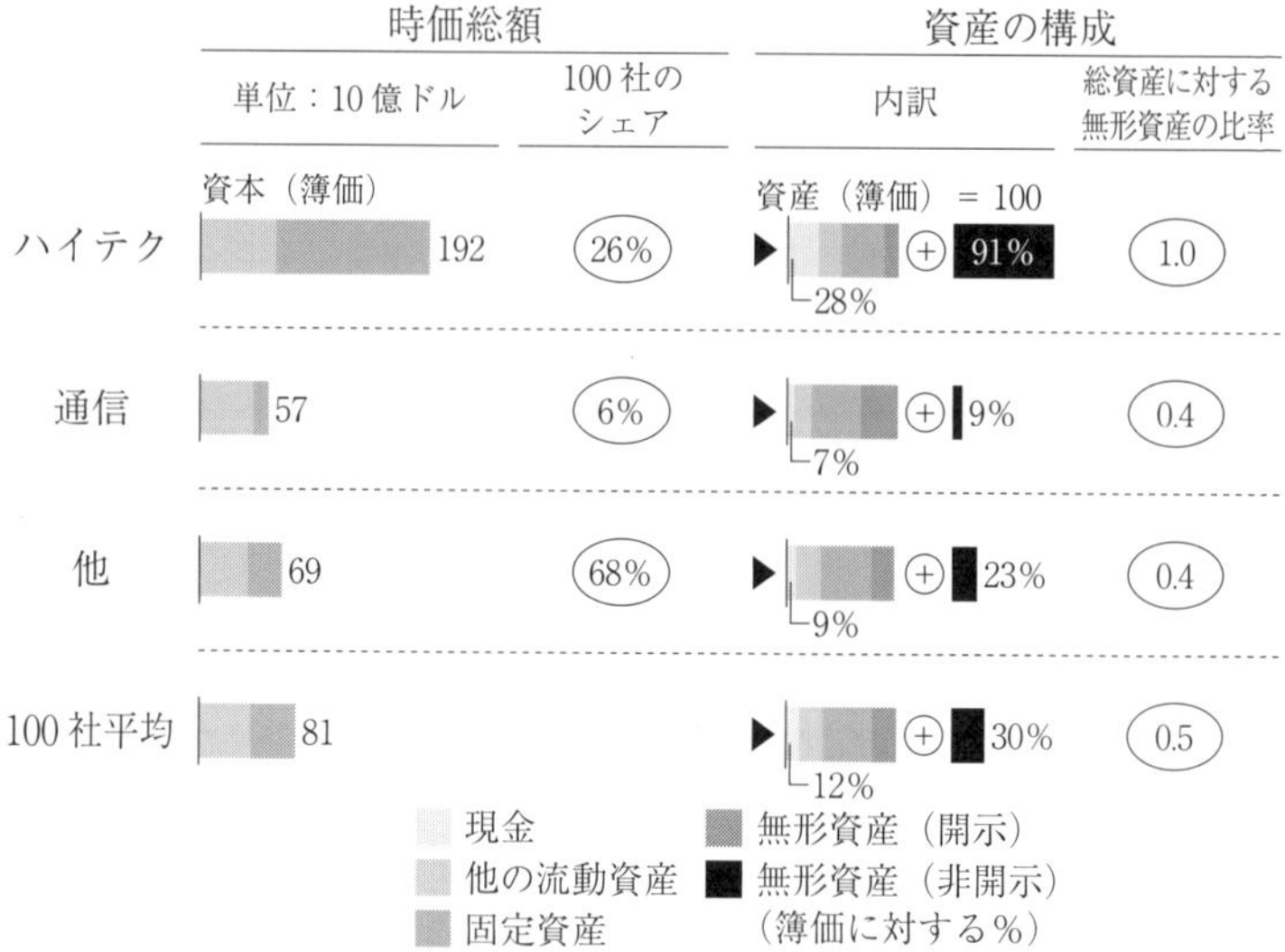

出所）UNCTAD "World Investment Report 2017"

本財（物理的資産）の役割が低下し、資産の中でも無形の資本財（無形資産）が重要な役割を果たすようになったことである。無形資産にはパテント（特許権）、商標権などの知的財産から、ノウハウ、ブランド、顧客リスト、集積されたデータなどを含み、さらに社員トレーニング、組織編制、ユーザーが作成したコンテンツまで、その対象と範囲は広い。これらのうち有価証券報告書に無形資産として開示されているものはその一部に過ぎず、大半の無形資産は開示されておらず、目に見えない。

国連貿易開発会議（UNCTAD）の調査によれば、大手IT企業の見えない無形資産は、これら企業の総資産の簿価の総額に匹敵する大きさとなっている*5（図表4－1）。これら大手IT企業の時価総額が、簿価を大きく上回るのはそのためと考えられる。

近年、デジタルIT企業において、見えない無形資産への投資は急増する一方、有形資産への投資の割合は伸び悩み、むしろ減少に向かう傾向さえ見られる（図表4―2）。例えば米国では一九九〇年代半ばに、無形資産への投資が有形資産への投資を上回った。英国でも二〇〇〇年代はじめに無形資産への投資が有形資産への投資を上回った。EU加盟国においても同様の傾向がみられるが、現在のところ両者の比率が逆転するまでには至っていない。*6

英国の経済学者ジョナサン・ハスケルとスティアン・ウェストレイクは、無形資産の経済的特徴を四つのS（scalability, sunkenness, spillover, synergies）で説明している。すなわちそれは、①コストをかけることなく大規模な拡張が可能となり（規模拡張性）、②かけた費用は取り戻せず、開発者だけが価値を享受（埋没費用）、③技術が開発者を超えて伝播《でんぱ》し（スピルオーバー）、④相互に結合することによって、より高い価値を生む（シナジー効果）の四つである。

無形資産への投資はデジタルIT企業に高水準の利益をもたらす一方、労働分配率を引き下げ、労働者に対する利益の配分は減らされる。また、無形資産が優位を占める経済は長期停滞をもたらし、所得と富の不平等を拡大する原因の一つともなっている。無形資産が企業経営や経済において中心的な役割を果たす現代の経済を、ハスケルらは「資本なき資本主義*7」（capitalism without capital）と呼ぶ。しかし実際は資本がなくなったわけではなく、見えなくなっただけである。

デジタル化がもたらしている第四の特徴は、膨大なデータの集積とその利用である。デジタル化は

図表4―2　無形資産投資と有形資産投資の付加価値（非農業）に占める割合の推移

A　米国

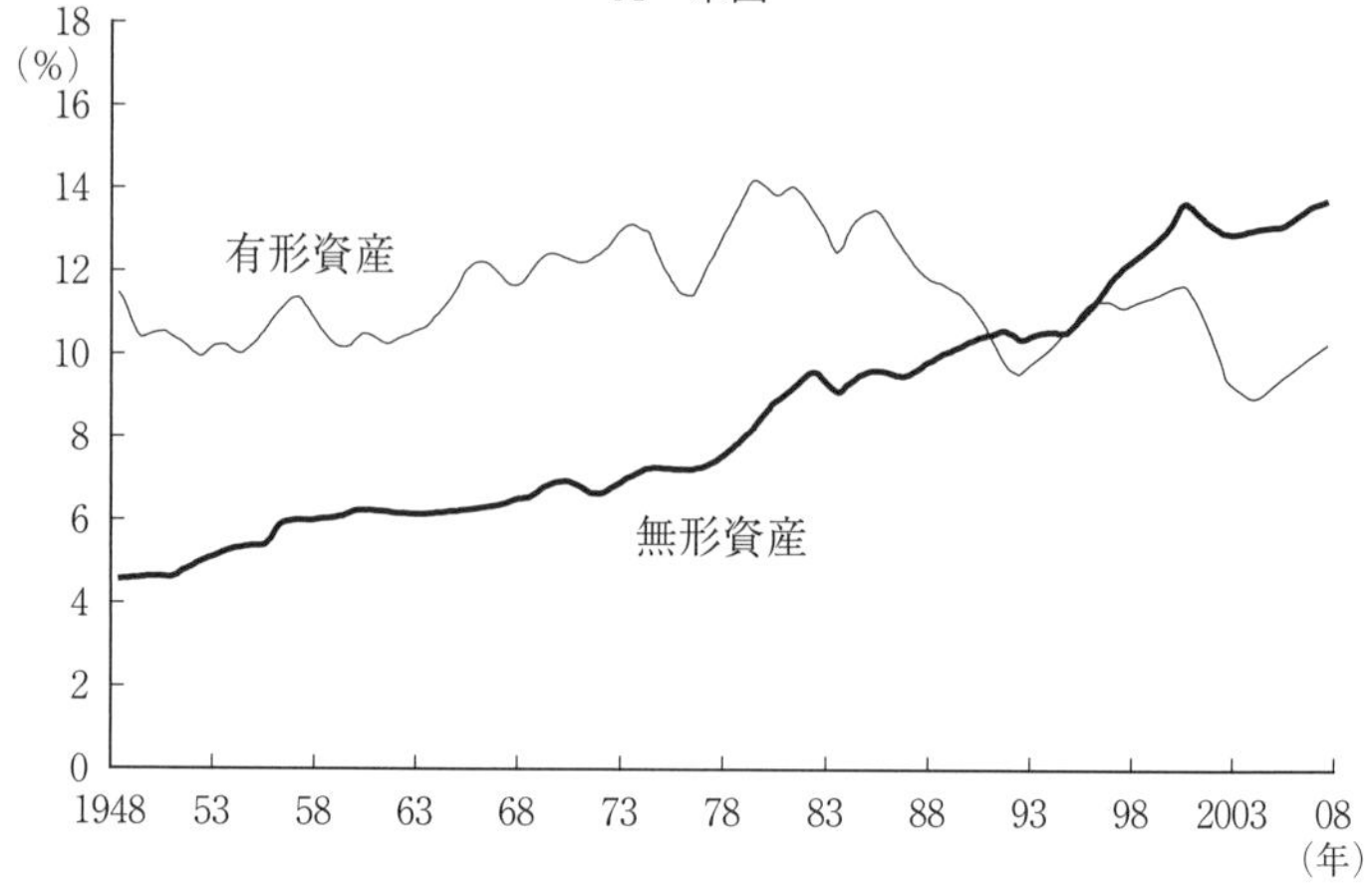

B　英国

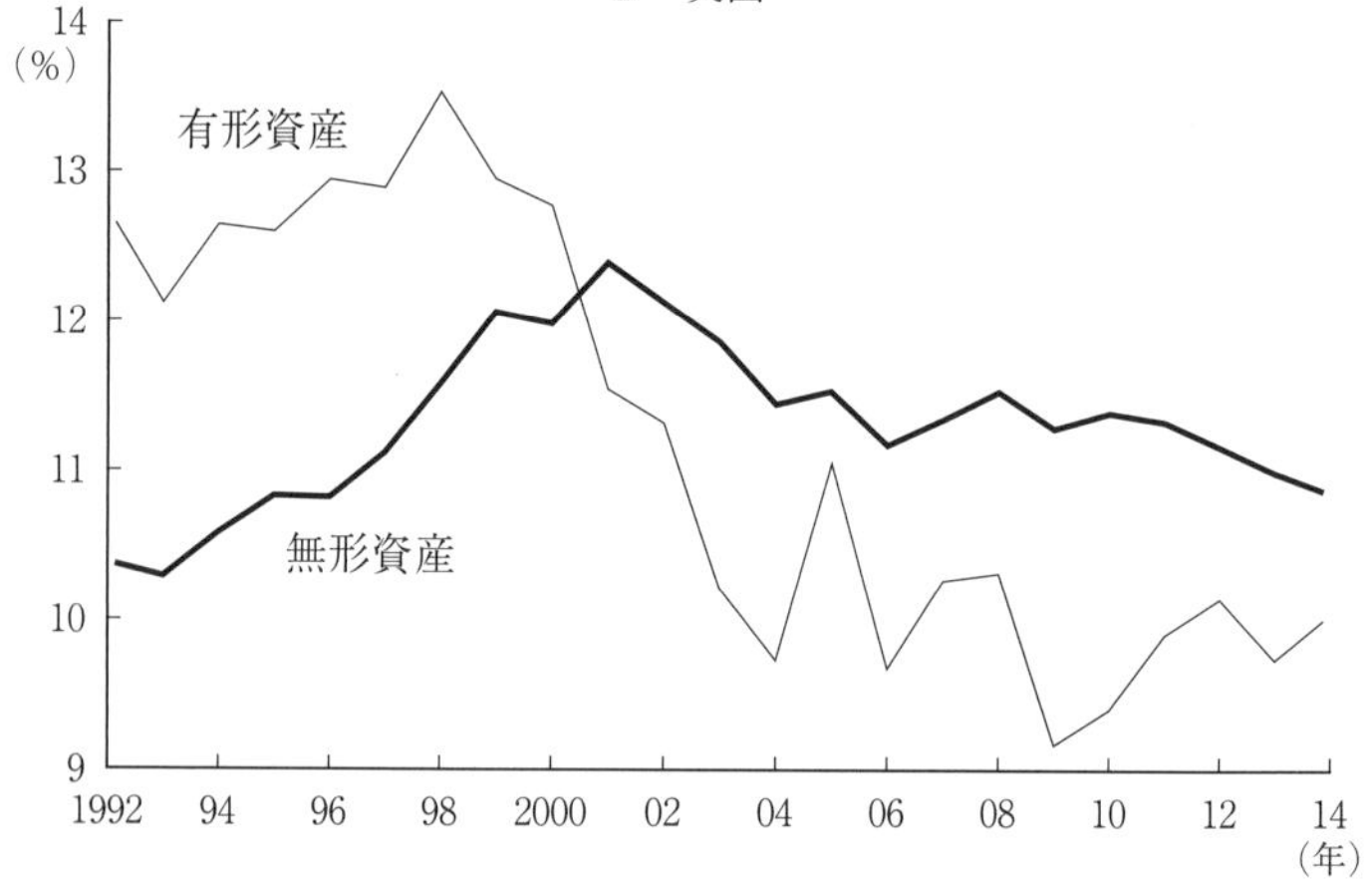

出所）Jonathan Haskel & Stian Westlake "Capitalism without Capital", 2018

あらゆる情報を0と1からなるビットの列としてコード化する。そこから生み出されるビッグデータは膨大かつ無限であり、新たな価値の源泉となる。

プラットフォーム企業は、検索サイトやソーシャルネットワークなどを利用するユーザーから膨大なデータを収集することができる。インターネットがコンピュータを飛び出してモノにつながれば（IoT）、社会のあらゆる情報を集中することが可能となる。コンピュータの性能と人工知能（AI）の進化は、大量のビッグデータを記憶し、処理する能力を飛躍的に高めた。これらのビッグデータを解析し、組み合わせることによって、新たなイノベーションを起こし、価値を生み出すことが可能となっている。

2　GAFAなど巨大IT企業の収益構造

近年急速に台頭しているデジタル巨大企業は、先に述べたデジタル革命のあらゆる成果を取り入れ、それらを経営の基盤とすることによって、市場を支配する巨大独占企業に成長し、飛び抜けて高い収益を得ている。

その代表企業として挙げられるのは、GAFA（グーグル、アップル、フェイスブック、アマゾン）

図表4―3　GAFAの時価総額、総資産、キャッシュ

	時価総額（2021.5月末）（100万ドル）	総資産（100万ドル）	時価総額／総資産（倍）	キャッシュ等（100万ドル）	キャッシュ／総資産（％）
アルファベット（グーグル）	1,581,668	319,616	4.9	136,694	42.8
アップル	2,079,280	323,888	6.4	191,830	59.2
フェイスブック	933,922	159,316	5.9	61,954	38.9
アマゾン	1,624,427	321,195	5.1	84,396	26.3
GAFA計	6,219,297	1,124,015	5.5	474,874	42.2

出所）各社年次報告書等より

の四社である。企業の価値を評価する指標である時価総額は、アップルが二兆七九三億ドル、アマゾンが一兆六二四四億ドル、グーグルが一兆五八一七億ドル、フェイスブックが九三三九億ドルで、四社合わせて六兆二〇〇〇億ドル（約六八二兆円）を超える（二〇二一年五月末。図表4―3）。その額は日本のGDP（国内総生産）を上回る極めて高い水準で、コロナ以前の一九年末と比べても二倍近い急激な伸びとなっている。

四社合わせた二〇二〇年の売上額は九二九一億ドル（約一兆円）を超え、前年比で二割以上の増加となっている（図表4―4）。四社のなかでも最大の売上高をあげているのはアマゾンで、二〇二〇年の売上高は三八六一億ドルに達し、前年比三七・六パーセントの大幅増となっている。

四社合わせた利益額（当期利益）は一四八二億ドルで、前年比二三・八パーセント増となっている。最大の利益をあげたのはアップルで五七四億ドル、前年比で利益の伸びが最も大きかったのはアマゾンで、八四・一パーセントの

驚異的な伸びを記録している。アマゾンは五年前と比べると九倍の利益をあげている。

利益率（売上高営業利益率）は四社平均では二割前後で推移しており、極めて高い収益力を示している。四社のうち、アップル、グーグルの二社の利益率は平均レヴェルであるが、フェイスブックは飛び抜けて高く、利益率は四割前後の推移となっている。アマゾンは全体の利益率は五パーセント前後と低いが、これはオンライン・マーケット部門の利幅が低いためで、同社の営業利益の約六割を占めるクラウド・サービス（AWS）部門では、三〇パーセント近い営業利益率を維持している。

GAFAはどうしてこのような高い収益力を維持できるのであろうか。四社の時価総額を各社の総資産（簿価）に比較してみると、アップルが六・四倍、アマゾンが五・一倍、グーグルが四・九倍、フェイスブックが五・九倍と、いずれも高く、四社全体でも五・五倍となっており、財務諸表には表れない無形資産が企業価値を何倍にも高めていることがわかる（図表4―3）。

GAFAは無形資産をもとに得た収益の多くをキャッシュとして蓄えている。四社のキャッシュ（現金およびそれと同等の資産）の合計は四七四九億ドルに上り、それは四社の総資産（簿価）の四二・二パーセントに当たる。

GAFAの高収益の源泉は、目には見えない無形資産と有り余るキャッシュにある。無形資産にはパテント（特許権）、コピーライト（著作権）、デザイン、ブランド、トレードマーク（商標）などの知的財産権（IPR）のほか、ビジネスモデルや職員のトレーニング、マーケット・リサーチ、組織編制などがあり、あらゆる形の無形の資産が価値を生み出す。GAFAは有り余るキャッシュを使っ

図表4－4　GAFA 営業実績（単位　100万ドル）

2016	2017	2018	2019	2020	前年比伸び率（%）	2020/2016 倍率
90,272	110,855	136,819	161,857	182,527	12.8	2.0
23,716	26,146	26,321	34,231	41,224	20.4	1.7
19,478	12,622	30,736	34,343	40,269	17.3	2.1
26.3	23.6	19.2	21.1	22.6	6.8	
215,639	229,234	265,595	260,174	274,515	5.5	1.3
60,024	61,344	70,898	63,930	66,288	3.7	1.1
45,687	48,351	59,531	55,256	57,411	3.9	1.3
27.8	26.8	26.7	24.6	24.1	−1.7	
27,638	40,653	55,838	70,697	85,965	21.6	3.1
12,427	20,203	24,913	23,986	32,671	36.2	2.6
10,217	15,934	22,112	18,485	29,146	57.7	2.9
45.0	49.7	44.6	33.9	38.0	12.0	
135,987	177,866	232,887	280,522	386,064	37.6	2.8
4,186	4,106	12,421	14,541	22,899	57.5	5.5
2,371	3,033	10,073	11,588	21,331	84.1	9.0
3.1	2.3	5.3	5.2	5.9	14.4	
469,536	558,608	691,139	773,250	929,071	20.2	2.0
100,353	111,799	134,553	136,688	163,082	19.3	1.6
77,753	79,940	122,452	119,672	148,157	23.8	1.9
21.4	20.0	19.5	17.7	17.6		

アルファベット（グーグル）	売上高
	営業利益
	当期利益
	売上高営業利益率（％）
アップル	売上高
	営業利益
	当期利益
	売上高営業利益率（％）
フェイスブック	売上高
	営業利益
	当期利益
	売上高営業利益率（％）
アマゾン	売上高
	営業利益
	当期利益
	売上高営業利益率（％）
GAFA 計	売上高
	営業利益
	当期利益
	売上高営業利益率（％）

出所）各社年次報告書より

て、自ら巨額の研究開発費を投じ、あるいは企業買収を図ることによって、革新的な知的財産を蓄え、無形資産を膨らませてきた。

ＧＡＦＡが高い収益を得ることができるのは、その価値創造のしくみと財務構造にある。四社はいずれもプラットフォーム型企業である。プラットフォーム型企業の価値創造は従来のビジネスとは大きく異なる。

第一に、その最大の特徴は、ネットワーク効果を活用した、顧客・ユーザーの自己増殖的増大であり、企業が直接、価値をつくり出すだけではなく、ネットワークに参加するユーザー・顧客自身が価値（コンテンツ）をつくり出し、交換する価値連鎖のエコシステムが形成され、無コストで新たな価値を創造する仕組みが構築されている。

第二に、ネットワークを通じて集められたユーザー・顧客に関するデータは膨大である。たとえばフェイスブックの全世界の利用者は約三五億人に上り、世界の人口（約七五億人）の半分近くの人が利用している。フェイスブックを利用するユーザーは頻繁に自らの日常生活の状況を投稿し、互いに交流している。またアマゾンなどネット市場は顧客の購入履歴や嗜好《しこう》に関する記録を蓄積する。それらの個人情報のデータの蓄積は大きな価値を生み出す源泉となる。蓄積された膨大なデータは、ＡＩ（人工知能）によって一定のアルゴリズムで解析され、新たな価値を生むために利用される。

第三に、グーグルやフェイスブックなどのサイトには不特定多数の膨大な数のユーザー・顧客がアクセスするが、検索内容や投稿記事などによって、これらユーザーの趣味・嗜好などを特定することが可能となる。それによって広告主は対象を絞った広告（ターゲティング広告）を効果的に提供することができる。広告主とコンテンツ・プロバイダーを自動的にマッチングするプロセスによって、広告効果を正確かつタイムリーに計測することができる。

第四に、ＧＡＦＡなど巨大化したプラットフォーム企業は高収益を上げ、蓄積した資金力で競争相手をＭ＆Ａで打ち負かしてますます巨大化する。プラットフォームの価値創造の主な源泉は、デザインや商標など無形資産であり、開発した無形資産を排他的に独占する。巨大化したプラットフォーム企業は、その優先的な立場を利用し、中小の競争者を排除し、または傘下に取り込み、市場を独占的に支配する。生き残った一握りのプラットフォームの「巨人」のあげる利潤は現代の独占利潤であり、限界費用が限りなくゼロに近づくレント（超過利潤）である。

そして最後に、ＧＡＦＡなどデジタル巨大企業は、ユーザー・顧客のいる市場国で支店など恒久的施設（ＰＥ：Permanent Establishment）を必要とせず、ＰＥの存在を前提としている現行の国際課税ルールの下では、それが生み出す利益は市場国では課税されない。また無形資産は容易に移転可能なことから、低税率国／タックスヘイブンの子会社に移転し、そこに利益を帰属させることによって、税を免れる。欧州委員会の調査によると、伝統的企業の平均実効税率が二三・二パーセントであるのに対し、デジタル企業の平均実効税率はその半分以下の九・五パーセントである。当然負担すべき巨額の税を免れることが、これらのプラットフォーム企業が巨大化し、高収益をあげる独占企業となることができたもう一つの理由である。

3　巨大企業による独占と支配

ＧＡＦＡなどデジタル巨大企業の独占力と支配力は、市場における健全な競争を阻害し、個人情報を不当に利用するなど、社会に大きな問題を及ぼしている。米国下院司法委員会の小委員会は、ＧＡＦＡなどデジタル企業による市場独占が、経済と民主主義に対して重大な脅威であるとの見地から、二〇一九年に調査を開始し、約一年にわたる調査をおこない、二〇年一〇月、「デジタル市場における競争に関する調査」（Investigation of Competition in Digital Markets）と題する詳細な報告書を発表した。[*8] 報告書はGAFAなどデジタル巨大企業による独占と支配力の強化がもたらす問題に関して、その実態と脅威をあらためて示すものとなっている。

報告書が明らかにした主要な発見は、GAFAなどデジタル巨大企業が主宰するプラットフォームは、モノやサービスの配分の主要なチャンネルのゲートキーパー（監視者）となっている点にかかわる。GAFAはゲートキーパーの地位を利用してデジタル時代のインフラをコントロールし、潜在的ライバルを監視し、模倣し、最終的には買収することによってその脅威を除去している。さらにGAFAはプラットフォームを主宰する立場にありながら、自らプレーヤーとして参加し、自己を優先させ、略奪的価格を設定し、排他的な行為によって、いっそう独占を強めている、ということである。

最大の問題は、検索サービスやオペレーティング・システム（OS）のシェアが特定の企業に極端に集中していることである。たとえば検索サービスはグーグルが市場の八九パーセントを占めており（図表4―5）、スマートフォンなどモバイルのOSはアンドロイドが七五パーセント近くを占め、残りをiOSが埋め、合わせるとほぼ一〇〇パーセントのシェアを占めている。

サーチ（検索）・エンジンは、利用者にとっては検索サービスを無料で得ることができる便利なツールであるが、サービス提供者である企業のねらいは、広告の場所を広告主に売ることによる販売収入である。サーチ・エンジンの提供を独占すればするほど、利用者は多くなるので、多くの広告主により効率的な広告の場所を提供することができる。しかも検索経歴によって利用者の嗜好に関するデータが蓄積されるので、より効果的な広告を貼ることができる。

また、ＯＳは、スマホなどの利用者とアプリを結び付けるが、アップルのスマホにはｉＯＳが、グ

図表４−５　デスクトップ及びモバイルの検索市場シェア（米国）

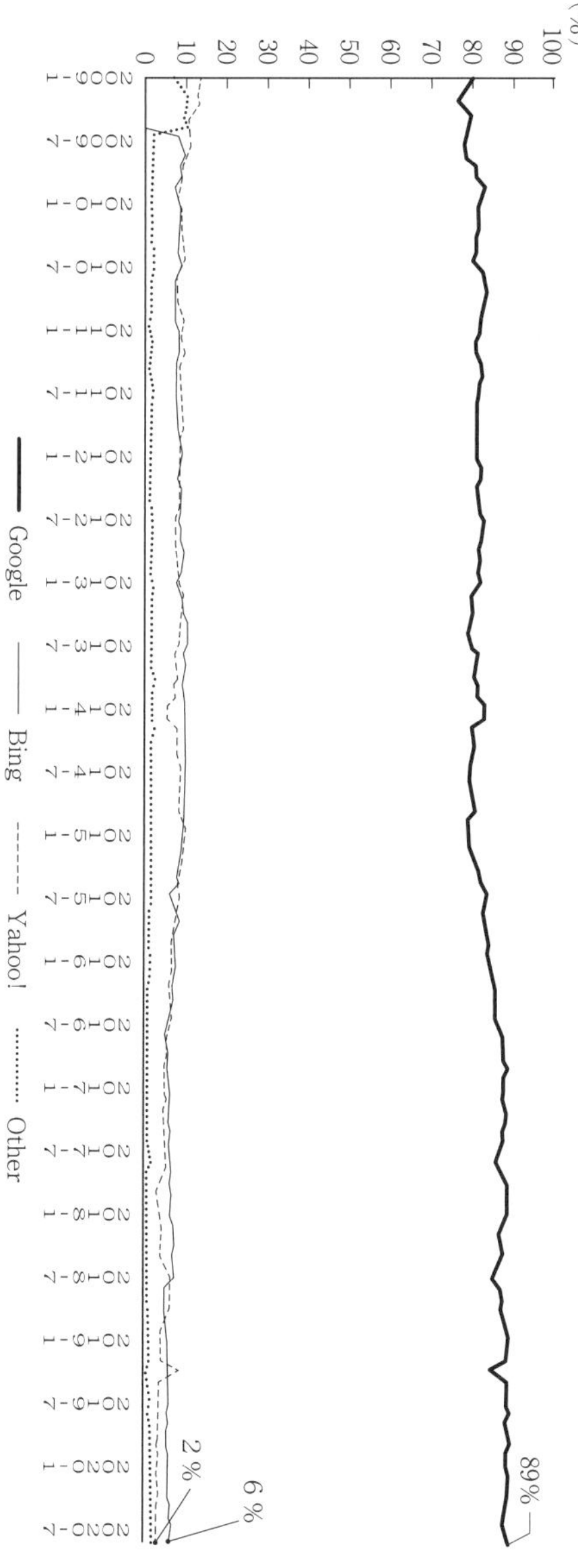

出所）"Investigation of Competition in Digital Markets: Majority Staff Report and Recommendations" United States Congress, House of Representatives, Committee on the Judiciary, 2020

ーグルのスマホにはアンドロイドが、あらかじめOSとしてインストールされており、それを容易に取り換えることはできない。OSはそのうえで動くアプリや利用者のネットワークを通じてエコシステム（生態系）を形成しており、あるOSから別のOSへと簡単に移ることはできない。

OSはアプリの取引市場を支配している。アップルのAppストアでは約一八五万件、グーグルのグーグル・プレイ・ストアでは約二五六万件のアプリが登録されており、アップルとグーグルの二社が、アプリの開発者と利用者をつなぐ取引市場を支配している。

あるOSのデバイス（例えばスマホ）を利用する利用者は、他のデバイス（例えばタブレット）も同じデバイスを選ぶ可能性が高いことから、OSを支配したものはデバイス市場も独占できる。またアップルとグーグル二社の独占によって、iOSとアンドロイド以外のOSを新たに導入することは極めて困難で、高い参入障壁となっている。

クラウド・サービスも支配強化のてことなっている。クラウド・サービスはインターネットを通じて、データの貯蔵やソフトウェアのプログラムを可能にするサービスで、顧客にインフラ（IaaS：Infrastructure as a Service）、プラットフォーム（PaaS：Platform as a Service）、ソフトウェア（SaaS：Software as a Service）などのサービスを提供する。クラウド・サービスは、オンライン販売、ソーシャル・メディア、デジタル広告などのインフラの提供をはじめ、将来は、農業から健康分野を含むあらゆる産業にインフラやプラットフォームを提供し、IoTを支配しようとしている。

クラウド・サービス分野ではアマゾン（AWS：アマゾン・ウェブ・サービス）が先行し、米国では二四パーセントのシェアを占めているが、グーグルもシェアを伸ばしつつある。

GAFAが今日の支配的地位を得るに至った理由はいくつかあるが、なかでも大きい理由としてライバル企業を買収し、消滅させてきたことをあげることができる。GAFAはこの一〇年の間にも数百社の競争企業を買収してきた。生まれたばかりの潜在的競争企業を買収し、競争の脅威をなくした。またライバル企業を倒すばかりではなく、新たな分野に進出するためにもM&Aの手法が使われた。こうしてGAFAは支配的地位を利用し、巨額の資金を使ったM&Aを繰り返すことによって、今日の支配的地位を獲得してきた。

米下院報告書は、米国最高裁判事ルイ・ブランダイスが一世紀以上前に述べた「民主主義か、少数者への富の集中か、われわれはその両方を持つことはできない」という言葉を引用し、反独占対策を強める今日の必要性と緊急性を強調するとともに、競争の回復策、反トラスト法の強化、議会の監視の強化などの対策を提言している。

注

＊1　エリック・ブリニョルフソン、アンドリュー・マカフィー著、村井章子訳『ザ・セカンド・マシン・エイジ』二〇一五年、日経BP社

＊2　ジェフリー・G・パーカー、マーシャル・W・ヴァン・アルスタイン、サンジート・ポール・

チョーダリー著、妹尾堅一郎監訳『プラットフォーム・レボリューション』二〇一八年、ダイヤモンド社

＊3　アレックス・モザド、ニコラス・L・ジョンソン著、藤原朝子訳『プラットフォーム革命』（原題　Modern Monopolies）二〇一八年、英治出版

＊4　ピーター・ティール、ブレイク・マスターズ著、関美和訳『ゼロ・トゥ・ワン』二〇一四年、NHK出版。もっともティールは、起業家は独占を目指すべきだとし、独占はすべての成功企業の条件であり、競争とは僕たちの思考をゆがめているイデオロギーだと論じている。

＊5　UNCTAD "World Investment Report 2017"

＊6　Jonathan Haskel & Stian Westlake "Capitalism without Capital", Princeton University Press, 2018

＊7　Jonathan Haskel & Stian Westlake, op.cit.

＊8　"Investigation of Competition in Digital Markets: Majority Staff Report and Recommendations" United States Congress, House of Representatives, Committee on the Judiciary, 2020

第5章　デジタル巨大企業に対する課税

1　ＢＥＰＳプロジェクト

プラットフォーム企業は、デジタル技術と情報通信技術（ＩＣＴ：Information and Communication Technology）の飛躍的な進化の成果を最大限利用して成長を遂げた。ＩＣＴ技術発展の初期段階から、デジタル化にともなう課税の在り方に関してさまざまな議論が交わされてきた。

今から約二〇年前の一九九八年、電子商取引への対応を議題としてカナダで開催されたＯＥＣＤ（経済協力開発機構）大臣会合において、当時普及しつつあった電子商取引への課税問題が取り上げられたが、「生まれたばかりのデジタル産業に対して成長抑圧的な税は課すべきではない」ことが確認され、いわゆる「オタワ課税フレームワークの原則」が確立された。

国際社会が、デジタル企業を含む多国籍企業の脱税・税逃れに取り組むきっかけとなったのは、二〇〇七〜〇八年のリーマンショックをきっかけとする世界金融危機であった。リーマンショック直後の二〇〇九年、Ｇ20サミット（ロンドン）は「銀行秘密の時代は終わった」と宣言、二〇一三年のサミットで、ＯＥＣＤに対し、ＢＥＰＳ（Base Erosion and Profit Shifting　税源浸食と利益移転）プロジェクトを開始するよう求めた。

ＢＥＰＳプロジェクトは「経済活動がおこなわれ価値が生み出されたところで課税する」という課題を達成するために、巨大企業の経営を透明化し、タックスヘイブンに利益を移転して税を逃れる仕組みに、国際社会が初めて本格的に取り組むプロジェクトであった。同プロジェクトは二〇一五年に最終報告書を公表し、課題達成のための一五の行動計画（アクション・プラン）を示した。

「ＢＥＰＳ最終報告書」は「オタワ課税原則」の維持を再確認したものの[*1]、一五の行動計画の冒頭のアクション一として、「デジタル経済への課税上の対応」を掲げ、デジタル経済における課税上の問題に対する新たな取り組みを、ＢＥＰＳプロジェクトの中心的課題の一つに位置付けた。

「ＢＥＰＳ最終報告書」は、対象をデジタル企業に限定せず、広く多国籍企業による税逃れに焦点を当て、包括的な対応策を示している。最終報告書で示された行動計画には、多国籍企業に国別の事業活動の開示を求める「国別報告書」の提出の義務付けなど、いくつかの重要な進展がみられる。しかし「経済活動がおこなわれ、価値が創造されたところで課税」というＢＥＰＳプロジェクトの中心的な目的に照らせば、十分な成果が得られたとはいえず、その多くは現行ルールの不備を取り繕うパッチアップに終わり[*2]、一世紀以上前につくられ、グローバル化した今日の世界経済の実態に立ち遅れている現行の国際課税ルールを根本的に変革することはできなかった。[*3]

2　一世紀ぶりの国際課税ルールの刷新

「ＢＥＰＳプロジェクト」は二〇一五年の最終報告書提出以降も、「ポストＢＥＰＳ」として、デジタル課税問題を中心に、引き続き議論を継続している。しかもこの取り組みの舞台は、Ｇ20／ＯＥＣＤの諸国に限定されず、多くの途上国も含む幅広い国際的な取り組みとなっている（図表5―1）。

ＢＥＰＳ最終報告の翌二〇一六年、ＯＥＣＤ租税委員会が京都で開催され、ＢＥＰＳプロジェクトをさらに進めるための新しい枠組みとして、「ＢＥＰＳ包摂的枠組み」（Inclusive Framework on BEPS）を発足させた（以下、「包摂的枠組み」またはＩＦ）。「包摂的枠組み」は、当初は八一か国の参加で出発したが、現在、約一四〇か国が参加する幅広い国際的枠組みとなっている。

「包摂的枠組み」は当初、二〇二〇年を目標年次として作業を開始し、「中間報告」（Interim Report）（一八年三月）、「ポリシー・ノート」（Policy Note）（一九年一月）、「作業プログラム」（Programme of Work）（一九年五月）を相次いで公表した。

「作業プログラム」に先立つ「中間報告」では、進展するデジタル経済の特徴として、①「質量なき規模」（scale without mass）、②無形資産（特許権や商標権などの知的財産権）への依存、③データ、

図表5―1 「デジタル課税」取り組みの経過

2015年	10月	BEPS 最終報告 Action 1 report "Addressing the Tax Challenges of the Digital Economy"
2018年	3月	G20/OECD IF（包摂的枠組み）が中間報告（Interim Report）
2019年	1月	IF がポリシー・ノート（Policy note）を合意
	2月	IF が「公開諮問文書」
	5月	IF が「作業計画（Programme of Work）」採択
	6月29～30日	G20サミット（大阪）で「作業計画」を承認。
	10月	OECD 事務局が「統合アプローチ（"Unified Approach"）」提案
	11～12月	第一の柱（Pillar One）および第二の柱（Pillar Two）に関して公開諮問
2020年	1月	IF が二つの柱からなる アプローチに関してステートメントを採択
	2～10月	70日にわたって作業部会（Working Party、Steering Group）が会合
	10月9日	IF がステートメント及び Pillar One と Pillar Two のブルー・プリント（試案）を公表。公開諮問へ
	10月14日	G20大臣会合。G20/OECD「BEPS 包摂的枠組み」に対して、2021年半ばまでに、グローバルなコンセンサスに基づく解決策に至ることを目指す。
	11月21～22日	G20サミット（リャド）「『BEPS 包摂的枠組み』によって承認された第1の柱及び第2の柱の青写真に関する報告書を歓迎。この強固な土台に基づき、『BEPS 包摂的枠組み』に対し、2021年半ばまでに解決策に至ることを目指して、残された課題に対処するよう求める」
2021年	4月7日	G20大臣会合。2021年半ばまでに、第1の柱及び第2の柱の青写真という強固な土台の上で、グローバルなコンセンサスに基づく解決策に至ることについて引き続きコミット。
	6月11～13日	G7サミット（コーンウォール）。大規模で高利益の多国籍企業について10％の利益率を上回る利益のうちの少なくとも20％に対する課税権を市場国に与える、課税権の配分に関する公平な解決策に至ることにコミットする。また、国別での15％以上のグローバル・ミニマム課税にコミットする。
	7月1日	包摂的枠組み会合。130か国が声明を採択
	7月9～10日	G20大臣会合（ベネチア）。IF の「声明」を承認。10月のG20までに最終合意を得る。
	10月15～16日	G20大臣会合（ワシントン）

ユーザーの参加から生まれるネットワーク効果の三つを挙げている。これらの要素はいずれもデジタル化経済の今日の主な特徴であるが、とくに「質量なき規模」の用語は、最小の物理的存在でますます巨額の利益を引き出す多国籍企業の本質を言い当てている。「中間報告」はいずれの問題も現行の国際課税フレームワークのなかでは解決できない新しい課題であり、多国籍企業の利益を関係各国で分け合う課税権の配分と、「ネクサス」[*4]（nexus＝つながり）および「利益分配」の問題の検討が避けられないことを提起するものであった。

これを受けて作成された「作業プログラム」は、「ネクサスと利益配分のルールの修正」、「グローバルな反税源浸食の提案」の二つの柱[*5]で構成されている。これは最終報告のための設計書というべきもので、二〇一九年六月末、大阪で開かれたG20サミットで正式に承認された。

第一の柱は、課税権の再配分（「新課税権」という）に関する提案であり、次の三つの提案が列記されている。

1　ユーザー参加の提案（user participation proposal）……能動的かつ熱心なユーザー・ベースの構築とそこから生まれるデータとコンテンツが価値創造に貢献することを認める。例えばソーシャル・メディア・プラットフォーム、サーチエンジン、オンライン・マーケットプレイスなどがその代表例である。

2　マーケット・インタンジブル（無形資産）提案[*6]（market intangible proposal）……市場国におけるブランド、顧客データなど無形資産の創出に価値創造の役割を認める。このためにはマーケット・インタンジブルと市場国との間に、内在的、機能的なリンクが存在することが前提となる。

3 「重要な経済的存在」提案（significant economic presence proposal）……支店や工場など、その国に物的拠点（PE：Permanent Establishment）がなくても、デジタル技術によって可能となった意図的で持続的な関係があれば課税する根拠を有する。

1は英国、2は米国、3はインドなど新興国の提案とされている。このうち3の「重要な経済的存在」提案は、多国籍企業の総利益を、売上、雇用などの指標で各国に配分する「定式配分法」（後述）の導入につながる提案である。三つの提案には次のような共通点がある。

1 市場国（消費者、カスタマーおよびユーザーの住む国）に課税権をより多く配分すること、配分されるべき利益はビジネスの世界総利益であること。

2 物的プレゼンス（PE）がなくても、「遠隔地」からの持続的・重要な関与がある場合に、課税プレゼンスを認める新しいネクサス・ルールの必要性を提起している。「遠隔地」はタックスヘイブン／低税率国を含むので、タックスヘイブンに逃げている税を取り戻す効果を持つ。

これらの共通点を踏まえ、「作業プログラム」で示された三つの案を一本化するには、移転価格ルールと恒久的施設ルールを基礎とする現行国際課税ルールを捨て、「ネクサス」と「利益配分」のルールを変更し、課税権を再配分する新しい課税ルールの構築が必要であった。

一方、「作業プログラム」の第二の柱は、グローバルな反税源浸食（GloBE）提案である。この提案は、国際的な法人税の引き下げ競争を食い止めるために、国際的な最低税率を取り決めようとするものである。あわせてBEPSプロジェクトの残された課題に応えようとするものである。

GloBE提案は高度にデジタル化された企業に限定されるものではなく、すべての多国籍企業が最低レヴェルの税を支払う解決を提案している。ある国が非協力的な単独行動によって、他国のタックスベースをひきつけ、税収を増やす方法をとれば、その他のすべての国に逆の効果をもたらし、「有害な底辺への競争」をあおる。そこで「作業プログラム」は具体的方策として、次の提案をおこなっている。

1 「所得合算（インカム・インクルージョン）ルール」……多国籍企業の外国子会社や支店などで実効税率が最低基準を下回る所得があれば、その所得に課税する。

2 税源浸食支出（ベース・イローディング・ペイメント）課税……国境を越える支払いが最低税率以上で課税されなければ、控除を否定し、源泉ベースの課税をおこなう。

「作業プログラム」は、約一四〇か国の多数国が参加し、公開諮問文書に対する各界の数百件に上るコメントを取り入れて作成された文書であり、国際課税をめぐる今日の世界の総意が反映された成果文書であるといえる。その中で、現行国際課税ルールの限界を浮き彫りにし、それを乗り越える展望が示されたことは画期的な成果ということができる。

とりわけ、かねて有識者が主張し、新興国・途上国グループが求めていた「重要な経済的存在」の提案が、課税権の再配分の一方式として、正式に取り上げられたことは、特筆に値するものといわなければならない。

「作業プログラム」を受けて、ＯＥＣＤ事務局は一九年一〇月、最終報告の基礎となる事務局案として、「統合アプローチ」(Unified Approach) を発表した。「統合アプローチ」は、「作業プログラム」で意見の分かれた課税権の配分に関する三つの提案を一本化するものであったが、それは課税権の再配分の新ルールを取り入れる一方、同時に旧来のルールも温存する不徹底な妥協案であった。

「包摂的枠組み」も、ＯＥＣＤによる「統合アプローチ」を基本的に受け入れ、二〇年一〇月、第一の柱と第二の柱からなる「ブルー・プリント」を公表した。「ブルー・プリント」による改革案は、現行ルールを維持しつつ、必要に応じてアームズ・レングス原則[*7]を乗り越えるというもので、第一の柱の骨子は次の通りである。

1　新しいネクサス……市場国に支店、工場など恒久的施設（ＰＥ）がなくても、「売上」などを基準に新しいネクサスを認め、課税権を配分する。

2　利益の配分……グループ全体の総利益のうち、「通常利益」(routine profit) を控除した残りである「残余利益」(residual profit) の一部を配分する。原案では「通常利益」は売上高利益率の一〇パーセントまでの部分とし、「残余利益」の二〇パーセントを「売上」に応じて市場国に配分する。

3　課税対象はグループ全体の総売上高が七・五億ユーロ（約九三〇億円）を超える企業で、対象業種は自動化されたデジタル・サービス（ＡＤＳ＝グーグル、フェイスブックなど）及び消費者向けビジネス（ＣＦＢ＝衣料、食料、家電など）とする。

第二の柱（GloBE）は、「作業プログラム」の当初案をほぼ踏襲し、次のルールによるものとされた。

1　所得合算ルール（income inclusion rule）……国際的最低税率を定め、グループ企業が海外でそれ以下の実効税率の適用を受ける場合、親企業の所得に合算して最低税率までの税を払わせる。

2　軽課税支払いルール（undertaxed payment rule）……グループ内企業に対する金利、使用料などの支払いに関し、支払先の会社で支払額に対する実効税率が最低税率を下回れば、その支払元の会社に対して支払額の損金算入を否認し、または、源泉課税をおこなうというルールである。

所得合算ルールを補完するルールである。

「包摂的枠組み」は「ブルー・プリント」の公表と同時に、改革による経済的影響に関する調査結果を公表した。[*8] これはOECD事務局が「包摂的枠組み」の要請に基づいて作成したものである。それによると、改革による増収効果は総額一〇〇〇億ドル（約一〇・五兆円）で、法人税収の四パーセントと試算されている。増収のほとんどは第二の柱から生じる。それは多国籍企業が低税率国／タックスヘイブンに利益をシフトするインセンティブを減らすことから生まれる。第一の柱による効果は、約一〇〇〇億ドルの課税権が市場国に再配分されるものの、総税収はわずかな増収にとどまる。

「ブループリント」をベースにした協議は二〇二一年に持ち越され、六月五日、ロンドンで開かれたG7大臣会合で大枠の合意が得られた。合意された内容は、課税権の再分配（第一の柱）に関しては、「大規模で高利益の多国籍企業」を対象に、一〇パーセントの利益率を上回る利益（超過利益）

のうち、少なくとも二〇パーセントに対する課税権を市場国に与えるというもの。

最低税率（第二の柱）については、国別での一五パーセント以上のグローバル・ミニマム課税を設定するというものであった。また新しいルールの適用は、「全てのデジタル・サービス税及びその他の関連する類似の税制措置の廃止の間で適切な調整をおこなう」こととされ、課税権の再配分の代替措置として、各国が導入している「デジタル・サービス税」を廃止することを求めた。この内容は同月一一～一三日、英国コーンウォールで開かれたG7サミットで、「歴史的なコミットメント」として承認された。

G7の合意は課税権の配分の対象となる企業を、「大規模で高利益の多国籍企業」としており、実際には世界の売上二〇〇億ユーロ（二・六兆円）以上の企業が対象になるものと見られている。これはこれまでの合意（七・五億ユーロ以上）をさらに絞り込み、対象を超巨大企業に限定している。課税権の再配分の対象となる利益は、多国籍企業の総利益のごく一部で、残りの大部分の利益に対しては、現行の課税原則が適用される。対象となる利益は全体で約一〇〇〇億ドルと見られ、売上に応じて「市場国」に配分される。

また最低税率一五パーセントで得られる税収は約一五〇〇億ドルと見られるが、その多くは多国籍企業の本社がある米国等の大国の収入となる。

「包摂的枠組み」は七月一日、この合意内容を支持する内容の「声明」を採択した。その際、配分される利益は、「超過利益」の二〇～三〇パーセントと微修正がおこなわれている。この声明には一三〇か国が参加したが、アイルランド、ハンガリーなど八か国が留保した。
七月九～一〇日に開かれたG20大臣会合（ベネチア）は、「包摂的枠組み」会合の「声明」を承認し、一〇月のG20（ワシントン）で最終合意を得ることとされた。

3　新しい国際課税ルールをめぐる攻防

ＢＥＰＳプロジェクトに続く「ポストＢＥＰＳ」と呼ばれるデジタル課税をめぐる国際交渉は、一世紀前につくられいまや時代にそぐわなくなった旧来の国際課税ルールを刷新する、長く困難な道のりの一行程である。グローバル化、デジタル化が急速に進展し、多国籍企業が国境を越えて自由に事業を展開する現代において、戦前、国際連盟の下でつくられた古いルールは、今日の時代に即した新しい土台の上につくり替えられなければならない。

しかし根本的な改革は直線的には進まない。改革を阻む防護壁が何層にも築かれている。改革に抵抗するのは、第一に現行ルールから利益を得、既得権益を持つ巨大企業や一握りの富裕者である。第二に、古いシステムのなかに盲点を見つけ出し、その上に脱税、税逃れのスキームをつくり出し、売り込むビジネスである。第三に、それらの企業や個人が活動する拠点となっている政府である。

ＧＡＦＡをはじめとする国際ビジネス界は、既得権益を守るために、現行国際課税ルールを死守しようと必死である。米国のビジネスロビー団体「ビジネス・ラウンド・テーブル」は、「市場国へのいかなる利益の配分もアームズ・レングス原則に基づくべきだ」と主張する。またＯＥＣＤのロビー団体であるＢＩＡＣ（ＯＥＣＤ経済産業諮問委員会）は、「改革は長年続いたＰＥの正当な原則に基づくものでなければならず、アームズ・レングス原則に基づく移転価格は維持されるべきだ」などと改革に強力な反対運動を展開してきた。

またＧＡＦＡなど巨大デジタル企業が本拠を置く米国のトランプ政権の財務長官であったムニューチンは、一九年一二月にＯＥＣＤのグリア事務局長に書簡を送り、「デジタル課税の動向に重大な懸念を有している。とくに長年国際システムの柱とされてきたアームズ・レングス原則と課税ネクサス基準からの離脱に深刻な懸念を持つ」と述べ、同制度を任意の選択制にするセーフ・ハーバー方式を取り入れるよう求めた。

国際ルール改革に抵抗する米国に業を煮やし、フランス、イギリス、スペイン、イタリアなど多くの国で、独自のデジタル課税（ＤＳＴ：デジタル・サービス税）を導入する動きが出ている。米国はそれらの動きに対して、国内法である通商法にもとづく報復関税の発動などで脅しをかけた。

ＢＥＰＳプロジェクトの第一段階において、十分な効果が得られなかった最大の理由は、こうしたビジネス・ロビーの圧力を受け、多国籍企業の租税回避策の中心を占めてきた「移転価格」の利用に、十分な歯止めをかけることができなかったためである。

経済のグローバル化に伴い、世界貿易の三分の二前後は、多国籍企業が関わっている。多国籍企業は多くの国にまたがる子会社のネットワークを持っているので、親・子会社間の内部取引で恣意《しい》的な価格操作をおこない、経済活動の実態がある高税率国から、低税率国／タックスヘイブンに利益を移転させることができる。

このような不当な移転価格操作を可能にしているのは、現行国際課税ルールが、多国籍企業グループが傘下の子会社を、それぞれ別個の独立企業として扱うという非現実的なフィクションに依存しているためである。

そもそも現行国際課税ルールは、「二重課税の排除」を主たる目的の一つとしており、それは多国籍企業グループが全体として単一の企業であることを暗黙の前提としている。にもかかわらず、OECDの移転価格ガイドラインでは、グループ内の各社が独立企業であることを前提とし、不当な移転価格操作を防止するために、アームズ・レングス・ルールが取り入れられ、独立企業間の取引であれば成立する価格にもとづくべきものとしている。しかし半製品や無形資産の使用や移転の内部取引に、参考にできるような独立企業間価格は存在しない。

BEPS最終報告書を受けて改訂された移転価格ガイドラインでは、多国籍企業グループの各子会社が果たす機能や引き受けるリスクに応じて利益を配分することを求めている。しかしリスクは表面上、目に見えないものなので、契約上リスクを負っているように見せかけ、あるいは機能やリスクを細分化して、実際の販売活動がおこなわれる市場国に低リスクの販売子会社を置き、企業コントロールの場所を低税率やタックスヘイブンに置くことも可能である。

とりわけ利益移転のためにもっともよく利用される無形資産については、その機能が、「開発・改善・維持・保護・使用」（英語の頭文字をとってＤＥＭＰＥという）に細分化されたが、これは製品の製造国や販売国よりも、無形資産の開発国により大きなリスクを配分することを可能にする。

またこのガイドラインのもとでは、多国籍企業の各子会社がどの程度のリスクを引き受けているか、どういう機能を果たしているかなどの「機能分析」が必要となり、それを比較可能な独立企業に適合するように配分するという、主観的で複雑なプロセスを踏まなければならず、納税者にも課税当局にも多大な負担を強いている。

のみならず、多国籍企業の子会社を個別の独立企業として扱うことは、多国籍企業が意図的に税逃れのための複雑な構造をつくるインセンティブを与え、逆にＢＥＰＳの機会を増やす結果をもたらしている。

経済のデジタリゼーションの進展、無形資産への依存の高まりによって、今日、アームズ・レングス・ルールの矛盾は極端な形で表れている。その矛盾は高度にデジタル化したビジネス・モデルに限られるものではなく、グローバル経済の下における多国籍企業全体が抱えるものでもある。したがって、国際課税ルールの見直しの第一の課題は、「移転価格制度」を中心とする現行の国際課税ルールの限界を認識し、これを完全に乗り越えることである。

第二の課題は、国際的な税率引き下げ競争を止めることである。これまで、政府間の税の競争、とりわけ税率引き下げ競争に対する国際的な規制はあまり前例がなかった。それは税率の設定などの課税権は国家の主権に属するものとの考え方が強くあったからである。

過去の試みとしては、単一市場に向けて取り組んでいたヨーロッパにおいて、欧州共同体（EC＝現EU）が、加盟各国の税率の調和を目指す「ルーディング報告」[*9]（一九九二年）を出したことがある。この報告書の中で、最低法人税率や課税ベースに関する共通ルールの策定が議論され、三〇パーセントの最低税率が提言されていた。

最近では二〇一七年のトランプ税制改革で導入されたGILTI（Global Intangible Low Tax Income　米国外軽課税無形資産所得課税）がある。米国で法人税率を三五パーセントから二一パーセントに引き下げるとともに導入されたGILTIは、米国企業の海外に所在する無形資産に由来する所得を対象としたもので、外国での実効税率が実質的に一三・一二五パーセントを下回る場合にその税率まで追加的に法人税が課される。二〇二六年以降は一六・四パーセントに引き上げられることになっている。この税制は無形資産を米国から低税率国に流出させるインセンティブを減らそうとするものであるが、実質的な最低税率としての役割を果たしている。

これらの前例はいずれもヨーロッパの域内、あるいは米国だけに適用される最低税率であり、国際的な最低税率の取り決めではない。その意味において、今回の国際協議で国際的最低税率が合意されたことは特筆に値する。しかし、低すぎる最低税率では意味がない。少なくとも、国際的な平均税率である二五パーセント程度の税率をめざすべきである。また、最低税率の設計は、多国籍企業の本社のある国だけが利益を受けるのではなく、すべての国が公平に利益を受けるものでなければならない。

4　デジタル・サービス税の意義

デジタル・サービス税（ＤＳＴ）は特定のデジタル・サービスの売上に課税する税である。もともとはＥＵ（欧州委員会）がデジタル企業に対する課税に関する国際合意が成立するまでの暫定措置として、二〇一八年に導入しようとして、欧州理事会の支持を得られず断念した経過がある。

その後、ＯＥＣＤの「包摂的枠組み」の下で、デジタル企業課税に関する国際協議が進められたが、その歩みが遅く、十分な成果が得られないと見た各国は、デジタル企業が提供するデジタル・サービスの売上に対して、独自に課税するデジタル・サービス課税を相次いで導入した。デジタル・サービス税は現在すでに四〇か国が導入しており、英国、フランス、イタリア、オーストリア、スペイン、チェコ共和国、ポーランド、トルコ、インドなど九か国ではデジタル・サービス法が制定されている。

デジタル・サービス税は国によって多少の相違はあるが、オンライン・プラットフォーム、ソーシャル・メディア・サービス、オンラインのターゲット広告など、特定のデジタル・サービスの売上高に対して、二〜三パーセントの税率をかける売上税である。ＤＳＴの納税義務者は年間の世界売上高が七・五億ユーロ（約九七三億円）で、国内売上高が一定額を上回る企業となっている（図表5―2）。

各国のデジタル・サービス税導入の動きに対して、米国は、米国企業を狙い撃ちする差別的取り扱いとして、通商法三〇一条に基づいて調査をし、報復関税の脅しをかけている。二〇一九年一二月には米通商代表部（USTR）がフランスのデジタル・サービス税導入計画に対して一〇〇パーセントの報復関税を賦課することを発表した。二〇年七月には英国、イタリア、スペインなど九か国およびEUに対して、通商法三〇一条調査を告知した。

バイデン政権になっても、米国の姿勢は変わらず、二一年六月二日、DST導入を取り下げない英国、イタリア、スペイン、トルコ、インド、オーストリア六か国からの輸入に対して、二〇億ドル相当の製品、サービスの輸入に対して、二五パーセントの報復関税を導入することを表明した。

デジタル・サービス税は売上高を課税ベースにして課税することから、所得課税に上乗せで課税されるために、二重課税にあたるなどの批判がある。デジタル企業に対する国際課税の合意が成立すれば、DSTを取り下げる意思を表明している国もある。

しかし、OECDの「包摂的枠組み」の下でおこなわれてきたデジタル企業に対する課税の国際合意は、課税権の再配分の考え方が取り入れられたとはいえ、再配分の対象となるのは多国籍企業の世界利益のごく一部であり、世界利益の大半を占める残り部分は、従来通りのルールで課税されることになる。そのような状況が長く続くと仮定すると、DSTは単なる暫定的措置あるいは対抗措置としてではなく、デジタル化時代において多国籍企業に応分の負担を求める税として各国が課税する権利

図表５―２　デジタル・サービス税（DST）の例

	フランス	イギリス	イタリア	スペイン
対象事業	• オンラインのターゲティング広告（ユーザデータ販売を含む） • オンラインプラットフォーム	• ソーシャルメディアサービス • 検索エンジンサービス • オンラインマーケットプレイス	• オンラインのターゲティング広告 • オンラインプラットフォーム • ユーザーデータ販売	• オンラインのターゲティング広告 • オンラインプラットフォーム • ユーザーデータ販売
課税標準及び税率	フランスで提供された対象事業 税率：売上高の３％	英国ユーザーに提供された対象事業 税率：売上高（※）の２％ ※売上から 0.25 億ポンド（約 38 億円）を控除	イタリアで提供された対象事業 税率：売上高の３％	スペインで提供された対象事業 税率：売上高の３％
納税義務者 ※①②を共に満たす者	①対象事業の全世界売上が年 7.5 億ユーロ（約 973 億円）超 ②対象事業の国内売上が年 0.25 億ユーロ（約 32 億円）超	①対象事業の全世界売上が年５億ポンド（約 750 億円）超 ②英国ユーザーに提供される対象事業の売上が年 0.25 億ポンド（約 38 億円）超	①対象事業の全世界売上が年 7.5 億ユーロ（約 973 億円）超 ②対象事業の国内売上が年 0.05 億ユーロ（約 6.5 億円）超	①対象事業の全世界売上が年 7.5 億ユーロ（約 973 億円）超 ②対象事業の国内売上が年 0.03 億ユーロ（約 3.9 億円）超
税収見込み	１年間で約５億ユーロ（約 649 億円）	７年間で 190 億ポンド（約 2.85 兆円）	１年で約 7.08 億ユーロ（約 919 億円）	１年で約 9.68 億ユーロ（約 1,256 億円）
導入時期	2019 年１月から適用（米国に配慮して 2020 年末まで徴収を延期し、2020 年 12 月に徴収を再開）	2020 年４月から適用（徴収は 2021 年 12 月から）	2020 年１月から適用（徴収は 2021 年２月から）	2021 年１月から適用（徴収は 2021 年４月から）

出所）経産省資料（2021.3.1）

を否定することはできない。

デジタル・サービス課税を根拠づける理論の一つとして、ブリティッシュ・コロンビア大学のWei Cui教授らが主張する「地域に固有な超過利潤」（LSR：Location Specific Rent）がある。Cuiによればこの理論は以下の通りである。*10

デジタル・プラットフォームはネットワーク効果を活用するものであるが、プラットフォームには二面的（あるいは多面的）なネットワーク効果がある。二面的ネットワークでは、一つのサイドのユーザーが増えれば、もう一つのサイドのユーザーも増えるという相互に関連し合う、いわゆる「間接的ネットワーク効果」がある。

たとえばグーグルはプラットフォームの一つのサイドで、ユーザーに無料で検索サービスを提供する一方、もう一つのサイドで広告主に広告の場所を有料で提供する。またフェイスブックは第一サイドで、ユーザーにソーシャル・メディアを無料で提供する一方、他サイドで広告料ビジネスを展開する。第一サイドのユーザーが多いほど、第二サイドのビジネスは大きい収益をあげることができる。

たとえば、グーグルが日本の消費者に検索サービスを提供し、ドイツの自動車メーカーに広告枠を提供する事例を考えよう（図表5―3）。

グーグルは、日本の消費者に無料で検索サービスを提供するが、検索サービスを利用するユーザーが多くなればなるほど、日本のユーザーに関する情報が多く蓄積される。日本のユーザーに関する蓄積された情報が多くなればなるほど、日本で自動車を売りたいドイツの自動車メーカーにとって、グ

図表5—3　グーグルのビジネスモデル

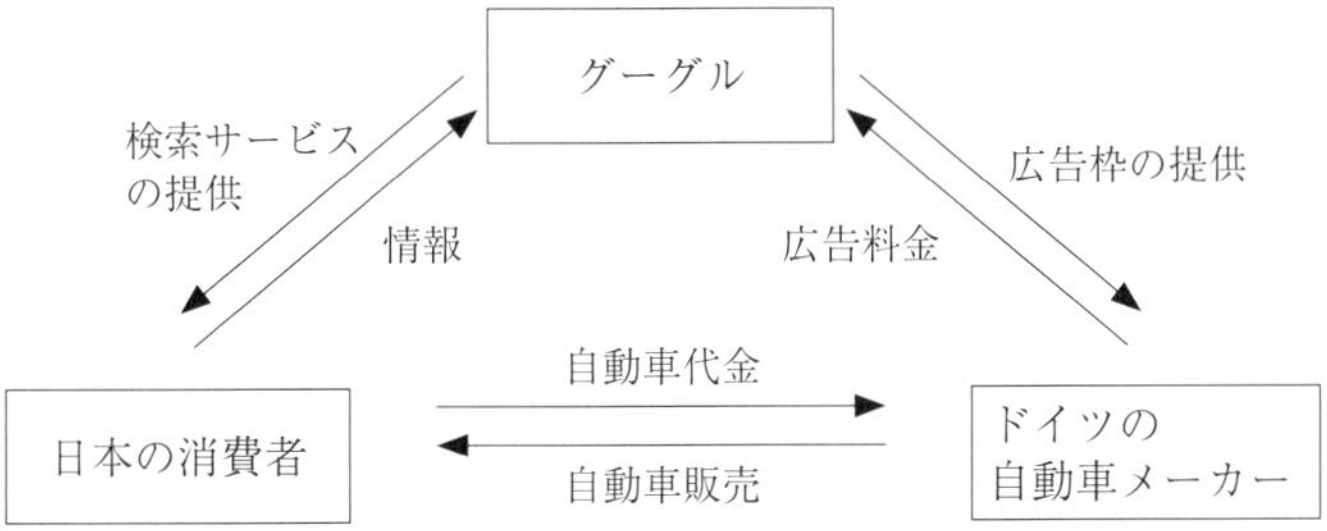

ーグルが提供する広告枠の価値が高まる。グーグルは日本でユーザーを増やせば増やすほど、ドイツの自動車メーカーに広告枠を高く売ることができる。

　グーグルが日本で検索サービスを提供するビジネスは、一見して利益を生み出さないように見えるが、実はドイツの自動車メーカーから回収する広告料の土台になっている。グーグルが回収した利益の源泉には、日本における検索サービスの提供ビジネスがあり、それは日本で生まれた「隠された利益」と考えることができる。

　しかもグーグルは、いったんこのようなツー・サイドのビジネス・モデルを構築すると、その後は限界費用ゼロで無限にビジネスを拡大できる。日本で得た顧客情報はドイツの自動車メーカーだけではなく、フランスの服飾メーカー、イタリアのブランド・バッグ企業に販売することもできる。それはコストとは無関係に得られる超過利潤（レント）であり独占利潤である。限界費用がゼロであれば、売上高はほぼ利益に等しく、売上に課税することは利益に課税することに等しい。

　グーグルがこのようにして得た独占利潤は、日本のユーザーが情報を提供することによって生まれた独占利潤であり、いわば「地域に特有な独占利潤」といえるものである。天然資源から生まれる独占利潤に対して、天然資源が存在する国に課税権があるのと同じように、「地域に特有な独占利潤」に対する課税権は、その独占利潤が生まれた国にあり、この事例では日本にある。日本が自国で生まれた独占利潤に課税しても、グーグルのサービスが他の場所に移動することはない。

注

＊1　ＯＥＣＤの公式諮問機関（ロビー団体）ＢＩＡＣ（経済産業諮問委員会）は「二〇年間の変化はドラスティックであったが、今やこれまで見たよりももっと大きい変革の入り口に立っている」と述べ、今なおこの原則の維持の必要性を強調している。BIAC position Paper, May 2018, "Addressing the Tax Challenges of the Digitalizing Economy"

＊2　BEPS Monitoring Group (BMG) "Submission to the Central Board of Direct Taxes, Government of India Proposal for Amendment of Rules for Profit Attribution to a Permanent Establishment", May 2019

＊3　現行の国際課税ルールは、多国籍企業の活動が今日ほど活発ではなかった第二次世界大戦前に国際連盟の下でつくられたルールに基づいており、そのルールは、戦後、ＯＥＣＤや国連のモデル租税条約や移転価格ガイドラインに取り入れられている。

その基本内容は、当時資本輸出大国であった英米の利害を反映し、国際融資や国際投資から得られた所得に対する課税権は、基本的に母国（居住地国）にあり、現地国（源泉地国）の課税権は工場など恒久的施設（ＰＥ）が生み出した所得に限定される。また企業がいくつかの国にまたがって活動しているときには、それぞれを独立した企業とみなし、同一グループ内でおこなわれる取引の価格は、同一の条件と環境で事業をおこなう独立企業間の取引に期待される価格による（アームズ・レングス・ルール、＊8も参照）、というものである。

＊4　「ネクサス」とは、ＰＥ（恒久的施設）概念を拡張する用語で、支店など物的拠点がなくても、一定の事業活動と生み出された所得との間に何らかのつながりを認定し、課税しようとするもの。

＊5　Inclusive Framework on BEPS "Programme of Work to Develop a Consensus Solution to the Tax Challenges Arising from the Digitalisation of the Economy", May 2019

＊6　マーケット・インタンジブルとは、製品又はサービスの商業上の開発を補助する製品の重要な販売促進価値を持つマーケティング活動に関係する無形資産で、例えばブランド、トレードマーク、顧客リスト、顧客関係、専売マーケット、顧客データなどを指す。

＊7　アームズ・レングス・ルールとは、関連企業間取引で取引価格を操作することによって利益を移転する行為を防止するルールで、関連企業間の取引価格は、独立企業間の類似取引の価格によって検証される。

＊8　inclusive Framework on BEPS "Tax Challenges Arising from Digitalisation: Economic Impact Assessment", October 2020

＊9 Commission of the European Communities "Report of the Committee of Independent Experts on Company. Taxation", March 1992

＊10 Wei Cui "The Digital Services Tax: A Conceptual Defense" draft: April 22, 2019

第6章　租税国家の危機——失われた税を求めて

1　失われた税収の推計

多国籍企業による利益移転

　これまで多くの研究者は、利用できるさまざまなデータを使って、多国籍企業による利益の移転や税逃れの実態を正確につかむ努力をしてきた。最近の注目される研究として、全米経済研究所（NBER）のトルスロフ、ワイア、ズックマンによる分析がある。*1

トルスロフらの研究によると、二〇一五年、世界の多国籍企業の海外利益は約一・七兆ドルで、そのうち四〇パーセント近くを占める六〇〇〇億ドル以上がタックスヘイブンに移転されたという。それはタックスヘイブンにおける海外企業の異常な利益率（図表6―1）などから推計されたものである。

　異常な利益率を確認する方法として、企業利益の賃金支払い額に対する比率をとる。通常、この比率は三〇～四〇パーセントであるが、アイルランドの海外企業ではその比率が八〇〇パーセントと異常に高い。異常さはそのほか、グループ内企業取引に見られる過大な受取利子やサービスの過大輸出などの海外取引からも確かめることができる。

図表6―1　タックスヘイブン子会社の利益率（税引き前利益／従業員報酬）

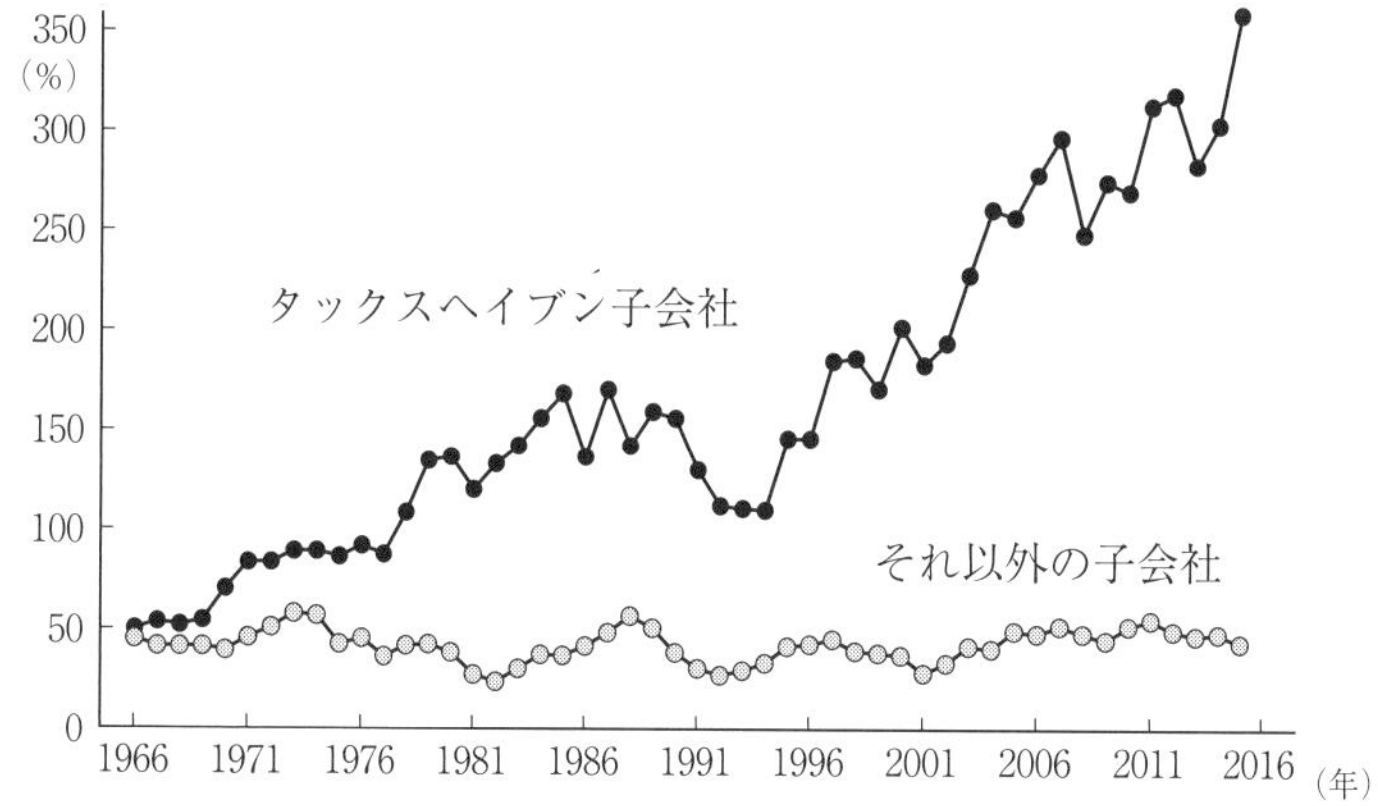

出所）Thomas R. Tørsløv, Ludvig S. Wier, Gabriel Zucman “The Missing Profits of Nations”

約六〇〇〇億ドルの利益移転のなかでも最大の利益移転先となったタックスヘイブンはアイルランドで、一〇六〇億ドルの利益が流入している。アイルランドに次いでケイマン諸島などカリブ海のタックスヘイブン（九七〇億ドル）、シンガポール（七〇〇億ドル）、スイス（五八〇億ドル）、オランダ（五七〇億ドル）、ルクセンブルク（四七〇億ドル）、プエルトリコ（四二〇億ドル）、香港（三九〇億ドル）などと続いている（図表6―2）。

他方、利益が流出した最大の国は米国で一四二〇億ドルの流出、次いで英国（六一〇億ドル）、ドイツ（五五〇億ドル）、中国（五五〇億ドル）、フランス（三二〇億ドル）、日本（二八〇億ドル）、イタリア（二三〇億ドル）、カナダ（一七〇億ドル）、スペイン（一四〇億ドル）、ブラジル（一三〇億ドル）などと続いている。

失った税収の税収総額に対する割合が最も大きい

図表6−2　タックスヘイブンへの利益移転と税収損失（2015年）

		税引き前利益（10億ドル）			利益移転額（10億ドル）	実効法人税率（%）	法人税収損失／税収（%）
			国内企業	外国企業			
OECD	米国	1,889	1,737	153	142	21	14
	英国	425	353	72	61	17	18
	ドイツ	553	510	43	55	11	28
	フランス	188	156	32	32	27	21
	日本	634	602	32	28	26	6
	イタリア	212	199	13	23	18	19
	カナダ	143	96	47	17	35	9
新興国	中国	2,069	1,906	162	55	20	3
	ブラジル	274	245	30	13	20	8
	ロシア	290	253	37	11	14	5
タックスヘイブン	アイルランド	174	58	116	-106	4	58
	カリブ海	102	4	98	-97	2	100
	シンガポール	120	30	90	-70	8	41
	スイス	95	35	60	-58	21	20
	オランダ	195	106	89	-57	10	32
	ルクセンブルク	91	40	51	-47	3	50
	プエルトリコ	53	10	43	-42	3	79
	香港	95	45	50	-39	18	33
	バミューダ	25	1	25	-24	0	
	ベルギー	80	48	32	-13	19	16
	マルタ	14	1	13	-47	3	50
	その他				-51		

注）原表を利益移転額の多い順（地域別）に並び替えている
出所）Thomas R. Tørsløv, Ludvig S. Wier, Gabriel Zucman “The Missing Profits of Nations”

のはドイツで、税収の二八パーセントを失っている。次いでアイスランド（二二パーセント）、フランス（二一パーセント）、ハンガリー（二一パーセント）、イタリア（一九パーセント）などが続いており、日本も二八〇億ドル（約三兆円、税収の六パーセント）を失っている。比較的法人税率の高い先進国から、低税率のタックスヘイブンへ利益がシフトされたことを観察することができる。

トルストフらは、六〇〇〇億ドルは極めて控えめに見積もった数字で、実際にはもっと多額の利益が流出していると見ている。カルフォルニア大学ロサンゼルス校（UCLA）のキンバレー・クロージングの研究[*2]（二〇一六年）によると、二〇一二年のグローバルな利益移転額は一兆七六〇億ドルにのぼる。

富裕者のオフショア資産と税逃れ

企業は実際に事業がおこなわれ、利益が生まれた場所から、低税率国／タックスヘイブンに利益をシフトして税を逃れるのに対して、個人の富裕者は、富を税のかからないオフショアに隠して税を逃れる。

オフショアの富を測定する試みは、これまでも多くの研究者によってなされてきた。これまでオフショアの富を推計するために、大きく二つの方法がとられてきた。一つは国際収支統計を利用して、資本の流入と流出の差にもとづいて推計する方法である。タックス・ジャスティス・ネットワークのジェームス・ヘンリーは、二〇一二年にこの手法にもとづき、実物資産を含めたオフショア資産は二一兆～三二兆ドルにのぼることを示した。

もう一つの方法は、マクロ経済統計にもとづいて、ポートフォリオ投資の資産と負債の差異から推計するというもので、ガブリエル・ズックマンらの推計[*3]はこの手法によって得られたものである。

ズックマンらの最近の研究は、スイス、香港などいくつかのオフショア金融センターが始めた二国間の金融情報交換のデータを収集したＢＩＳ（国際決済銀行）が、二〇一六年からそのデータの開示を始めたことによって可能になった。ズックマンらによって推計されたオフショアの富の総額を、ＢＩＳのデータをもとに各国に配分することによって、国別のオフショアの富の実態を推定した。

それによるとオフショアの富の総額は七兆ドルに上り、世界のＧＤＰの約一〇パーセントに相当する。これを、国別にみると大きなばらつきがあり、北欧諸国はＧＤＰに対して数パーセントに過ぎないが、ヨーロッパでは一五パーセント程度、ロシアやペルシャ湾岸諸国、およびラテンアメリカのいくつかの国では六〇パーセントにのぼる。

二〇〇〇年代の初めころまでは富裕者の富の半分近くはスイスにあったが、それ以降、オフショアに占めるスイスのシェアは漸減し、代わってシンガポール、香港など、アジアのオフショアの成長が著しく、二〇一四年にはスイスを追い抜いている（図表6―3）。

ズックマンらの研究はオフショアへの富の集中が、不平等の極端な拡大を招いていることを明らかにしている。とくに英国、スペイン、フランスなどの国では、国民の〇・〇一パーセントのごく少数の最富裕者の富の三〇～四〇パーセントが海外のオフショアで保有されている（図表6―4）。

図表6—3　オフショアに存在する富の割合の推移

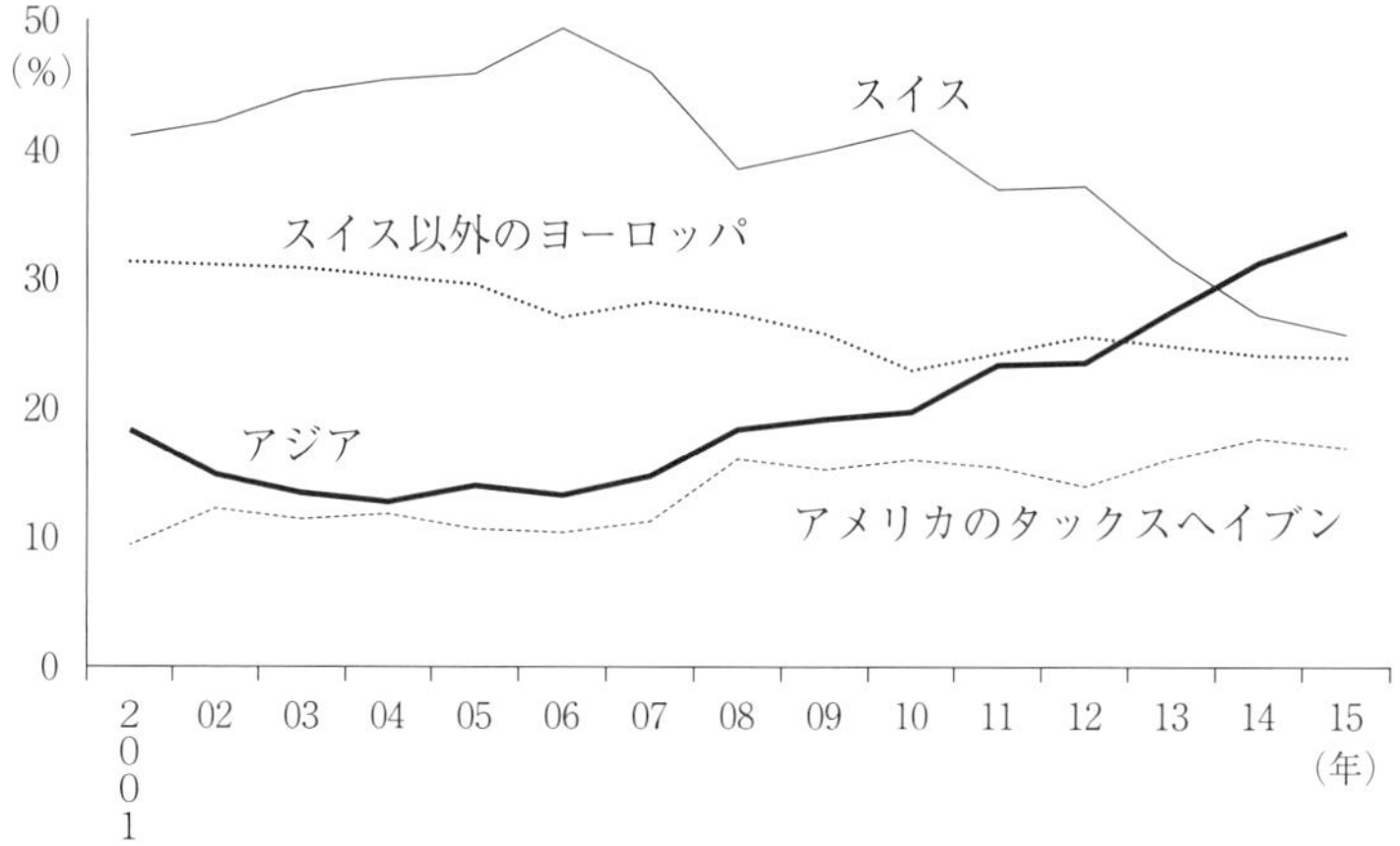

出所）"Who owns the wealth in tax havens? Macro evidence and implications for global inequality"

図表6—4　各国富裕層のトップ0.01%の富が個人の富の総額に占める割合

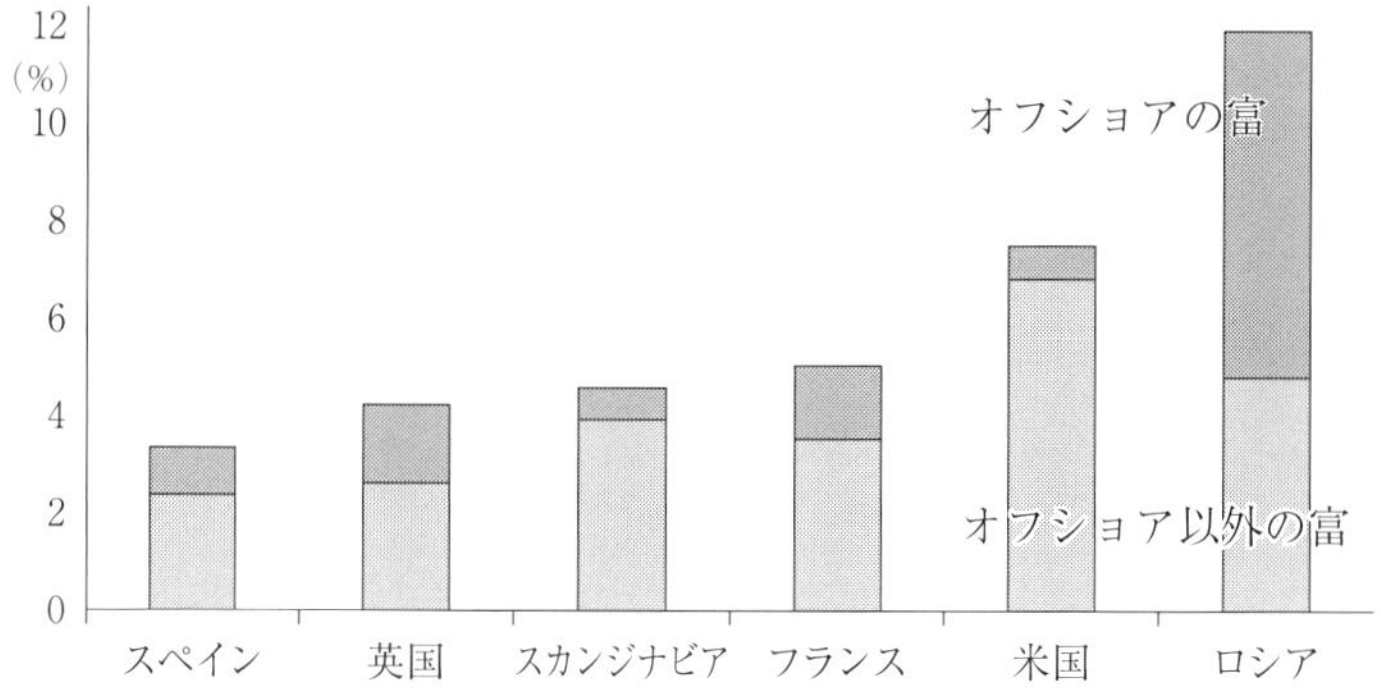

出所）"Who owns the wealth in tax havens? Macro evidence and implications for global inequality"

図表6―5　オフショアの富

		残高（億ドル）	世界のオフショア富に対するシェア（%）	対 GDP 比（%）
1	アメリカ	21,683	20.4	10.6
2	イギリス	13,028	12.2	42.0
3	ケイマン	8,807	8.3	16,055.0
4	アイルランド	5,943	5.6	155.4
5	中国	4,957	4.7	3.6
6	ドイツ	4,742	4.5	12.0
7	ルクセンブルク	4,671	4.4	658.9
8	オランダ	3,721	3.5	39.3
9	英領ヴァージン諸島	3,186	3.0	22,038.3
10	フランス	2,402	2.3	8.2
11	スイス	2,400	2.3	33.8
12	日本	2,000	1.9	3.2
13	シンガポール	1,805	1.7	49.6
14	台湾	1,693	1.6	14.3
15	イタリア	1,665	1.6	6.9
16	ジャージー	1,566	1.5	4,683.7
17	カナダ	1,474	1.4	8.0
18	香港	1,450	1.4	40.0
19	ベルギー	1,085	1.0	20.0
20	サウジアラビア	1,014	1.0	12.9

注）上位 20カ国を抜粋
出所）"The State of Tax Justice 2020"

他方、タックス・ジャスティス・ネットワークは「タックス・ジャスティスの現状二〇二〇」（後述）において、新しい分析方法を用いてグローバルなオフショアの規模とその国別の内訳を推計し、それにもとづいて富裕者の税逃れによる国別の税収損失を試算している。

この分析の特徴は、「異常な預金」に注目し、外国からの銀行預金がその国の経済規模に対してどの程度大きいかを基準とする。そのうえでグローバルなオフショアの富の総額を、BISのデータを利用し、それが生み出された国に振り分ける点にある。そのうえで各国が失った税収を、オフショア投資は五パーセントの収益を生み出すものと仮定して、その国の税率を適用して算出する。グローバルなオフショアの富の規模は一〇・九兆ドル（世界GDPの一一・六パーセント）としている。

分析の結果はこうである。

まずオフショアの富の規模およびそのGDPに対する比率を国別にみると、米国が世界最大規模の約二兆一七〇〇億ドルとなっている（図表6―5）。世界のオフショアの富の二割以上は米国にあるということだ。そのGDPに対する比率は一〇・六パーセントとなっている。第二位が英国で一兆三〇〇〇億ドルの規模。金額では米国より少ないが、GDP比に対する比率は四二パーセントと高い。三位はケイマン諸島。規模は八八〇〇億ドルであるが、GDPに対する比率は一六〇倍という異常値を示している。

2　企業活動の透明化と情報収集の進展

「国別報告書」の意義

多国籍企業による利益移転に関するこれまでの研究は、間接的なデータをもとに推計する手法でおこなったもので、正確な事実にもとづいたものではなかった。しかし、BEPSプロジェクトによって多国籍企業に提出が義務づけられた「国別報告書」（country by country report）を活用すれば、多国籍企業の利益や富裕者の隠された富を明るみに出し、世界の透明化に貢献するとともに、失われた税収を取り戻すために重要な役割を果たすことができる。

「国別報告書」はBEPSプロジェクトの行動計画一三で義務付けられたもので、多国籍企業に、国別の収入金額、税引き前利益、納付税額、発生税額、資本金、利益剰余金、従業員数、有形資産の金額の報告を求めるものである。「国別報告書」はBEPSプロジェクトの一五の行動計画のうちの四つの「ミニマム・スタンダード」の一つであり、総収入が七・五億ユーロを上回る多国籍企業に対して、二〇一六年に始まる会計年度から毎年提出することが求められている。すでに約一〇〇か国が法制化による義務付けをおこなっており、参加各国は「ピア・レビュー」でその実施を相互監視する仕組みとなっている。

「国別報告書」の情報を分析すれば、多国籍企業が挙げた国別の利益や納税額を正確に知ることができ、事業の実態と突き合わせることによって、低税率国やタックスヘイブンにどのくらいの利益が移され、どのくらいの税を逃れたかを知ることができる。「国別報告書」は、多国籍企業が、その本社のある国の税務当局に対して報告する義務があり、子会社のある国は政府間の情報交換によって、情報を入手することができる。

「国別報告書」提出の義務化は、多国籍企業の事業の内容を透明化するうえで重要な前進をしめすものであるが、対象を巨大企業に限定していること、非公開であることなど、なお改善すべき多くの問題がある。近年、企業の透明性と説明責任の強化のための国際基準を立案するGRI（Global Reporting Initiative グローバル・レポーティング・イニシアティブ）が、「国別報告書」の基準の透明化を図り、改善する"GRI207：Tax 2019"を公表した。GRIは、本部をオランダのアムステルダムに置く、サステナビリティ報告書のガイドラインを制定している国際的なNGOである。

現行の「国別報告書」は課税当局にのみ保有され、一般には非公開なので、研究者がこれを利用し分析することはできない。ところが、研究者や市民社会の強い要求を受けて、OECD（経済協力開発機構）は二〇二〇年七月、企業名を匿名にしたまま、その集計値を公開した。公表されたのは、制度が始まった二〇一六年のデータで、二六か国に本社を置く多国籍企業の「国別報告書」である。

金融情報の国際的自動交換の進展

富裕者のオフショアを利用した税逃れの実態を知るためには、オフショアに隠されている富の規模を測定し、その所有者の情報を把握しなければならない。

リーマン金融危機の後、G20ロンドンサミット（二〇〇九年）で「銀行秘密の時代は終わった」との宣言が採択され、世界の主要国は金融オフショア市場の透明化に向けた努力を開始した。そのためにOECDのグローバル・フォーラムが強化され、各国が、自国の金融機関にある非居住者の金融口座の情報を相互に交換する制度が発足した。しかし当初設けられた制度は、要求があった時のみ情報を提供する任意の情報交換であり、情報交換を求めるためにはあらかじめその情報についての知識を必要とした。

二〇一三年、G20サミットで金融情報を世界的なレヴェルで自動交換する制度の構築が合意され、翌一四年、OECD租税委員会で情報交換のひな型となる「共通報告基準」（Common Reporting Standard：CRS）が承認された。CRSは外国居住者の金融口座について、所有者の氏名・住所、納税者番号、口座残高、利子・配当などの年間受取総額などを記載することとされ、金融機関がその国の税務当局に毎年報告することを義務付けている。

自動情報交換は一七年度から始まり、参加国、交換件数は毎年増加し、二〇一九年には約一〇〇か国が参加、現在グローバル・フォーラムの一六一か国・地域が参加している。これによって税務当局はオフショアに保有されている八四〇〇万件の金融口座を交換した。それは総資産一〇兆ユーロ（約一二〇〇兆円）をカバーするものであった。これによって任意交換制度の時代を含め、これまでに世界で一〇〇〇億ユーロ（約一二兆円）以上の税収増につながった。

しかし、金融情報の自動交換制度はオフショアに隠されている富裕者の富の一端を明らかにするものではあるが、その全体像を示すものではない。オフショアとはそもそも「守秘法域」（secretiv jurisdiction）と呼ばれるように、秘密保護法やその他の法規によって、情報の開示を最小限にするように仕組まれた国・地域であり、その全体像はオフショアにある金融機関の報告のみによっては知ることはできない。

3　タックス・ジャスティス・ネットワークによる新推計

タックス・ジャスティス・ネットワーク（TJN）は、グローバル・アライアンス・フォア・タックス・ジャスティス（GATJ）、国際公務労連（PSI）との共同作業によって、二〇二〇年一一月、「タックス・ジャスティスの現況二〇二〇」[*4]（The State of Tax Justice 2020）報告書を公表した。

この報告書は、公表された「国別報告書」の集計値をもとに、多国籍企業の利益移転の状況を分析

図表6―6　国際的な脱税・税逃れによる税収損失（年間）

世　界	総　額	4270 億ドル（47.0 兆円）
	多国籍企業	2450 億ドル（27.0 兆円）
	個　人	1820 億ドル（20.0 兆円）
日　本	総　額	99.1 億ドル（1.1 兆円）
	多国籍企業	43.1 億ドル（4741 億円）
	個　人	56.0 億ドル（6160 億円）

出所）The Tax Justice Network (TJN), The Global Alliance for Tax Justice (GATJ), Public Services International (PSI) "The State of Tax Justice 2020"

するとともに、ＢＩＳが収集した二国間の金融情報交換のデータをもとに、個人のオフショア資産の分布を分析することによって作成されたものである。企業によるものと個人によるものの両方から生じる租税回避を総合的に分析し、各国の税収損失を測定した初めての試みである。

同報告書による分析結果は、以下の通りである。

多国籍企業は毎年一兆三八〇〇億ドルの利益をタックスヘイブンに移転しており、それによって世界の政府は毎年二四五〇億ドルの税収を失っている。他方、富裕者によるオフショア資産は一〇兆ドルを上回っており、それによって毎年一八二〇億ドルの税収が失われている。多国籍企業による税収損失と、富裕者による税収損失を合わせると、総額四二七〇億ドルの税収が毎年失われていることになる（図表6―6）。

多国籍企業による二四五〇億ドルの税収損失の額は、「国別報告書」によって明らかにされた直接的な税収損失であるが、報告書は、税率の引き下げ競争などの波及効果を含めると実際の損失総額は約九八〇〇億ドルと見込んでいる。これはＯＥＣＤの推計（一〇〇〇

図表6—7　他国によって失われた税収（億ドル）

		総　額	企 業	個 人
1	アメリカ	893.5	492.4	401.1
2	イギリス	395.8	102.7	293.1
3	ドイツ	350.6	243.9	106.7
4	フランス	202.4	143.5	58.8
5	ブラジル	149.1	146.3	2.8
6	中国	148.9	37.3	111.5
7	アイルランド	144.6	2.0	142.6
8	イタリア	123.8	88.0	35.8
9	コロンビア	117.7	116.4	1.4
10	ルクセンブルク	112.4	5.5	106.9
11	ナイジェリア	108.3	105.8	2.5
12	オランダ	106.0	9.4	96.7
13	インド	103.2	101.1	2.0
14	日本	99.1	43.1	56.0
15	メキシコ	90.7	82.5	8.2

出所）“The State of Tax Justice 2020”

億〜二四〇〇億ドル）はもちろん、IMF（国際通貨基金）の二〇一三年のデータを使った推計値である約六〇〇〇億ドルもはるかに上回る。

企業によるグローバルな税収損失（九八〇〇億ドル）に、先述した個人による税収損失（一八二〇億ドル）を加えると、グローバルな税収損失の総額は一兆一六二〇億ドル／年ということになる。

企業と個人合わせた税収損失の額を国別にみると、最も多額の損失を受けた国は米国で八九四億ドル（約九・八兆円）、次いで英国・三九六億

図表6－8　税収損失に責任のある国とその金額（億ドル）

		総　額	企　業	個　人
1	ケイマン諸島	704.4	228.2	476.2
2	イギリス	424.6	136.7	287.9
3	オランダ	363.7	265.9	97.8
4	ルクセンブルク	270.6	92.8	183.2
5	アメリカ	236.4	0.0	236.4
6	香港	210.5	163.3	47.2
7	中国	200.5	200.5	0.0
8	英領ヴァージン諸島	163.0	104.1	58.9
9	アイルランド	158.3	60.7	97.6
10	シンガポール	146.3	122.2	24.1
11	バミューダ	138.4	108.6	29.8
12	スイス	128.4	109.5	18.9
13	プエルトリコ	91.8	91.8	0.0
14	ジャージー	79.1	44.7	34.5
15	カナダ	78.5	75.6	2.9

出所）“The State of Tax Justice 2020”

ドル（四・四兆円）、ドイツ・三五一億ドル（三・九兆円）、フランス・二〇二億ドル（二・二兆円）、ブラジル・一四九億ドル（一・六兆円）などと続いている。日本の税収損失は九九億ドル（約一兆円）となっている（図表6―7）。

四二七〇億ドルのグローバルな直接の税収損失を高所得国、低所得国別に分けると、三八二七億ドルが高所得国、四五〇億ドルが低所得国の税収損失となっており、金額ベースでは高所得国の税収損失が圧倒的に大きい。[*5]しかし総

図表6—9　税収損失に責任のある国

	多国籍企業による税逃れ		個人によるオフショア脱税		脱税・税逃れによる税収損失の総額	
	億ドル	%	億ドル	%	億ドル	%
総　額	2,450		1,820		4,270	
英国グループ（海外領土、王室属領を含むネットワーク）に責任	700	29	900	49	1,600	37
英国グループ＋税逃れの中軸グループ（オランダ、ルクセンブルク、スイス）に責任	1,160	47	1,200	65	2,360	55

出所）"The State of Tax Justice 2020"

税収に対する比率でみると、高所得国の二・五パーセントに対して、低所得国は五・八パーセントと、低所得国が受ける損失の影響度は大きい。

高所得国は税逃れによって多額の税収を失っているが、その原因をつくり出した責任のある国もまた高所得国である（図表6—8）。高所得国は世界の税収損失の九八パーセントに責任があり、低所得国の責任は二パーセントに過ぎない。

税収損失に責任のある国を国別にみると、ケイマン諸島が抜きん出て多く、七〇四億ドルの税収損失に責任がある。次いで英国（四二五億ドル）、オランダ（三六四億ドル）、ルクセンブルク（二七一億ドル）、米国（二三六億ドル）と続いている。これをグループ分けすると、英国とその王室属領、海外領土、旧植民地を含む英国グループが、世界の税収損失全体の三七パーセントを占める。英国グループにヨーロッパのタックスヘイブン（オランダ、ルクセンブルク、スイスの三国）を加えると、全体の五五パーセントを占める（図表6—9）。

ＴＪＮは英国グループをタックスヘイブンの「蜘蛛の巣」

（UK spider's web）、ヨーロッパの三国を「税逃れの中軸」（axis of tax avoidance）と呼んでいる。

いずれにせよ、オフショアやタックスヘイブンによって失われた税の実際の額は、資料の制約から正確に知ることは困難である。しかし想像を超えた巨額の税が失われていることは確かである。

タックスヘイブンや世界の税率引き下げ競争は、他国が本来得るべきであった税収を奪う。しかし、奪う側も自国の税率が低いので、それによって大きな税収が得られるわけではない。結局、利益を得るのは巨大多国籍企業や富裕者であり、損失を受けるのは先進国、途上国を問わず、各国の財政基盤であり、必要な公共支出を受けられない市民である。それはまた、税によって成り立つ近代の租税国家の危機でもある。

注

＊1 Thomas R. Tørsløv, Ludvig S. Wier, Gabriel Zucman "The Missing Profits of Nations" Working Paper National Bureau of Economic Research, June 2018, Revised April 2020
＊2 Kimberly A. Clausing "The Effect of Profit Shifting on the Corporate Tax Base in the United States and Beyond", 2016
＊3 Zucman, G."The Hidden Wealth of Nations: The Scourge of Tax Havens", 2015, Annette Alstadsatera, Niels Johannesenb, Gabriel Zucman "Who owns the wealth in tax havens? Macro

evidence and implications for global inequality", 2017

＊4　Tax Justice Network, Global Alliance for Tax Justice, Public Services International "The State of Tax Justice 2020: Tax Justice in the time of COVID-19", November 2020

＊5　世界銀行は世界の国を、一人当たり国民所得を基準に、低所得国、下位中所得国、上位中所得国、高所得国に分類している。本報告書でいう低所得国とは、低所得国および下位中所得国の合計、高所得国とは上位中所得国と高所得国の合計を指す。

第7章　オフショア、タックスヘイブンの解明

1　タックスヘイブンとは何か

資本と国家主権との衝突

オフショア、タックスヘイブンには明確な公式の定義はなく、また不断に変化し、形を変えつつ、今日なお進化しつつあるものであり、それを可視化し、説明することは容易ではない。その真の意味を知るには、その生成・進化の歴史をたどらなければならない。

タックスヘイブンの歴史は古くさかのぼることができるが、近代のタックスヘイブンはグローバルな資本主義の発展とともにある。一九世紀に入り、国民国家が形成され、国家が主権国家として国内ではさまざまな法規を制定し、租税を徴収し、国家財政の運営にあたった。他方、資本主義の発展とその国際化が進展する中で、国境を越えて自由に移動する資本の要求と国家主権との間に矛盾と対立が生じることになった。国境を越えて自由に活動する企業や金融機関にとっては、各国の法規制は企業活動や金融活動の自由を阻害することから、規制の緩い国・地域に向かおうとする。その要請にこたえて形成されたのがオフショアである。*1 しかし、オフショアがどこの国の主権も及ばない国・地域であるとすれば、そこでは企業や個人が従うべき法律はない。

中世ヨーロッパにおいて、契約の自由や取引の確実性を担保するために、自主的な通商ルールが形成された。これをレックス・メルカトリア（Lex Mercatoria : Merchant Law）という。それによって封建領主の介入を避け、通商を発展させることができた。レックス・メルカトリアは慣習とベスト・プラクティスのシステムとしてのコモン・ローとして進化し、英、米法の基礎となっている。それは国家が民主的なプロセスを経て制定する市民法に優先した。しかし近代に入り、国民国家が確立する一方、企業の活動が国境を越えて広がるにつれて、国家主権と資本の矛盾はさらに拡大し、市民法とコモン・ローの体系との矛盾はますます広がった。

そこで国民国家の主権と自由に国境を越える資本の要請との矛盾を解決するために、さまざまな仕組みが開発された。一九世紀末、ニューヨークで勃興した大企業を誘致するために、隣のニュージャージー州やデラウェア州でビジネスに有利な会社法が制定された。これはオフショアの始まりといえる。しかしニュージャージーやデラウェアの会社法で設立された企業であっても、そのホームはニューヨークであることには変わりなかった。

他方、英国ではこの矛盾を解決するために、法律ではなく、裁判所の判決で法律の抜け穴がつくられた。エジプト・デルタ会社事件の一九二九年の判決（1929 case of Egyptian Delta Land and Investment Co.Ltd）はその典型的な判決である。この判決は、英国の会社であっても、経営者が住むカイロで管理運営されている場合には、英国の居住者ではなく、エジプトで居住する会社とみなされ、したがって英国では課税されない、というものであった。英ランカスター大学教授ソル・ピチオットは、この判決が「英国をタックスヘイブンにした」と論じた。[*2] この判例は英国本土のみならず、大英帝国全体に適用されたので、のちにバミューダ、バハマ、ケイマン諸島などがタックスヘイブンとして生まれ変わる要因となった。

オフショアの進展の次の局面は、スイスによる銀行秘密法の制定であった。いくつかのスイスの州ではニュージャージーやデラウェアをまねて、緩い基準の会社設立規定を設け、その経営者や所有者の名義は銀行秘密法によって隠された。かくしてスイスで設立された会社はスイス法で守られたが、その資産はどこか別のところにあった。

以上述べた、米国の会社法、英国の裁判所の判決、スイスの銀行秘密法の三つが、オフショア、タックスヘイブンの原型ということができる。タックスヘイブンは地理的な場所を指すのではなく、国家の主権と国境を越えて自由に移動する資本の要求との間の矛盾を解決するために、現実の姿を架空の見せかけで隠す法的な仕組みであるということができる。オフショアはバーチャルな世界と現実の世界をつなぐ結節点である。タックスヘイブンが「守秘法域」(secretive jurisdiction) と呼ばれるのは、そういう意味においてである。オフショアはオフショアでつくられるのではなく、オンショアでつくられるのである。

グローバル資本主義の聖域

オフショア、タックスヘイブンが本格的に広がるのは、第二次世界大戦後であり、そのきっかけとなったのは、一九五〇年代末からロンドンに出現したユーロ市場である。ユーロ市場とは、通貨の発行国以外の国でその通貨が取引される市場であり、当時、ロンドンの金融市場で米国の金融規制を逃れたドルの取引を認めたことから、こう呼ばれた。ユーロ市場はまさに国家の主権と資本の要求との矛盾を解決する手段として形成されたオフショアの典型であり、グローバリゼーションの中で急速に広がった。

ヨーロッパにおけるユーロ市場の出現に対抗して、米国では一九八一年、自国内にユーロ市場と同様の機能を果たす市場、国際金融市場（ＩＢＦ　インターナショナル・バンキング・ファシリティ）を創設した。やや遅れて日本にも同様の機能を持つ東京オフショア市場（ＪＯＭ）が開設された（一九八六年）。こうして世界の主要国の中心部にオフショア市場が取り込まれた。ユーロ市場や世界の金融オフショアは、世界の約八〇の金融市場における規制に穴をあけただけではない。それはより広く、資本に対する国家の規制を無効にするきっかけとなった。

六〇年代後半以降、資本主義各国は企業利潤の減少と成長の停滞に見舞われたが、それを打開するために、主要国の大企業は高い利潤と有利な投資先を求めて海外に進出した。この時期のグローバリゼーションは、対外直接投資の飛躍的な伸びに示されている。多国籍企業の海外展開に必要な資金は、ユーロ市場が切り開いたオフショア金融によってまかなわれた。グローバル資本主義の展開は、オフショア経済の急速な発展を伴った。オフショアはグローバル資本主義の欠かすことのできない中心部分となったのである。

八〇年代に入り、多国籍企業の海外展開は急速に広がり、その子会社のネットワークはますます多くの国をまたぎ、複雑な企業構造をとるようになったが、グローバルなオフショアは、その活動に欠かすことのできない多くの便宜を与えた。多国籍企業の生産活動は多国間にわたるグローバルなバリュー・チェーンを形成し、その財務構造もグローバルな構造を持つに至っている。オフショアの機能によって、企業はその本社の登記地と多くの子会社の実際の活動地を法的に切り離すことができた。各国の税法の違いを利用したタックス・プランニングとして、どこからも課税されない税法上の「無国籍企業」となることができた。

また、多国籍企業の企業活動から生まれる利益もグローバルに発生し、生じた利益も自由に国境をまたいで移転することができるので、発生の真の源泉地を特定することができない。実際の経済活動がおこなわれた場所とは別の低税率国・タックスヘイブンに置かれた子会社に利益を帰属させることができた。

グローバリゼーションの広がりとともに、多国籍企業は世界市場に対する支配を強めたが、同時にその力を、政府に対する影響力を強めるために行使してきた。英米両国をはじめとする主要国政府は、多国籍企業の望む法律を制定するとともに、国際機関での指導的立場を利用し、彼らに都合のよいルールをつくってきた。オフショアは国家主権と資本の要求との対立を克服する場として形成されてきたものであるが、いまやそれは国家の主権と対立するものではなく、グローバル資本主義の中心的要素として組み込まれたのである。*3 オフショア、タックスヘイブンはグローバリゼーションと新自由主義がつくり出した資本の楽園である。

2　ICIJによる秘密文書の告発

パナマ文書、パラダイス文書

タックスヘイブンの実態が広く知られるきっかけをつくったのは、国際調査報道ジャーナリスト連合（ICIJ）による一連の暴露である。ICIJはワシントンに本拠を置く非営利組織で、一九九七年に発足。約七〇か国二〇〇人余のジャーナリストが暴露文書をもとに共同で取材し調査する。ICIJはオフショアリーク（二〇一三年）以来、タックスヘイブンに関するリーク文書を公開してきたが、とりわけパナマ文書（二〇一六年四月）、パラダイス文書（二〇一七年一一月）の公表は、秘密世界の実態をリアルに浮き彫りにすることとなった。

パナマ文書で明らかになったことは、中米パナマの法律事務所モサック・フォンセカが、四〇年にわたって二一万社のペーパー・カンパニーの設立を手掛け、そのペーパー・カンパニーに多数の名目上の重役を提供していたという事実である。しかもあるペーパー・カンパニーは他のペーパー・カンパニーの子会社となり、その株主は別のタックスヘイブンに存在するといった複雑な多重構造となっており、その株主を辿《たど》っても本当の所有者に辿り着くことができない実態も明らかとなった。

モサック・フォンセカ法律事務所がつくったペーパー・カンパニーの約半分は英領ヴァージン諸島でつくられており、その周囲には、著名な大手金融機関、法律事務所、会計事務所が控え、顧客を紹介し合い、銀行が秘密口座を提供し、法律事務所が会社設立登記をおこない、会計事務所が税務の指導をするといった役割分担で、秘密のネットワークが形成されていたことも明らかになった。

パナマ文書は世界に大きな衝撃を与えたが、その翌一七年に暴露されたパラダイス文書は、さらに大規模なタックスヘイブンの世界的な広がりを示すものであった。内部情報の主な流出元であるアップルビーは、一二〇年の長い歴史を持つ大手法律事務所である。バミューダで設立されたが、カリブ海のケイマン諸島、ヨーロッパのマン島、アフリカのモーリシャス、アジアの香港など、世界のほとんどのタックスヘイブンに事務所を持ち、四〇〇人の従業員を有するグローバルなオフショア法律事務所だ。主にオフショアで活動する法律事務所を「オフショア・マジック・サークル」と呼ぶが、アップルビーはその有力なメンバーであった。

顧客には超一流企業、超富裕者、政治指導者、プリンセス、ハリウッドスターなどが顔を並べている。トップ二〇の顧客の半分は、シティバンク、バンク・オブ・アメリカ、ＨＳＢＣ、クレディスイス、ウェルスファーゴを含むメガバンクである。アップル、ナイキ、グレンコア、ウーバーなどの多国籍企業や、ＫＰＭＧ、Ｅ＆Ｙ、ＰｗＣなど「ビッグ４」会計事務所も顧客に名を連ねている。多くの日本の一流企業や富裕者の名も挙がっている。世界の超セレブが利用する楽園、まさに「パラダイス」と呼ぶにふさわしいものであった。

パナマ文書、パラダイス文書は世界に大衝撃を与えた。名前の挙がった政治家は辞任に追い込まれ、税逃れを指摘された企業や富裕者は新たな隠し場所を探すなど大騒ぎとなった。報道をきっかけに、多くの政府は逃れた税の徴収に乗り出し、これまで五年間で世界で一三・六億ドル（約一五〇〇億円）の税を徴収した。また多くの国の議会は、調査のための特別委員会を設置し、悪質な税逃れをした人物をはじめ、協力した会計士や指南役たちを委員会に喚問するなど、真相の究明が開始された。

パナマ文書やパラダイス文書に登場するタックスヘイブンの多くは、英領ヴァージン諸島やバミューダなど、カリブ海のタックスヘイブンで、それらのタックスヘイブンを利用するのは英米の大企業や富裕者が中心であった。

パナマ文書やパラダイス文書はまた、タックスヘイブンのもう一つの顔、途上国からの富の収奪の実態を浮き彫りにしている。たとえばパラダイス文書は、バミューダ諸島のアップルビーの事務所に、グレンコア・ルームという小部屋があることを明るみに出している。これは、グレンコアという世界最大の資源商社のペーパー・カンパニーであった。グレンコアはアフリカの貧困国ブルキナファソで鉛鉱山を経営し、そこで得た巨額の利益を、アフリカで税を払うことなく、無税のバミューダ諸島に流出させていたのである。パラダイス文書によれば、グレンコアはバミューダ諸島以外にも一〇七ものタックスヘイブンに関係会社を保有し、世界各地で稼いだ利益を集めていたのである。

タックスヘイブンを舞台としたアフリカ収奪に関しては、その後の「モーリシャス・リークス」

（二〇一九年）、「ルアンダ・リークス」（二〇二〇年）もあげておかなくてはならない（後述）。

タックスヘイブンとマネー・ロンダリング

また二〇二〇年にＩＣＩＪは、米国の金融機関の監督当局が不法資金の洗浄（マネー・ロンダリング）を見逃しているというショッキングな事実も明らかにしている。「フィンセン文書」と呼ばれるこの文書は、金融機関が「疑わしい取引」として米財務省の「金融犯罪取締ネットワーク局」（ＦｉｎＣＥＮ）に提出した電子ファイルを分析した結果、世界の巨大銀行や金融機関が、腐敗政治家、麻薬等取引ブローカー、テロリストなどによる不法資金の洗浄に深くかかわり続けていること、報告を受けた監督当局である「フィンセン」もそれを見逃していることを明らかにした。

「フィンセン文書」によると、ＪＰモルガン、ＨＳＢＣ、スタンダード・チャータード銀行、ドイツ銀行、ニューヨーク・メロン銀行など世界有数の巨大金融機関が、ダーティ・マネーの洗浄を許したとして罰金刑を受けた後でさえ、危険な人物とかかわり、資金洗浄を続け、巨額の利益を得ていた。たとえばロンドンに拠点を置く世界最大級の銀行ＨＳＢＣは、二〇一二年に南米のドラッグ・カルテルのために約九億ドルのマネー・ロンダリングをおこなった。当時、米捜査当局と司法取引で、一九億ドルの罰金を科すとともに、もし今後五年間でダーティ・マネーと厳しくたたかうことを約束するならば、五年後に取り下げることとされた。

しかし「フィンセン文書」は、ＨＳＢＣが五年間の観察期間中も、引き続いて疑わしい人物との間でマネー・ロンダリングにかかわっていたことを明らかにしている。にもかかわらず、米政府は、HSBCが「約束を守った」と宣言することを認め、罰金を免除したという。米財務省の「フィンセン」はマネー・ロンダリングとたたかう国際システムの中心に位置する機関であり、その「フィンセン」が当然果たすべきチェック機能を果たしていなかった事実は重大である。

また「フィンセン文書」は、メガバンクが、腐敗した政治指導者による公的資金略奪に加担している事実も暴露している。ベネズエラではチャベス元大統領やその後継者であるマドゥロ大統領に近い一握りの権力グループが、大きな富を独占している。彼らの富のほとんどは政府と契約したビジネスから生み出されたものであるが、受け取ったカネを国外に流出させ、その出所を隠すためにオフショア口座を開設した。

そのなかで重要な役割を果たしたのはニューヨークのJPモルガン・チェース銀行、ロンドンのスタンダード・チャータード銀行など世界金融センターの巨大銀行であった。「フィンセン文書」はグローバル金融センターの巨大銀行が、オフショア銀行との間をつなぐ「コルレス銀行」の役割を果たしていたことを明らかにしている。

3　金融秘密度指標と企業タックスヘイブン指標

金融秘密度指標（ＦＳＩ）

タックスヘイブンやオフショアの実態は、研究者の努力やＩＣＩＪの一連の暴露などによって、おぼろげながらその姿を知ることができるようになったが、それは巨大な氷山の一角でしかなく、全容はいまだに秘密のヴェールに閉ざされたままである。タックスヘイブンやオフショアには公式の定義はなく、また何か二、三の指標によって名指しできるものでもない。入手できるさまざまな指標を参考にして総合的に評価することができるだけである。

税の公正を求める国際ＮＧＯ、タックス・ジャスティス・ネットワークは、早くからタックスヘイブンやオフショアの実態を解明し、一定の指標をもとに責任のある国・地域をランク付けする努力を続けている。タックスヘイブンの実質的なブラックリストといえるものである「金融秘密度指標」（ＦＳＩ）と「企業タックスヘイブン指標」（ＣＴＨＩ）はその成果である。

「金融秘密度指標」の公表は二〇〇九年に始められ、以後数年おきに更新しており、最新のものは二〇二〇年版である（図表7―1）。ＦＳＩはその国や地域において、どの程度、個人が法やルールに

図表7—1　金融秘密度指標（FSI）2020年

		秘密度指標（FSI）	秘密度スコア	スケール・ウェイト
1	ケイマン諸島	1575.19	76.08	4.58%
2	米国	1486.96	62.89	21.37%
3	スイス	1402.10	74.05	4.12%
4	香港	1035.29	66.38	4.44%
5	シンガポール	1022.12	64.98	5.17%
6	ルクセンブルク	849.36	55.45	12.36%
7	日本	695.59	62.85	2.20%
8	オランダ	682.20	67.40	1.11%
9	英領ヴァージン諸島	619.14	71.30	0.50%
10	UAE	605.20	77.93	0.21%
11	ガーンジー	564.56	70.65	0.41%
12	英国	534.65	46.20	15.94%
13	台湾	507.57	65.50	0.59%
14	ドイツ	499.72	51.73	4.71%
15	パナマ	479.51	71.88	0.22%
16	ジャージー	466.81	65.53	0.46%
17	タイ	448.86	73.25	0.15%
18	マルタ	442.20	61.75	0.66%
19	カナダ	438.38	55.84	1.60%
20	カタール	433.05	77.00	0.09%
21	韓国	411.06	61.58	0.55%
22	バハマ	407.28	75.38	0.09%
23	アルジェリア	400.56	79.63	0.05%
24	ケニア	398.19	75.95	0.08%
25	中国	397.25	59.85	0.64%

注）上位25カ国を抜粋
出所）Tax Justice Network

反して、所有する財産を隠すことができるように仕組まれているかを分析し、それにもとづいて点数をつける。指標として選ばれているのは、ペーパー・カンパニーの設立の容易さや、金融秘密を許す法律やルールの有無などであり、二〇の指標で評価される。しかし、いくら金融秘密度の点数が高くても、それを利用する人が少なければ、世界への影響度は大きくない。そこで金融秘密度指標は、その国／地域の金融秘密度の点数とその国／地域の金融サービスの非居住者による利用の大きさ（スケール・ウェイト）を結合して指標としている。

二〇二〇年版の結果は図表7―1にみるように、ケイマン諸島が初めて指標のトップに立った。秘密点も七六点と高い。二位に米国がランクインしている。長年トップに位置していたスイスは三位に、以下、四位香港、五位シンガポールと続いている。日本は七位と高位にランクされている。

英国は一二位にランクされているが、ケイマン諸島（一位）、英領ヴァージン諸島（九位）など英国の海外領土、およびガーンジー（一一位）、ジャージー（一六位）など王室属領を加えた英国グループを合わせると事実上のトップとなる。海外領土や王室属領の国々は、エリザベス女王を国王にいただき、法律はロンドンの枢密院の同意を得なければ成立しない。これらの英国グループは英国の「蜘蛛の巣」と呼ばれ、シティ・オブ・ロンドンのサテライト（衛星）としての役割を果たしている。さらにその周りに旧植民地からなるコモンウェルス（Commonwealth of Nations　大英帝国の旧領土である五四の加盟国からなる政治連合で英連邦とも称される）の国々が、より緩やかな関係でつながっている。

英国政府はこれらの地域の透明化に消極的である。二〇一七年、ＥＵがタックスヘイブンのブラックリストを指定した時、ケイマン諸島など英国グループを含めることに抵抗した。また二〇一九年、王室属領に登録されている金融口座の最終所有者を公開することを求める英国議会の要求に応じることを受け入れたが、それは二〇二三年以降に先延ばしされている。

英国はポスト・ブレグジットの戦略として、英国およびその「蜘蛛の巣」ネットワークの秘密度を一層強めようとしている。それは「シンガポール・オン・ザ・テームズ」と呼ばれ、英国をEUの一員ではなく、アジアにおけるシンガポールの役割に近づけようという戦略である。

企業タックスヘイブン指標（CTHI）

タックス・ジャスティス・ネットワークは、FSIに加え、二〇一九年から、企業の租税回避をどの程度可能にしているかを示す「企業タックスヘイブン指標」（CTHI）を公表している（図表7―2）。「金融秘密度指標」が、個人にとって、財産を隠し、税を逃れることを可能にする度合いを示す指標であるのに対して、「企業タックスヘイブン指標」は、企業にとって、租税回避を可能にする度合いを示す指標であるということができる。「企業タックスヘイブン指標」は「金融秘密度指標」を補足するものとされている。

この指標は二段階の作業によって作成される。第一に、法人税率、税法上の抜け穴、透明性、租税回避対策、租税条約上の問題など、二〇の指標によって、国／地域ごとに点数をつける。第二に、その国／地域で多国籍企業の活動が世界のどのくらいの比重（スケール・ウェイト）を持っているかを

図表7―2　企業タックスヘイブン指標（CTHI）2021年

		企業タックスヘイブン指標(CTHI)	タックスヘイブン・スコア	スケール・ウェイト
1	英領ヴァージン諸島	2854	100	2.3%
2	ケイマン諸島	2653	100	1.9%
3	バミューダ	2508	100	1.6%
4	オランダ	2454	80	11.0%
5	スイス	2261	89	3.4%
6	ルクセンブルク	1815	74	9.0%
7	香港	1805	78	5.5%
8	ジャージー	1724	100	0.5%
9	シンガポール	1714	85	2.3%
10	UAE	1665	98	0.5%
11	アイルランド	1459	77	3.2%
12	バハマ	1454	100	0.3%
13	英国	1382	69	7.3%
14	キプロス	1379	85	1.1%
15	モーリシャス	1013	81	0.7%
16	ベルギー	973	73	1.6%
17	ガーンジー	954	98	0.1%
18	フランス	908	67	2.8%
19	中国	896	63	4.9%
20	マン島	850	100	0.1%
21	キュラソー	552	72	0.3%
22	フランス	525	56	2.8%
23	マルタ	519	74	0.2%
24	ドイツ	461	52	3.3%
25	米国	408	43	12.9%

注）上位25カ国を抜粋
出所）Tax Justice Network

測定する。

その際、直接投資のデータが利用される。世界の直接投資の四〇パーセント（一五兆ドル）以上はペーパー・カンパニーを通じた「幻影投資」（ＩＭＦの二〇一九年のレポート）だといわれているが、それは多国籍企業による租税回避行動を反映している。直接投資のデータは、第一段階で作成された点数のもととなったツールが、その国／地域でどの程度利用されたかを示す指標と考える。「企業タックスヘイブン指標」は、第一段階で作成された点数と第二段階で作成された企業の活動規模のウェイトを結び付けることによって得られる。

「企業タックスヘイブン指標」の最新版である二〇二一年度版は図表7―2のとおりである。ランキング一位は英領ヴァージン諸島、二位にケイマン諸島、以下、三位バミューダと一～三位までをイギリスの海外領土が占めている。この後、八位にジャージー、一二位にバハマ、一五位にモーリシャス、一七位にガーンジー、二〇位にマン島などと続くが、これらはいずれも英国の海外領土もしくは王室属領である。これらの国／地域は、英国がタックスヘイブン機能を外注しているサテライトと見ることができる。これらに英国のコモンウェルスの国々を加えると、この英国系グループが世界の企業の税逃れの約三分の一の責任があることになる。

「企業タックスヘイブン指標」ランキングの特徴は、「金融秘密度指標」ランキングと違って、上位にタックスヘイブンのハブあるいは導管国が位置していることである。すなわち四位にオランダ、五位にスイス、六位にルクセンブルク、七位に香港と続き、さらに九位にシンガポール、一一位にアイルランドが続いており、これらの国は先進国の一員でありながら、自らがタックスヘイブンであり、またタックスヘイブンへの導管となっている国々である。これらの国に先の英国グループを加えた国々が、企業タックスヘイブンの責任の大半を担っている。

4 「幻影」の直接投資

タックスヘイブンやオフショアは直接投資の動きを見ることによって、その実像に迫ることができる。二〇一九年のＩＭＦのレポートによれば、[*4] 直接投資の約四割は実体のないペーパー・カンパニーへの投資であり、実体経済とつながりのない「幻影の直接投資」(phantom investment) であるという。「幻影の直接投資」は近年急速に増加している。二〇〇九年から二〇一七年にかけて世界の総直接投資は七〇パーセントの伸びであったが、そのうち現実の直接投資はほぼ五〇パーセント増であったのに対して、「幻影投資」は倍増している。その結果、二〇一七年の世界の対内直接投資残高四〇兆ドルのうち、現実の直接投資は約二五兆ドルであるのに対して、「幻影の直接投資」は一五兆ドルと約四割を占めるに至っている（図表7―3）。

たとえばルクセンブルクは、人口二〇〇万人に満たない小国であるが、四兆ドルの対内直接投資残

図表7―3　現実直接投資と幻影直接投資（2009 ～ 2017 年）

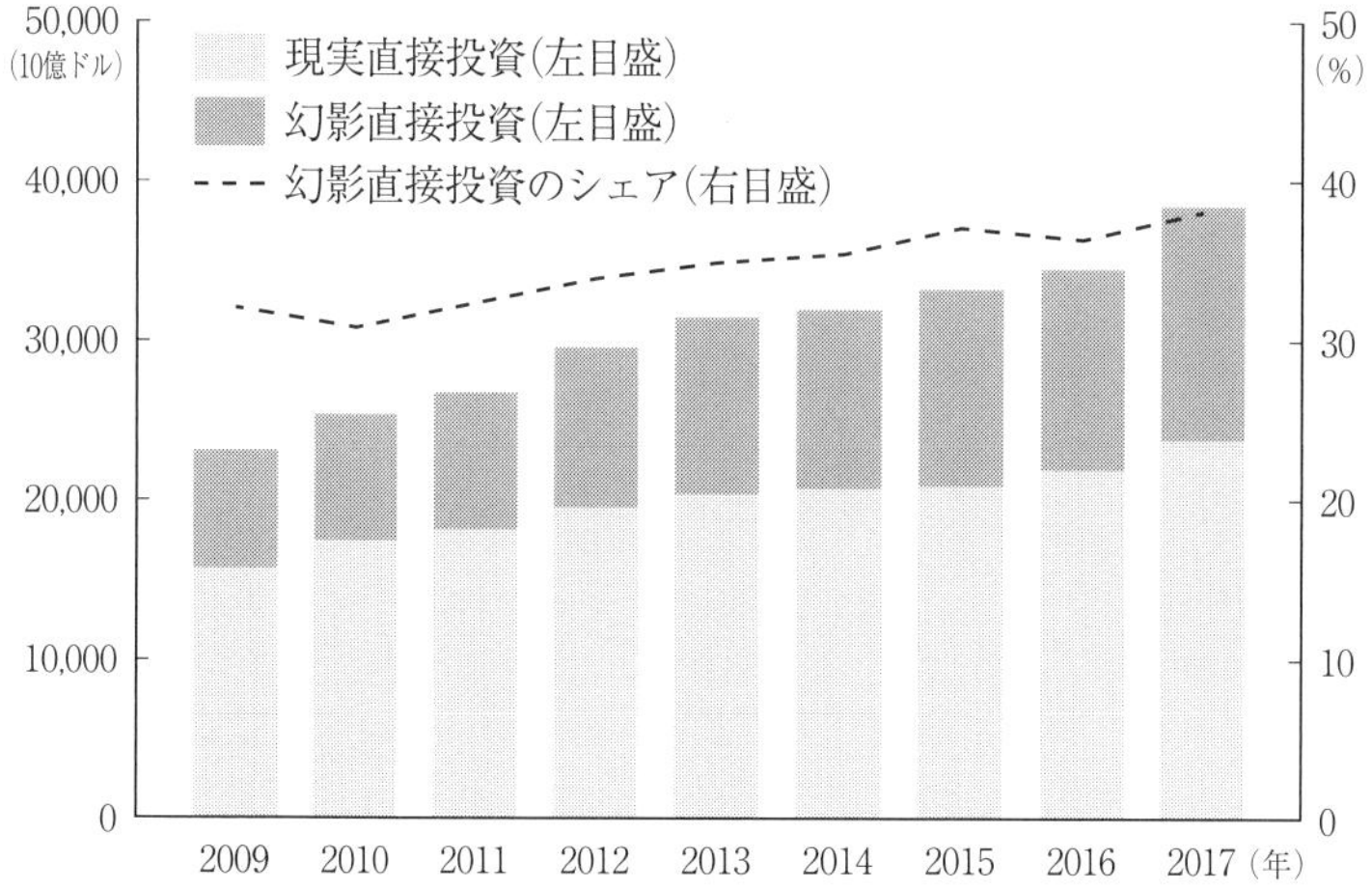

出所）IMF Working Paper "What Is Real and What Is Not in the Global FDI Network?"

図表7―4　対内直接投資残高（2017 年）

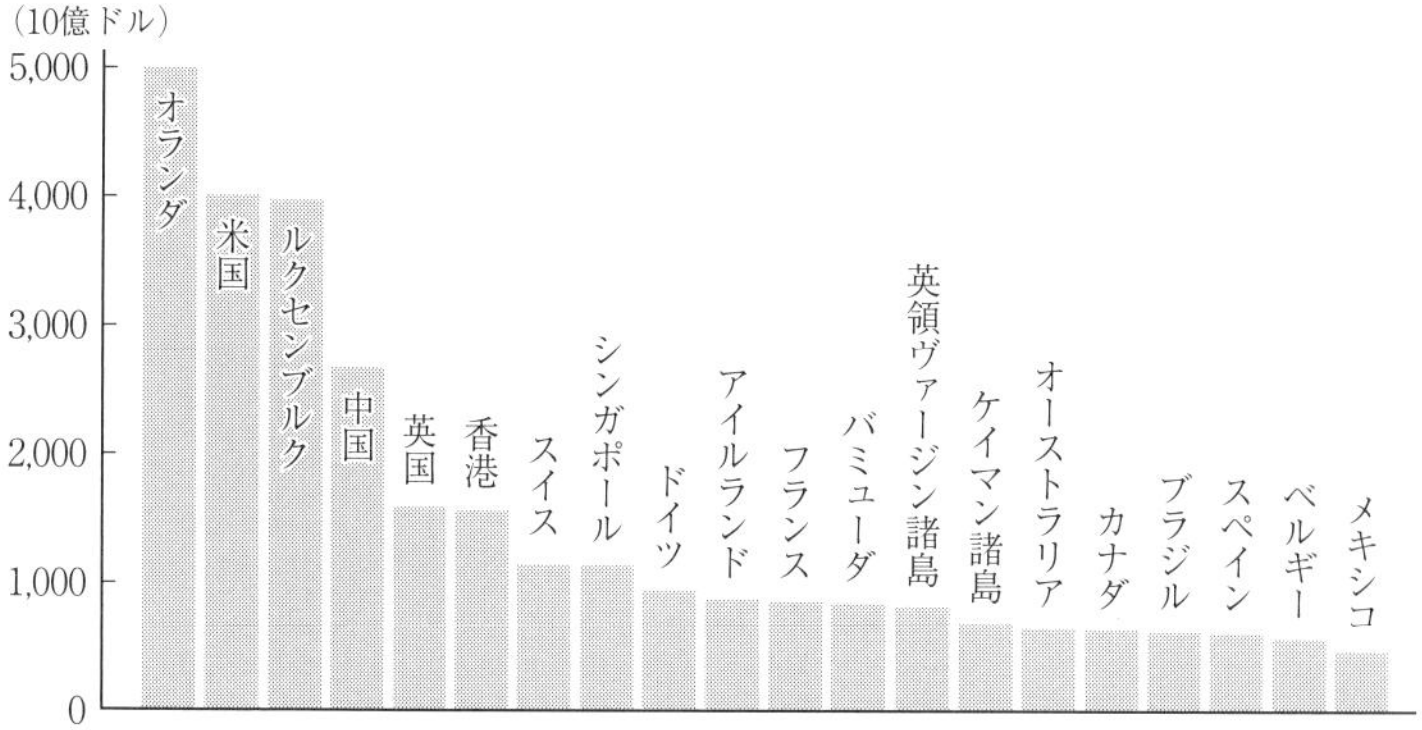

出所）IMF Working Paper "What Is Real and What Is Not in the Global FDI Network?"

図表7―5　幻影直接投資（対内）残高（2017年）

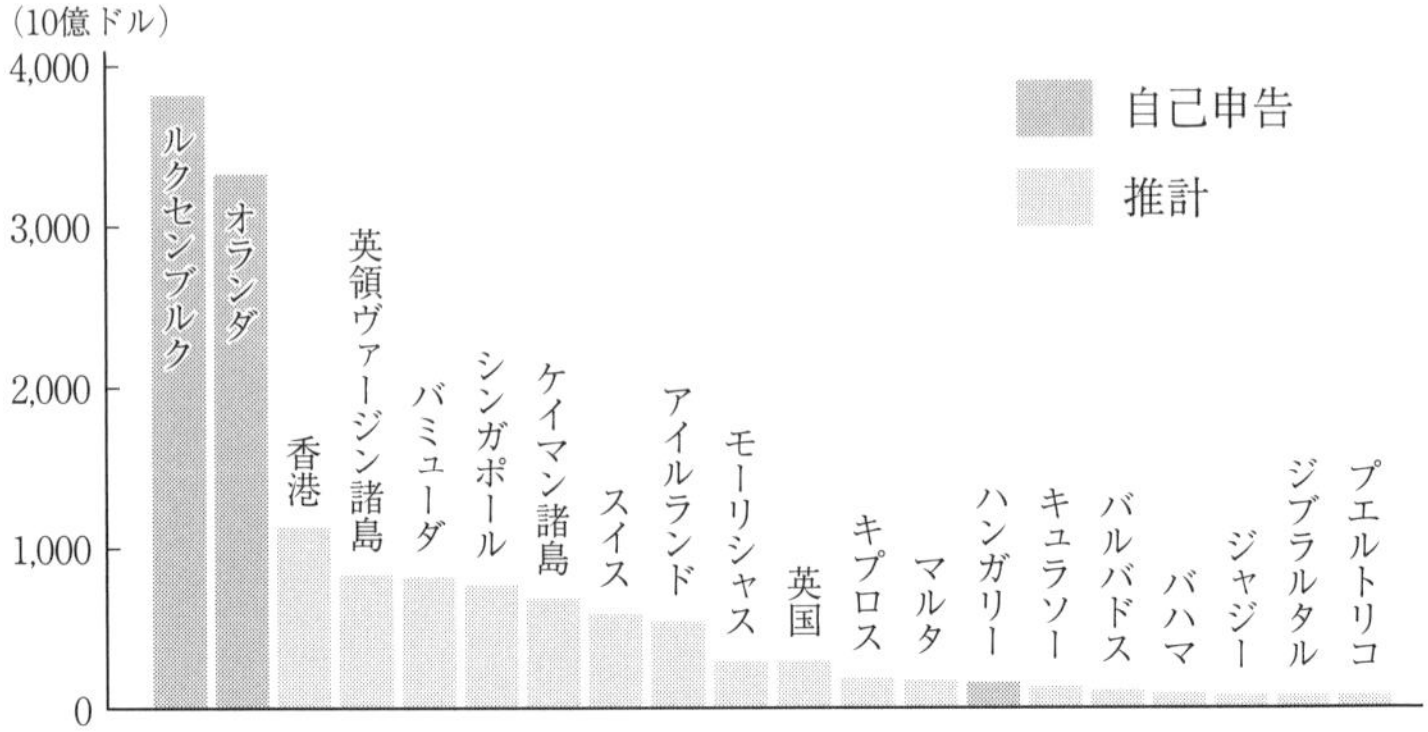

出所）IMF Working Paper "What Is Real and What Is Not in the Global FDI Network?"

高を有している。この規模は米国と同じで、中国よりも大きい（図表7―4）。この巨額の対内投資が同国の実体経済と有機的なつながりがあるとは思えない。同国にはこの対内直接投資と同じくらいの規模の対外直接投資がある。巨額の投資は同国をパスして他国に流れ込んでいるのである。実体経済とかけ離れた大きさなので、「幻影」の直接投資と呼ばれる。

　オランダ、ルクセンブルク、香港、スイス、シンガポール、アイルランド、バミューダ、英領ヴァージン諸島、ケイマン諸島は、世界の直接投資の四〇パーセントを受け入れているが、これらの国のGDPを合わせても世界のGDPの約三パーセントしか占めていない。

　世界の「幻影の直接投資」の受け入れ国の両雄は、ルクセンブルク（三・八兆ドル）とオランダ（三・三兆ドル）で、香港（一・一兆ドル）、英領ヴァージン諸島（〇・八兆ドル）、バミューダ（〇・八兆ドル）、シンガポール（〇・八兆ドル）、ケイマン諸島（〇・七兆ドル）などオフショア金融センターがそれに続いている（図表7―5）。

「幻影の直接投資」の背後には、税や規制を逃れようとする多国籍企業がある。「幻影の直接投資」は「幻影の企業＝ペーパー・カンパニー」に対する投資である場合が多い。「幻影の企業」への投資は多くの場合SPE（特別目的事業体）に対する投資という形をとる。近年、SPEに対する直接投資が増えている（図表7―6、7）。

「幻影の直接投資」の背後にいる真の（究極の）投資家を特定することは難しい。かつて国連貿易開発機構（UNCTAD）は「世界投資報告」（二〇一六年）で、多国籍企業の複雑な所有構造を分析したことがある。[*5] 世界の巨大多国籍企業一〇〇社は平均して五〇か国以上に五〇〇以上の子会社をもち、その所有構造は多段階の階層構造となっている。多国籍企業の子会社の四〇パーセント以上は複数のパスポートを持っており、投資家の国籍や真の所有者を特定することは困難となっている。第三国を通じるトランジット投資やラウンド・トリッピング（自国の居住者がいったん他国を経由して自国に投資する）による投資がおこなわれている。外国子会社の六〇パーセントは親会社に対して、多角的なクロス・ボーダーの所有構造を持っている、などである。

多国籍企業による税逃れ戦略

二〇〇〇年以降、世界の直接投資が直接の最終目的地に向かうのではなく、アイルランドやシンガポールなど導管国を通じたルートに向きを変えている背景には、多国籍企業の課税回避を狙った戦略

図表7—6　対外直接投資に占めるSPEのシェア

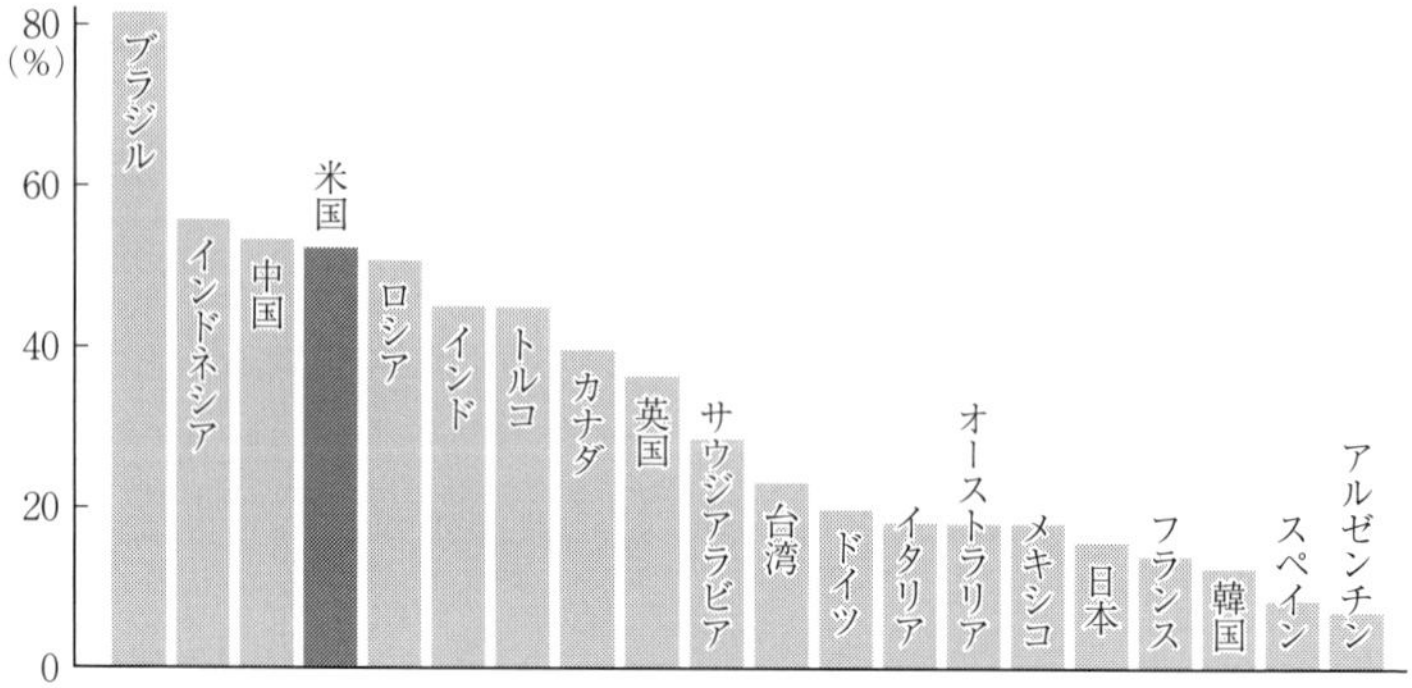

注）米国では外国子会社合算課税（CFCルール）を逃れるために、チェック・ザ・ボックス・ルールを適用し、SPEを利用することができることから、濃いグラフで示されている

出所）IMF Working Paper "What Is Real and What Is Not in the Global FDI Network?"

図表7—7　対内直接投資に占めるSPEのシェア

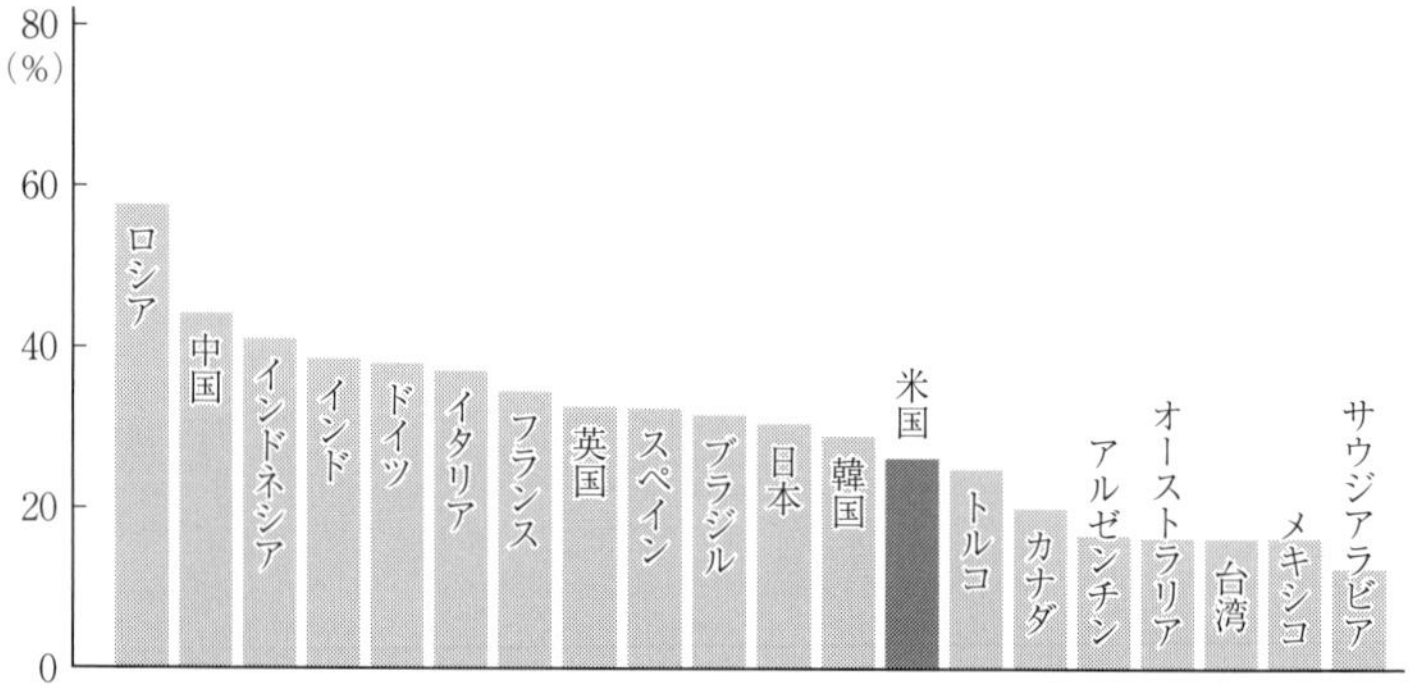

出所）IMF Working Paper "What Is Real and What Is Not in the Global FDI Network?"

がある。

たとえばA国にある親会社aがB国の子会社bに直接投資した場合、生じた配当を直接、本国に送金すれば、A国で受取配当を非課税にしても、B国で支払い配当に対する源泉課税が課される。また子会社bに知的財産権を譲渡した場合、その使用料（ロイヤリティ）に関しても、B国における支払段階で源泉課税されるとともに、A国でもその受取に課税される。

そこで導管国C国に子会社cを置くことによって、これらの税を回避する戦略をとる。導管国は一般に、資本参加免税といって、直接投資をした先から戻ってくる配当やキャピタルゲインに課税しない仕組みを持つ。また自国からそれらの所得を支払う時にも源泉課税はしない制度になっている。さらに知的財産権からの収益に対する税制優遇を設けている場合も多い。

こうしてA国の親会社aは、導管国を通り抜けることによって、支払段階におけるB国での課税を免れるとともに、A国で受取配当益金不算入の制度を利用し、受取段階での課税を免れることができる。ロイヤリティの受取も受取配当として処理すれば、同様に課税されずに本国に還流させることができる。

導管国はどの国からの直接投資を受け入れ、どの国へ直接投資をおこなっているのであろうか。二〇一六年五月、日本の政府税制調査会の国際課税ディスカッショングループは、国際課税をめぐる問題を議論した。その時に提出された資料に、導管国への直接投資の流入元と流出先について、いくつかの事例が示されている。

たとえばルクセンブルクの場合（図表7―8）、対内直接投資残高（二兆三四五九億ドル）の内訳は、

図表7—8　ルクセンブルクをめぐる直接投資（残高ベース、単位：億ドル）

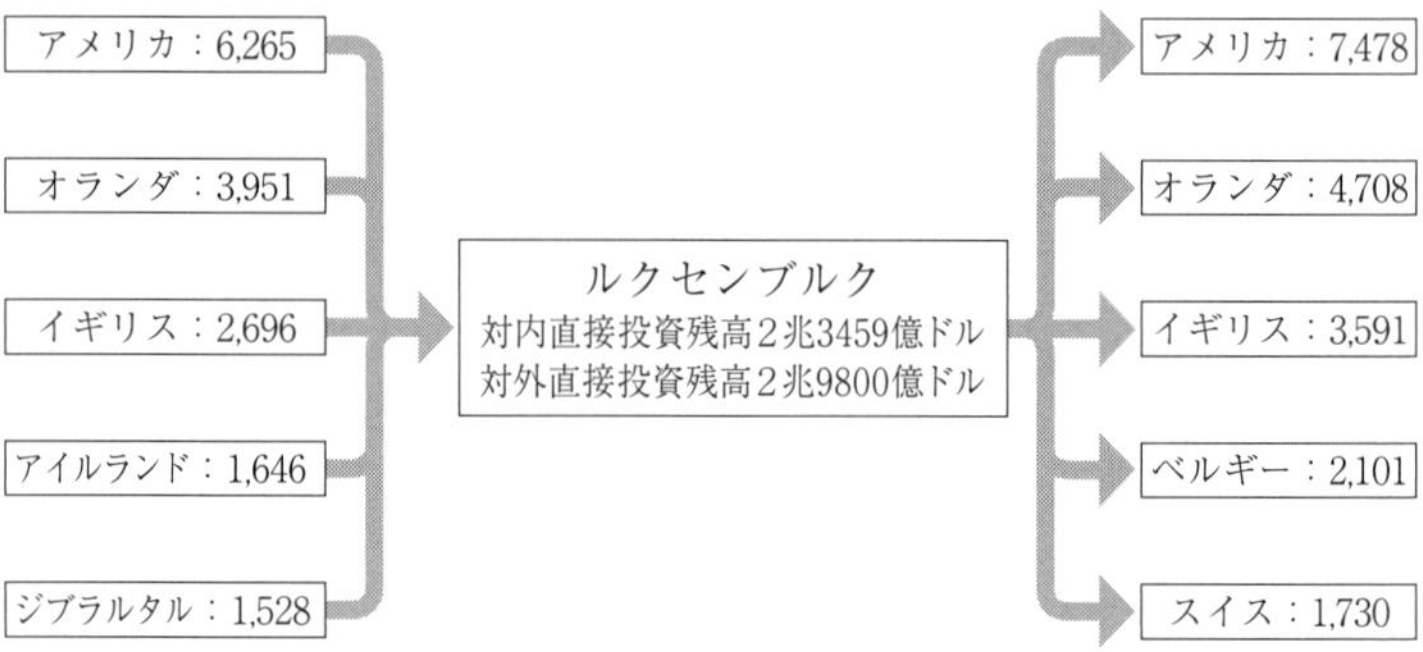

出所）政府税制調査会　国際課税ディスカッショングループ（2016.5.26）提出資料から作成

多い順に、①米国（六二六五億ドル）、②オランダ（三九五一億ドル）、③英国（二六九六億ドル）、④アイルランド（一六四六億ドル）、⑤ジブラルタル（一五二八億ドル）となっている。他方、同国からの対外直接投資残高（二兆九八〇〇億ドル）の内訳は、①米国（七四七八億ドル）、②オランダ（四七〇八億ドル）、③英国（三五九一億ドル）、④ベルギー（二一〇一億ドル）、⑤スイス（一七三〇億ドル）となっている。

ルクセンブルクをめぐる直接投資の流れは、同国が、米・英などに本拠を置く多国籍企業によって、導管国として利用されている姿を浮き彫りにしている。租税条約の網の目を利用した複雑な租税回避の構造を垣間見ることができる。

オランダを中心としてみた場合（図表7—9）、同国の対内直接投資残高（四兆一三五億ドル）の内訳は、①米国（八一八三億ドル）、②ルクセンブルク（七一二二億ドル）、③英国（四〇七七億ドル）、④バミューダ諸島（二二七三億ドル）、⑤ドイツ（二二五九億ドル）と続いている。他方、同国からの対外直接投資残高（四兆八三三二億ドル）の内訳は、

図表7—9　オランダをめぐる直接投資（残高ベース、単位：億ドル）

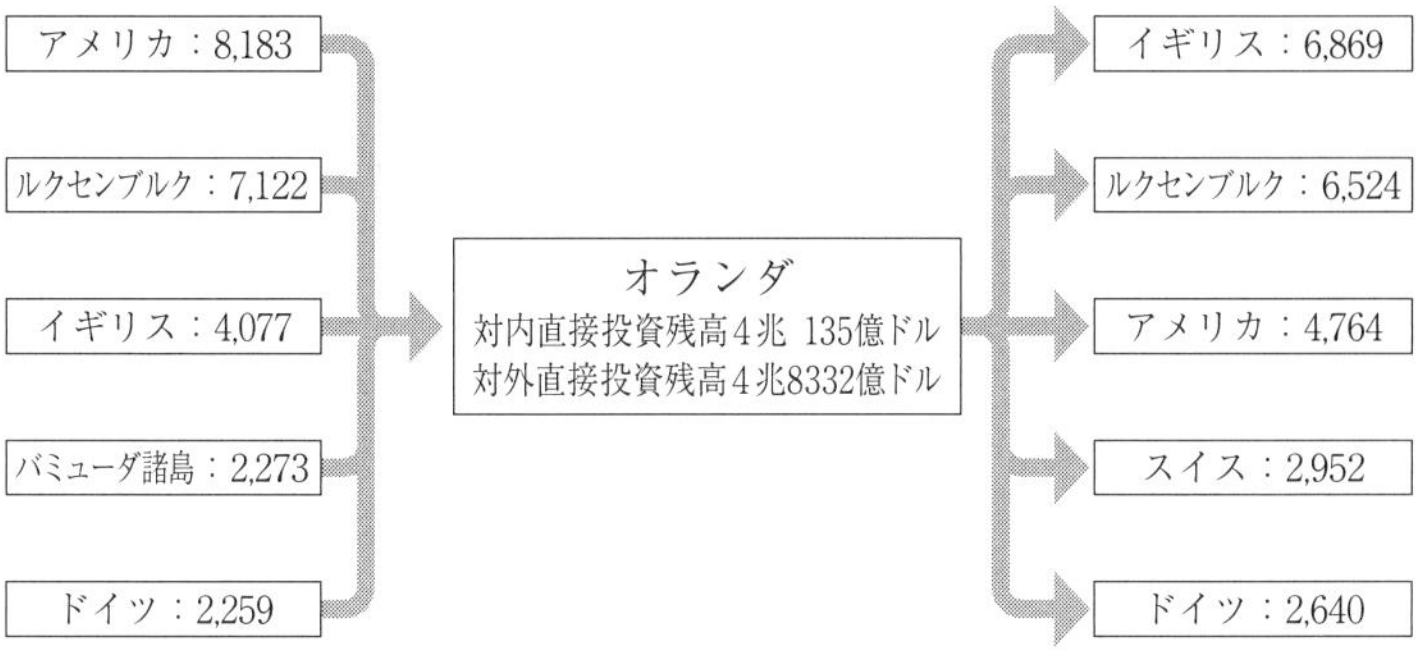

出所）政府税制調査会　国際課税ディスカッショングループ（2016.5.26）提出資料から作成

図表7—10　香港をめぐる直接投資（残高ベース、単位：億ドル）

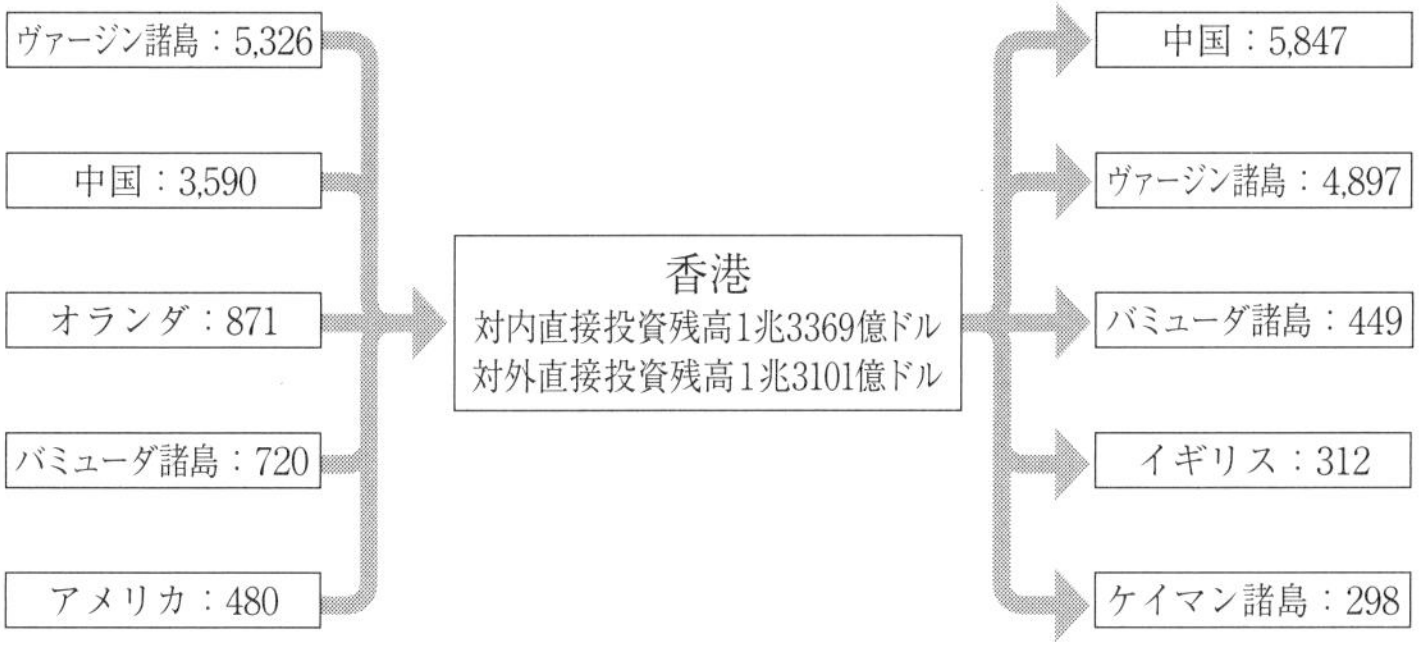

出所）政府税制調査会　国際課税ディスカッショングループ（2016.5.26）提出資料から作成

①英国（六八六九億ドル）、②ルクセンブルク（六五二四億ドル）、③米国（四七六四億ドル）、④スイス（二九五二億ドル）、⑤ドイツ（二六四〇億ドル）などとなっている。オランダが、ルクセンブルクと同様に、米・英など主要国の多国籍企業によって導管国として利用されている姿を示している。

香港の場合（図表7―10）、対内直接投資残高（一兆三三六九億ドル）の内訳は、多い方から順に、①ヴァージン諸島（五三二六億ドル）、②中国（三五九〇億ドル）、③オランダ（八七一億ドル）、④バミューダ諸島（七二〇億ドル）、⑤米国（四八〇億ドル）で、他方、香港からの対外直接投資残高（一兆三一〇一億ドル）の内訳は、①中国（五八四七億ドル）、②ヴァージン諸島（四八九七億ドル）、③バミューダ諸島（四四九億ドル）、④英国（三一二億ドル）、⑤ケイマン諸島（一九八億ドル）などとなっている。対内投資、対外投資ともに、中国は大きい比重を示しており、香港が中国の資本流出入の玄関口として果たしている役割が明らかにされている。また対内、対外ともに、ヴァージン諸島などのタックスヘイブンとのかかわりが大きいが、これは中国人投資家が本国での規制や課税を逃れるために、ヴァージン諸島などタックスヘイブンを迂回《うかい》して本国に投資する（ラウンド・トリッピング）など、中国への投資をめぐる複雑な構造を浮き彫りにしている。

ここで例に挙げたルクセンブルク、オランダ、香港の法人税の税率は、二〇パーセント前後の税率で、自国の企業に対しては一定の税率を課しているが、これらの国を導管として利用する他国の企業に対しては、事実上無税で通過できる特別の優遇措置を与えていることから、タックスヘイブンといってさしつかえない。アイルランド、スイス、シンガポールなども同様である。

5　アグレッシブなタックス・プランニング

タックスヘイブンをめぐる不可解な直接投資の流れは、多国籍企業による租税回避戦略の痕跡を示すものである。多国籍企業が租税回避をおこなう方法はさまざまであり、そのすべてが解明されているわけではない。その仕組みの一端が初めて公に明らかにされたのは、米英両国で開かれた議会の公聴会の場であった。アメリカではマイクロソフト、ヒューレット・パッカード（二〇一二年）、アップル（二〇一三年）、イギリスではスターバックス、アマゾン、グーグル（二〇一二年）の代表が議会の公聴会に呼ばれ、彼らの証言によって、課税逃れに対する実態解明の糸口が開けた。

米英の議会で明らかになったことは、多国籍企業の税逃れの手法は簡単に解明できる単純なものではなく、各国の税法や租税条約のギャップを利用し、国際課税ルールのループホールを突く高度で複雑なテクニックを使ったものである。それはいわゆる「アグレッシブ・タックス・プランニング」（ATP：Aggressive Tax Planning）と呼ばれる。

いわゆる「タックス・プランニング」は幅広い用語で、「節税」（tax saving）、「租税回避」（tax avoidance）から「脱税」（tax evasion）までを含みうる幅広い用語である。それに対してATPは、税法の趣旨・目的に反して、意図的に税を逃れる「租税回避」であり、たとえ「合法」(legal)ではあっても、「正当なもの」(legitimate)とはいえない。

ＡＴＰについてはＯＥＣＤ(経済協力開発機構)も早くから、取り組みに力を入れてきた。ＯＥＣＤは二〇〇四年にＡＴＰスティアリング・グループを七か国で立ち上げたが、現在のメンバーはＯＥＣＤ加盟四六か国とG20諸国に拡大している。これまでに四〇〇以上のＡＴＰのスキームがデータベース化され、「ＯＥＣＤ　ＡＴＰディレクトリー」にストックされている。「ＡＴＰディレクトリー」のデータは各国で情報交換されているが、各国当局の専門家グループのメンバーでなければアクセスすることができない。

またＡＴＰ対策は、各国の税務当局の集まりであるＪＩＴＳＩＣ(国際タックス・シェルター情報センター)でも取り組まれている。ＪＩＴＳＩＣは、米、英、加、豪の四か国が参加して二〇〇四年に設立されたが、現在は日本を含む四二か国の税務当局が参加し情報を交換している。

ＡＴＰの基本的なスキームは通常、次の三段階のプロセスを経る。[*6]第一に多国籍企業が高税率国で生じる所得を、グループ内取引によって、直接または間接に、低税率国または無税国(以下タックスヘイブンという)に移す。第二に、タックスヘイブンに留保した利益の運用による所得(利益・配当)、または受け取った賃貸料または使用料(ロイヤリティなど)の取得によって源泉地国から税源浸食と利益移転(ＢＥＰＳ)をおこなう。第三は、タックスヘイブンに留保された資金を本国に償還する際に、受取配当益金不算入の制度があれば配当をおこない、あるいは融資の形でキャッシュの本国償還をおこない、さらにはタックスヘイブンに保有する資産の本国への賃貸または使用料により、本国の税源浸食と利益移転（BEPS）を図る。これらの三段階のプロセスを経ることによって、本国でもタックスヘイブンでも税を支払わない、いわゆる「二重非課税」のパラダイスが実現される。

「ダブル・アイリッシュ・ウィズ・ダッチ・サンドウィッチ」

アグレッシブ・タックス・プランニング（ATP）は、設計者が自ら開示することはないので、その具体的な仕組みはわからない。またある時点で公開され、そのスキームは姿を消したとしても、形を変えて再び現れる。しかし近年のICIJによる秘密文書の公開によって、姿を変えて現れた新しいスキームも明らかになりつつある。

典型的なATPとしてよく知られているスキームに、「ダブル・アイリッシュ・ウィズ・ダッチ・サンドウィッチ」というスキームがある。かつて八〇年代にアップルが開発し、その後、グーグル、フェイスブック、マイクロソフトなどが利用していた巧妙な国際的租税回避の仕組みである。

この仕組みについては前著（『タックスヘイブンに迫る』二〇一四年、新日本出版社）で詳しく説明したが、簡単に振り返っておこう。米国本社は、アイルランドに子会社Aと子会社Bの二つの法人を設立し、子会社Aに知的財産権を譲渡する。A社は知的財産権を管理する会社（ペーパーカンパニー）で、B社は知的財産権を使用して製品を製造し、米国外の国へ販売する会社である。B社は知的財産権を使用した代価として、その使用料（ロイヤリティ）をA社に支払う。その結果、A社に米国以外に販売された全利益が集中される。

A社はアイルランドで設立登記された法人であるが、その管理・支配は、無税のタックスヘイブン（たとえば英領ヴァージン諸島）にある子会社からおこなう形をとっている。アイルランドの法制度は「管理支配主義」をとっており、同国で設立された企業であっても、その企業が実際に他の国／地域から管理支配されていれば、内国法人とは認めない。したがってアイルランドでは課税されない。A社は法人税率がゼロの英領ヴァージン諸島の法人となり、まったく課税されない。

しかしA社はペーパー・カンパニーなので、米国の外国子会社合算課税制度（CFCルール）によって、米国の本社の利益と合算されて課税される恐れがある。そこで米国のチェック・ザ・ボックスルール（Check-the-box Classification Regulations　一九九七年から施行された米国財務省の規則で、コーポレーション以外の企業体に対して、企業体そのものを課税主体とする事業体課税か、それとも構成員課税を採るかの選択権を与えるルール）を使って、B社がA社の支店となる会社形態を選ぶ。これによりA社とB社は同一の会社となり、製造・販売の実態があるということになり、米国のCFCルールの適用除外要件を満たすことができる。

ただし、A社は英領ヴァージン法人なので、B社がA社に知的所有権のロイヤリティを支払う段階で、アイルランドの源泉税がかかる。そこでそれを避けるために、オランダにC社を設立し、C社を経由してA社に支払う形をとる。C社を介在させることにより、オランダとの租税条約が活用でき、アイルランドの源泉税を回避することが可能になるのである。

アップルのスキーム再構築

「ダブル・アイリッシュ・ウィズ・ダッチ・サンドウィッチ」は租税回避の完璧なシステムのように見えたが、ニューヨークタイムズで暴露され（二〇一二年）、米上院の公聴会で追及を受けた（二〇一三年）ことから、国際的な批判の的となった。いかなる租税回避スキームも、それが隠された秘密のスキームである限りにおいて、有効な租税回避手段となるが、それが公開され、広く知られるようになると、そのままで使い続けることはできない。

実際、アイルランド政府は、米上院公聴会の五か月後、国際的な圧力に屈し、アップルが構築したスキームを閉じることを決めた。アップルはこのアイルランド政府の決定を受けどう対応したのか。二〇一七年に公表されたＩＣＩＪのパラダイス文書は、その後のアップルの行動を暴露している。

アップルのアドバイザーは、世界トップの法律事務所ベーカー・アンド・マッケンジー（Ｂ＆Ｍ）である。Ｂ＆Ｍが頼ったのは、タックスヘイブンで企業を設立・管理するオフショア専門の法律事務所アップルビーであった。Ｂ＆Ｍは二〇一四年、アップルビーのケイマン、英領ヴァージン、ガーンジー、ジャージーのオフィスに対して、引き続き税逃れできる最適場所はどこかを問い合わせた。最終的にジャージーで、新しいタックス・ストラクチャーを構築することになり、引き続いて巨額の海外利益を無税でため込むことができたようだ。

アップルが二〇一五年に、再構築した新しいタックス・ストラクチャーはまだ不透明な部分が多い。

アップルはアイルランドにあった三つの子会社のうち、アップル・オペレーションズ・インターナショナル（ＡＯＩ）およびアップル・セールズ・インターナショナル（ＡＳＩ）の管理支配地をジャージーに移し（ジャージー法人とする）、アップル・オペレーションズ・ヨーロッパ（ＡＯＥ）をアイルランド法人とする。ＡＯＥはＡＳＩから知的財産権の使用権を譲り受け、米国以外の販売収益をロイヤリティの形で受け取る。しかしアイルランド政府が設けた知的財産権に対する資本支出控除制度によってこれを数年にわたって帳消しにする。ＡＯＥはＡＳＩ（ジャージー）から知的財産権を購入する資金のために巨額の借り入れをおこない、ＡＯＥに集中された利益は、金利支払いの形でジャージーのＡＳＩに移転する。ダブル・アイリッシュに代わる新しい仕組みは「グリーン・ジャージー」とも呼ばれるが、これによってアップルの海外利益は今まで通りほとんど課税されない。その結果、アップルによってオフショアにため込まれた海外利益は三〇〇〇億ドル近くに達している。

オランダはネバーランド

オランダ（英語名ネザーランズ）をネバーランドという人もいる。ネバーランドとは「ピーターパン」の物語に出てくる非現実の異世界である。多国籍企業にとっては巨額の税負担を消してしまうありがたい異世界である。

二〇一七年、パラダイス文書は多国籍企業に巨額の税逃れを許す、オランダの寛大な企業税制のスキームを暴露した。ナイキはスニーカーやスポーツウェアなどスポーツ関連の商品を扱う企業で、米国オレゴン州に本社を置く多国籍企業である。同社はオランダ政府の優遇措置を受けて、長年、オランダ本部に集中された利益をバミューダ島に移転して、税を免れていた。スウッシュと呼ばれるロゴマークやその他のトレードマークの所有権をバミューダの子会社に移転し、ロイヤリティ支払いの形で利益を移転していたのである。しかし、ナイキがオランダから受けていたこの寛大な優遇措置の期限は二〇一四年に切れることになっていた。

そこでナイキは、世界最大の法律事務所ベーカー・アンド・マッケンジーのアドバイスを受け、スウッシュや他のトレードマークの所有権を、バミューダの子会社から新しいオランダの子会社ナイキ・イノベート・CVに移転した。このCVこそオランダが提供する税逃れの武器であった。

オランダのCV（リミティッド・パートナーシップ）は、一八三〇年代につくられた制度であるが、近年、多国籍企業にとって人気が高まり、オランダだけでなく他の国の税も逃れることができるものとして利用が高まっている。CVを通じて得られた利益は、パートナーによって得られたものと見なされ、パートナーがオランダの非居住者であれば、その利益はオランダで生み出されたものとはみなされず、したがってオランダでは課税されない。

他方、他の国から見ればCVはオランダの企業であり、オランダに課税権があるものとみなされる。オランダ外部で所有されるオランダCVは、どこからも課税されない「無国籍企業」となる。いわゆるハイブリッド・ミスマッチとして、問題になるケースである。ICIJが二〇一七年に米国の巨大企業五〇〇社を調べたところ、二一四の子会社がオランダのCVとして設立されていた。

先のアップルの租税回避スキームの再構築は、アイルランドからジャージーへというものであったが、ナイキの再構築はバミューダからオランダへと、ヨーロッパの中心都市に舞い戻るスキームである。カリブ海や英国の属領の小規模タックスヘイブンもヨーロッパの先進タックスヘイブンも、相互に代替可能なタックスヘイブンであるということだ。しかも代替をスムーズにおこなえるようアドバイスをしているのは、ベーカー・アンド・マッケンジーのような世界トップの法律事務所であり、アップルビーのようなオフショア・マジック・サークルなのである。

ＥＵは、加盟国に対して、ＣＶなどのようなアグレッシブな税逃れのしくみを封じるよう、税法を強化することを求める指令を出したが、一つの穴をふさぐと別の穴が開く悪の連鎖は当分避けられそうにない。ミシガン大学ロースクールのアビヨナ教授はいう。「一つのタックス・シェルターを閉じても他のシェルターが開く。それは永遠に続く」。

6　不法資金流出と国連ＳＤＧｓ目標

タックスヘイブンは途上国の富を奪う。ＩＣＩＪによる最近のリーク文書には、途上国の富が奪われ、貧困から抜け出るために必要な資金が、現地の専制的な支配者や多国籍企業によって、タックスヘイブンに流出する新たな事例が示されている。

モーリシャスはマダガスカル島の東に位置する小さな島国である。もともと島の主要な産業はサトウキビを中心とする貧しい農業社会であったが、イギリスからの独立後、タックスヘイブンとしての活路を見いだした。モーリシャスはその地理的な利点を生かして、主としてアフリカ諸国に進出する多国籍企業の、税逃れのゲートウェイ（通り道）の役割を果たしてきた。

ＩＣＩＪが二〇一九年に公開した《モーリシャス・リークス》は、オフショア法律事務所コンウェルのモーリシャス事務所から出た膨大な極秘書類から明るみにされたものである。コンウェル法律事務所の本拠地はバミューダにあり、アップルビー法律事務所と同じく、オフショア・マジック・サークルと呼ばれるタックスヘイブン専門の法律事務所である。

暴露された文書によると、モーリシャスは、コンウェル法律事務所の指南を受けて、多国籍企業のために二つのセールス・ポイントを提供していた。一つは、モーリシャスを居住地とする企業に対して、三パーセントの低税率を適用すること。もう一つは、アフリカ諸国をはじめ、多くの国との間に租税条約の網の目を張り巡らせ、アフリカ諸国の子会社から支払われた利子、配当、ロイヤリティなどの所得に、税の優遇を与えることであった。これはアフリカ諸国に進出した先進国の企業が、アフリカで得た利益を、ほとんど無税で本国に回流させる仕組みであり、モーリシャスはそのためのハブとしての役割を担うものであった。モーリシャスは多国籍企業に、アフリカの富を奪い、無税でタックスヘイブンに流出させるルートを提供していたのである。

ＩＣＩＪが二〇二〇年に公表した《ルアンダ・リークス》は、長い植民地体制から独立した新興国の腐敗した政権が、大国や巨大企業と結び、タックスヘイブンを利用して、巨額の資金を流出させる実態をあらためて示している。

今日ではアンゴラの首都であるルアンダは長くポルトガルの植民地であったが、大西洋に面した天然港として、アフリカの黒人を米国などに輸出する奴隷貿易の港として栄えた。ポルトガルから独立したのは一九七五年であるが、独立後も内戦が続き、豊富な石油の埋蔵とダイヤモンドの利権をねらって、米国・ソ連など大国が介入し、政治的混乱が絶えなかった。エデュアルド・ドス・サントス大統領が政権についたのは七九年であるが、それ以来約四〇年、彼とその家族はアンゴラの政治と経済を支配した。

大統領の娘、イザベル・ドス・サントスは、ビジネスマンの夫とともに、大統領である父親のサインによる政府命令によって、石油、ダイヤモンド、通信、銀行など主要なアンゴラ産業に特権を得、四一か国に四〇〇社以上の企業帝国を築いた。そのうち少なくとも九一社のペーパー・カンパニーは、マルタ、英領ヴァージン諸島、香港などのタックスヘイブンに置かれた。

これらの不法なビジネスの各段階において、ボストン・コンサルティング・グループ、プライスウォーターハウスクーパース（ＰｗＣ）など、大手会計事務所や法律事務所によるサポートが決定的な役割を果たした。

米国の経済誌『フォーブス』はイザベルをアフリカ一の女性富裕者とし、その保有する資産を三〇億ドルと推定したが、世界でも最も貧しい国の一つであるこの国に、なぜこのような不条理が生まれたのか。《ルアンダ・リークス》は、植民地体制から抜け出した新興国の民主的な経済再建を妨害しているのは、現地の腐敗した支配者と結びついた多国籍企業や大国の利害であり、それを助けているのは大手会計事務所・法律事務所であることをあらためて明らかにしている。

ムベキ・パネル

グローバル化の中でアフリカの開発が遅れ、いまだに貧困から脱出できない背景には、アフリカからの富の流出がある。アフリカはもともと資源の豊富な国であるが、その資源が生み出した富がアフリカのために使われずに、外部に流出している。富の流出の多くは、さまざまなルートを通じる不法な資金の流出である。不法な資金の流出にはオフショア、タックスヘイブンが大きくかかわっている。

アフリカからの不法な資金の流出を止めるにはどうしたらいいのか。元南アフリカ大統領タボ・ムベキが主導する国連のムベキ・パネルが二〇一五年に公表した「アフリカからの不法資金流出に関するハイレヴェル・パネル報告」[*7]は、不法資金の流出をアフリカ内部から分析・告発し、その解決の筋道を示す画期的なものであった。

タボ・ムベキはネルソン・マンデラの後継として、南アフリカ共和国の第二代大統領を退任した後、アフリカ連合（AU）の初代議長をつとめた。アフリカが外国の力に頼ることなく自らの問題を解決する道を探った。

アフリカからの資金流出を調査するには、まず、不法資金流出とは何かを明確に定義しなければならない。ムベキ・パネル報告書は、不法資金流出（illicit financial flow：ＩＦＦ）とは、不法（illegally）に入手され、移転され、使用されたマネーであると定義している。また'illicit'は、厳密に'illegal'（違法）とはいえなくても、納税の法的義務を回避し、確立されたルールや規範に外れるような行動を含む、としている。

報告書は、不法資金流出は、①経済活動（脱税や税逃れなど）、②犯罪活動（麻薬取引やテロ資金のマネー・ロンダリングなど）、③腐敗（政治家や公務員のわいろなど）の三つの要素からなり、①はＩＦＦの六五パーセント、②は三〇パーセント、③は五パーセントを占めているという。①の要素には、移転価格を使った税逃れによるものを含めており、多国籍企業による移転価格を使った利益移転が、不法資金流出の最大の要素であることを物語っている。

報告書は、アフリカからの不法資金流出は、少なくとも年間五〇〇億ドル、過去五〇年にわたってＩＦＦによって失われた金額は一兆ドルにのぼり、同じ期間にアフリカが受け取った公的開発援助にほぼ等しいとしている。分析によれば、この不法資金流出がなければ、アフリカはその他の世界に対して純債権国となることを明らかにしている。

同報告は、不法資金流出は隠された資金の流れであり、資金の源や取引の性格はよくつかめないので、その国別の規模を図ることは困難であるが、取引相手国の金融の不透明さ（秘密度）の度合いによってリスクを評価することができる。つまり相手国の秘密度が高いほど、ＩＦＦのリスクは高く、その国はＩＦＦに対する脆弱《ぜいじゃく》性が高いと見ることができる、という。そして、その「秘密度」の指標として、タックス・ジャスティス・ネットワークの「金融秘密度指標」（ＦＳＩ）をもっとも信頼できる手段として採用している。

国連のＳＤＧｓ目標の達成のために

不法資金の流出はアフリカだけの問題ではない。アジアやラテンアメリカを含む世界の途上国は巨額の不法資金流出によって、自国の開発のために必要な資源を奪われている。

国連は途上国の貧困と飢餓をなくし、持続可能な発展を実現する資金の確保のための国際的な取り組みとして、いくたびか開発資金国際会議を開いてきた。モンテレイ・コンセンサス（二〇〇二年）、ドーハ宣言（二〇〇八年）に続いて、二〇一五年にエチオピアで開かれた第三回会議において、「アジスアベバ行動目標」が採択された。

「アジスアベバ行動目標」（ＡＡＡＡ：The Addis Ababa Action Agenda）は、途上国は開発資金確保のために、独自の財源を確保することが必要であり、とりわけ、途上国からの不法資金流出を大胆に削減することが不可欠であることを確認した。不法資金流出には脱税や腐敗によるものも含まれるとされた。またムベキ・パネルで示された行動を、アフリカだけでなく他の地域でも同様に取り組むよう要請した。

同年秋、国連サミットが開催され、二〇三〇年を目標年次とし、一七の目標からなる「持続可能な開発目標」（ＳＤＧｓ）が採択された。その一六―四に不法資金流出を大胆に削減する目標が掲げられ、その指標を対内および対外の不法資金流出の総額とすることとされた。しかし、SDGsが掲げる不法資金流出に、多国籍企業による税逃れを含めるかどうかについては、明確ではなく、SDGs目標に多国籍企業による税逃れを含めるべきではないという圧力もあった。

しかし国連の内部でも、ムベキ・パネル報告書を無視できず、SDGs一六―四の指標を確立するために設置された、国連の貿易開発会議（UNCTAD）と国連薬物犯罪事務所（UNODC）による共同のタスク・フォースは、二〇二〇年一〇月、不法資金流出を、「源泉、移転、利用において不法な金融の流れ」と定義し、税逃れを不法資金流出の一要素に含めることを明確にした。

国連FACTIパネル

国連は総会決議に基づいて、二〇二〇年三月、経済社会理事会が主導して、FACTIパネルを開設した。FACTIパネルは正式には The High Level Panel on International Financial Accountability, Transparency and Integrity for Achieving the 2030 Agenda といい、国連の、二〇三〇年を目標年次とするSDGs目標を達成するために、国際金融の説明責任、透明性、誠実性を実現するためのハイレヴェルのパネルである。その目的には不法資金流出とたたかう努力を強化し、各国の意見の違いをなくすことによって、持続可能な発展を達成することが掲げられている。

FACTIパネルは、約一年間の議論を経て二〇二一年二月、最終報告書を提出した。[*8] 報告書は二〇一五年のムベキ・パネル報告が、不法資金流出を、発展に有害な富の国際的な移転と定義し、アグレッシブなタックス・プランニングや金融秘密による資金流出を含めていること、不法資金流出に対する国家の脆弱《ぜいじゃく》性を強調していることなどを高く評価している。

報告書は、不法資金流出の定義に関して、これまでは腐敗やマネー・ロンダリングなどの違法な活動のみに焦点を当て、多国籍企業や富裕者の税逃れを除外してきたが、税法の抜け穴を利用し、立法者の意図を無視するアグレッシブな税逃れは、たとえ合法的であっても、不法資金の流出に該当するとの見解を明確にしている。

脆弱性を計測する

不法資金流出は、その性格から目には見えないので、測定することが困難である。しかし秘密度が高いほど不法資金流出のリスクが大きい。したがって秘密度を測ることによって、リスクの性格とその大きさを測定することができる。そしてこのリスクが大きい国ほど、不法資金流出に対する脆弱性を抱えている。この考えはムベキ・パネルで指摘されたものであるが、国連のハイレヴェル・パネルでも確認された。

不正な税逃れによって世界各国で毎年巨額の税収が失われているが、そのうちの多くは不法資金流出を通じておこなわれている。したがって不法資金流出の源泉とルートを探り出し、国ごとのリスクを測り、対応した対策をとれば、脆弱性を低下させることができる。

タックス・ジャスティス・ネットワーク（ＴＪＮ）の「不法資金流出の国別脆弱性」のリストはそ

の成果の一つである。

ＴＪＮのリストは不法資金流出に関する国ごとの脆弱性を下記の四つのルートと八つのチャンネルで計測している。

１　貿易　①輸出、②輸入

２　銀行ポジション　③債権、④債務

３　直接投資　⑤対外直接投資、⑥対内直接投資

４　証券投資　⑦対外証券投資、⑧対内証券投資

国の脆弱性は１〜４の各ルートの資金の流れのそれぞれについて、その相手国がどの程度の秘密度を有しているかによって判断される。それはその国が貿易し、信用を授受し、投資する相手国の秘密度のレヴェルに関するすべての相手国の平均値を、各ルートにおける各相手国との取引量でウェイトをつけて計測される。

リストは、アフリカやアジアの諸国をはじめ、多くの途上国が貿易、投資、銀行信用などのルートでつながっている相手国が、いずれも秘密度の高い国／地域であることを示している。このリストによって各途上国は、どのルートがもっとも高い脆弱性にさらされているのか、どの相手国がどの程度のリスクを持っているのかを特定することができ、それに対応した対策を講じることができる。

不法資金の流出は途上国だけの問題ではない。ＴＪＮの脆弱性のリストは、世界の一九〇か国を対象としており、途上国のみならず、先進国の脆弱性も知ることができる。先進国の場合はオランダや

図表7―11　不法資金流出（IFF）に関する脆弱性

		脆弱ルート	脆弱スコア	相手国
1	ニジェール	対内直接投資	107	中国
2	英領ヴァージン諸島	対内証券投資	92	中国
3	バハマ	対外証券投資	91	ケイマン諸島
4	マカオ	対内証券投資	89	香港
5	リベリア	対外直接投資	80	中国
6	ジブラルタル	対内証券投資	80	英国
7	パレスチナ	対内直接投資	76	ヨルダン
8	バルバドス	対外直接投資	76	ルクセンブルク
9	キュラソー	対外直接投資	76	オランダ
10	シリア	対外直接投資	74	レバノン
11	コートジボアール	対外直接投資	73	ルクセンブルク
12	イラク	対外直接投資	72	バーレーン
13	セントビンセント&グレナディーン	輸　　出	71	バルバドス
14	ルワンダ	輸　　出	69	ケニア
15	オランダ・アンチル	対外証券投資	69	ケイマン諸島
16	スリナム	輸　　出	69	バルバドス
17	ガーンジー	対内銀行借入	69	スイス
18	ボリビア	対内証券投資	69	ルクセンブルク
19	パキスタン	対外直接投資	67	UAE
20	コスタリカ	対外直接投資	67	グアテマラ

注）特に脆弱スコアの高い上位20カ国を抜粋
出所）TJN “The State of Tax Justice 2020”

ルクセンブルクなどいわゆる導管タックスヘイブンからの（への）直接投資に高いリスクがあることを示している（図表7―11）。日本については、脆弱スコアは六二となっており、証券投資を通じるルートに脆弱性を認めている。とりわけ米国、次いでケイマン諸島に対する証券投資に高いリスクがあることを指摘している。

注

＊1　オフショアの生成・発展の歴史に関しては、ロナン・パラン（Ronen Palan）の"The Offshore World"（二〇〇三年）で詳しく展開されている。

＊2　Sol Picciotto "International business taxation", 1992

＊3　合田寛著「タックスヘイブン――グローバル資本主義の聖域」（『経済』二〇一二年一二月号）、同「現代の租税国家の危機とタックスヘイブン」（『経済』二〇一三年八月号）、同『タックスヘイブンに迫る』二〇一四年、新日本出版社

＊4　Jannick Dangaard, Thomas Elkjaer, and Niels Johannesen, IMF working paper "What Is Real and What Is Not in the Global FDI Network?", December 2019

＊5　UNCTAD "WORLD INVESTMENT REPORT Investor Nationality: Policy Challenges", 2016

＊6　本庄資編著『国際課税ルールの新しい理論と実務――ポストＢＥＰＳの重要課題』二〇一七年、中央経済社

＊7　UN/ECA Conference of Ministers of Finance, Planning and Economic Development "Illicit Financial Flows: Report of the High Level Panel on Illicit Financial Flows from Africa", 2015

＊8　"FINANCIAL INTEGRITY FOR SUSTAINABLE DEVELOPMENT Report of the High Level Panel on International Financial Accountability, Transparency and Integrity for achieving the 2030 Agenda", February 2021

第8章　公正な税制の実現と国際協力

1　労働課税から資本課税へ

新自由主義の思想と政策がもたらした、資本と企業活動の自由を優先する政策は、国民所得の配分に大きな影響を与えている。国民所得は大きく分けると労働所得と資本所得に区分することができる。国民所得のうち、資本所得、とくに企業利潤は増える一方、勤労による所得である労働所得は相対的に縮小する傾向にある。

トマ・ピケティの分析が示すように、総所得は、そのすべてが、賃金、給与、賞与、ボーナスなどの労働所得か、利潤、配当、金利、レント、ロイヤリティなどの資本所得として配分される。国民所得のうち、労働者に配分される部分を労働所得シェア（労働シェア）、資本に配分される部分を資本所得シェア（資本シェア）とし、両シェアの推移をみることによって、生産された社会の富がどう分配されているかを知ることができる。多くの調査によると、この数十年、労働シェアの長期的な低下が見られる。

ＩＬＯ（国際労働機関）とＯＥＣＤ（経済協力開発機構）が二〇一五年におこなった共同の調査[*1]によれば、国民所得に占める労働シェアは、一九八〇年まで安定していたが、この数十年、一貫して低下

図表8—1　労働シェアの推移

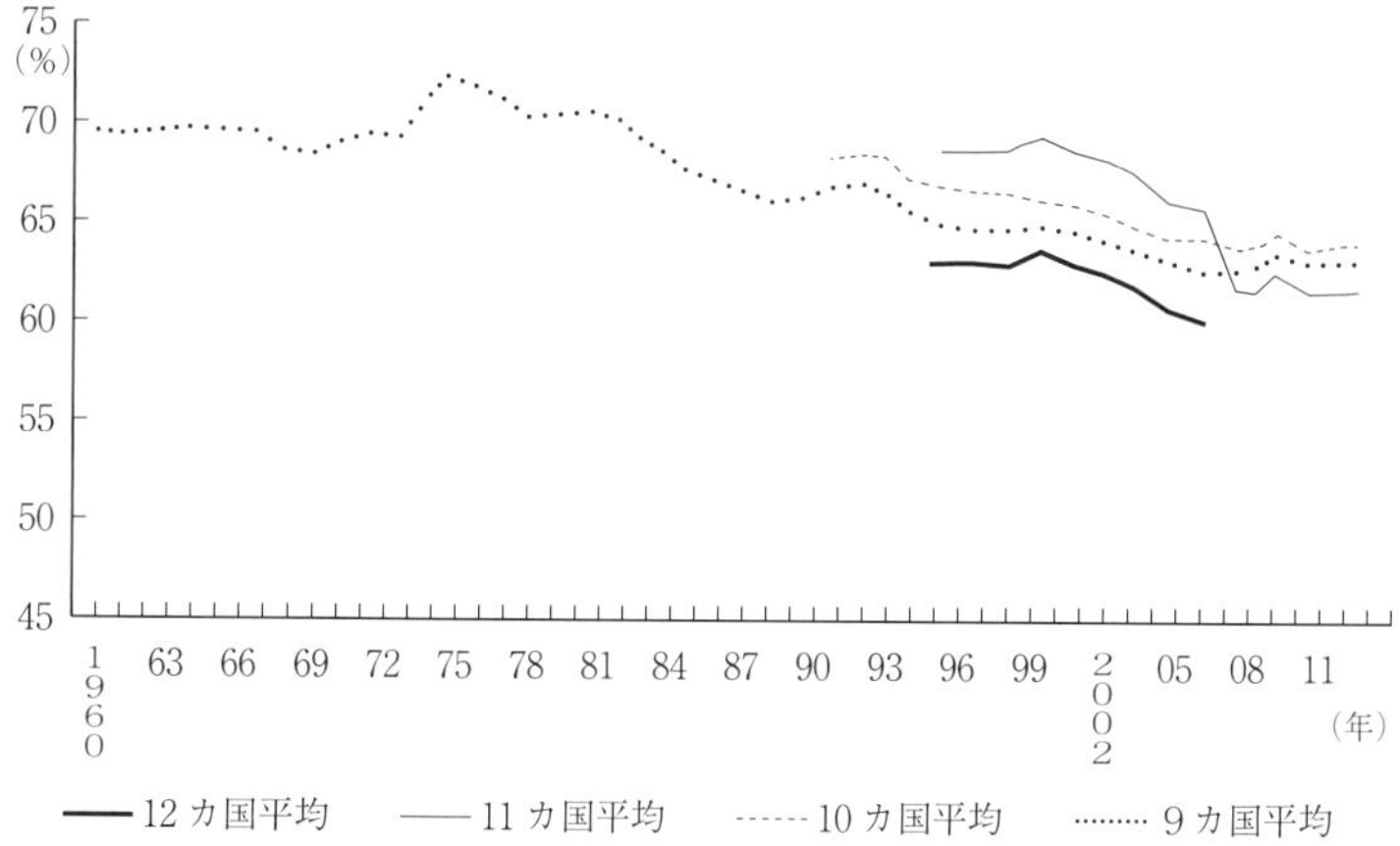

注）9カ国平均はオーストラリア、カナダ、ドイツ、フランス、イタリア、日本、スペイン、英国、米国の平均。10カ国平均は韓国を追加。11カ国平均はメキシコを追加。12カ国平均はトルコを追加

出所）ILO, OECD "The Labour Share in G20 Economies", 2015

する傾向にある。その傾向はG20の主要国で特に顕著で、ピークの七二パーセント（七〇年代）から近年では六三パーセントへと低下している（図表8—1）。国別にみると、スペインの低下率が一五パーセント近くで最も高く、イタリア、韓国、米国がそれに続いている。日本も一〇パーセント近い低下がみられる（図表8—2）。

一般的にいえば、労働生産性が上がれば労働シェアが上がる。しかし二〇〇〇年以降、急速な生産性上昇にもかかわらず、実質賃金の伸びはわずかであった（図表8—3）。つまり、この間に、労働から資本へと所得の移転が起きたことになる。低賃金は企業の利益を増やし、投資と雇用を増やすはずであるが、先進国では、資本シェアの増大にもかかわらず、投資は逆に減少している（図表8—4）。リーマンショックに

図表8—2　主要国の労働シェアの推移（1970〜2014年）

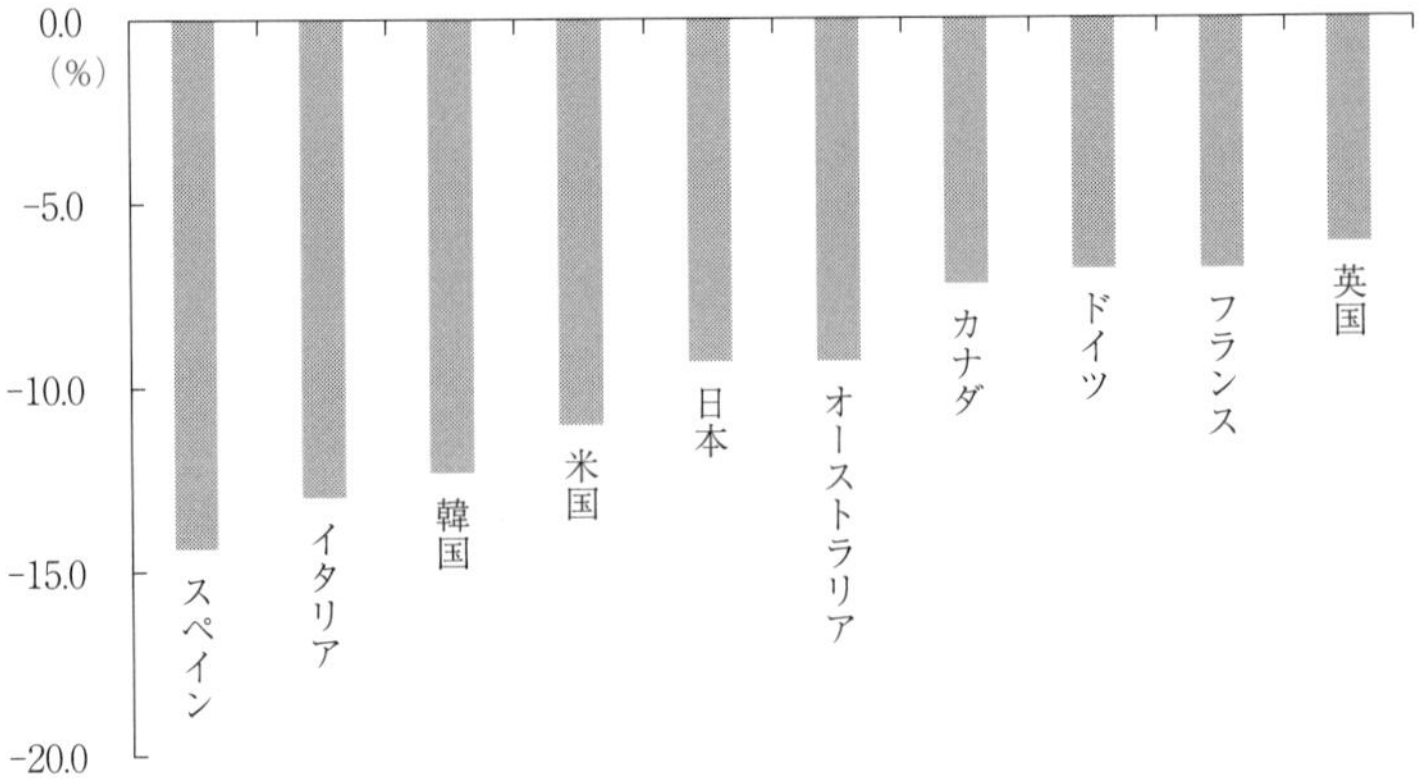

出所）ILO, OECD "The Labour Share in G20 Economies", 2015

図表8—3　労働生産性と実質賃金（1999〜2013年）

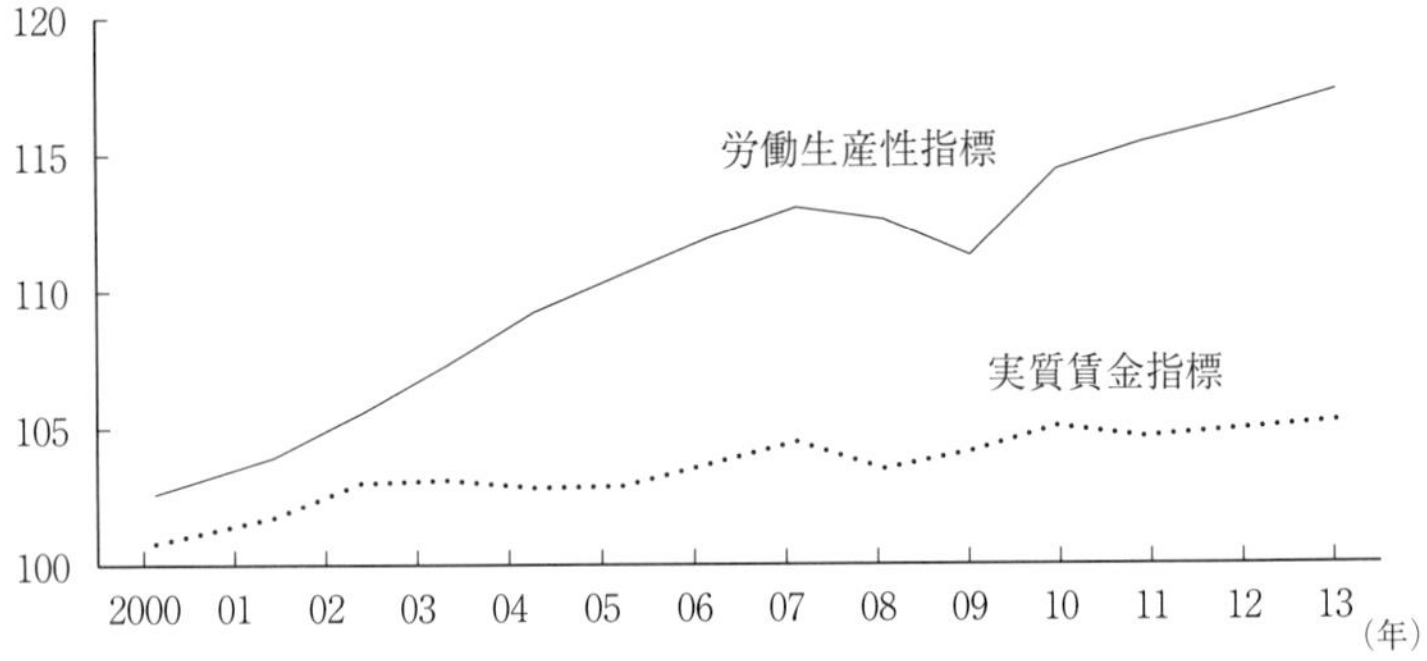

注）データはオーストラリア、カナダ、ドイツ、フランス、イタリア、日本、英国、米国、韓国から。1999年を基準

出所）ILO, OECD "The Labour Share in G20 Economies", 2015

図表８—４　資本シェアと投資（対 GDP）

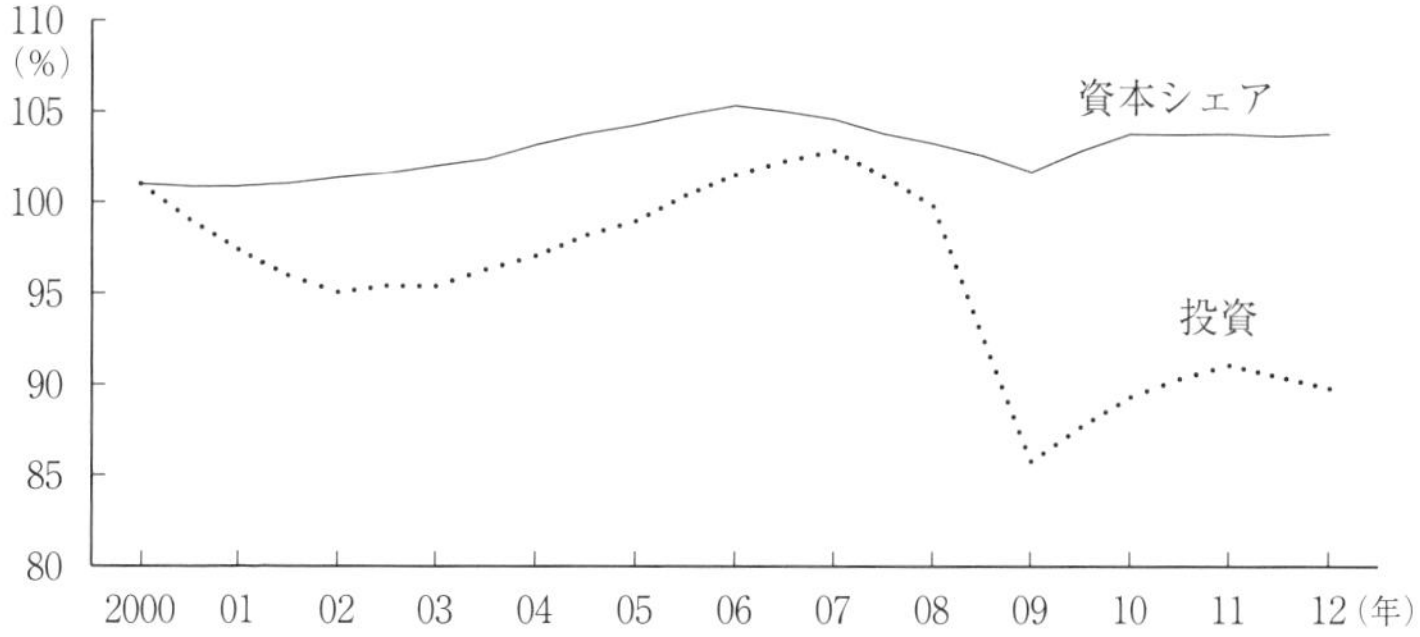

注）データはG20主要国（オーストラリア、ブラジル、カナダ、中国、EU、フランス、ドイツ、インド、イタリア、日本、メキシコ、韓国、ロシア、サウジアラビア、南アフリカ、英国、米国）より

出所）ILO, OECD “The Labour Share in G20 Economies”, 2015

よる投資の急減は当然としても、その後の投資は停滞し、リーマンショック以前の水準を回復していない。

投資シェアの低下が消費シェアの増加によって補完されなければ、世界の総需要を維持することができない。各国は負債の増加と輸出の増加によって総需要を拡大しようとしたが、それが国内的、国際的なインバランスを生み、総需要の低下と賃金のさらなる低下をもたらしている。それは各国と世界の所得の不平等化などの否定的な結果をもたらしている。

労働シェアの低下にはさまざまな原因が考えられるが、資本所得には軽く、労働所得には重い税のシステムが寄与していることは確かである。資本に軽く、労働に重い税が課されてきた結果、税体系は全体として累進性を失い、逆進的となり、所得再分配の機能を果たすことができなくなっている。そのことが所得と富の不平等をいっそう強めている。

企業利益、配当、キャピタル・ゲインなど資本に対する減税の一方、賃金や消費など労働に対する増税によって、税負担を企業や資本から労働者にシフトする傾向は世界的な傾向となっている。その典型は米国である。米国財務省の報告[*2]（The Made in America Tax Plan）によると、米国では連邦歳入に占める法人税収入のシェアは一九五〇年以来、下がり続け、今日では一〇パーセント以下となっている。他方、労働への課税による税収（社会保障負担としての給与税を含む）は増え続け、現在では税収の八〇パーセントを超えるに至っている（後述。図表8―7参照）。

それは資本所得への課税が弱められ、労働所得への課税が強められた結果、生じたものである。カリフォルニア大学バークレー校のエマニュエル・サエズとガブリエル・ズックマンの近著『つくられた格差[*3]』によると、米国では一九四〇年代から一九八〇年代までは、資本課税の平均税率は四〇パーセントを超える一方、労働課税の平均税率は二五パーセント以下であった。その後、資本課税の税率は約二〇ポイント下がる一方、労働課税の税率は一〇ポイント以上上昇した。その結果、二〇一八年には米国現代史上初めて、資本所得の税率が労働所得の税率を下回ったというのである（図表8―5）。

これまで主要国で広く流布され、信じられていた支配的な思想は、資本に対する課税の強化は資本蓄積を妨げ、成長を抑制するというものであった。一九八〇年代までの米国の法人税率は四六パーセント、英国の法人税率は五二パーセント、日本でもピーク時には四三・三パーセントであった。それ以来、法人税の相次ぐ減税などで、資本所得の税率は引き下げられてきたが、それによって資本蓄積が増えたという証拠はない。むしろ主要国では税率が高かった一九八〇年代以前の方が、高い経済成

図表8−5　労働課税と資本課税の税率の推移（米国）

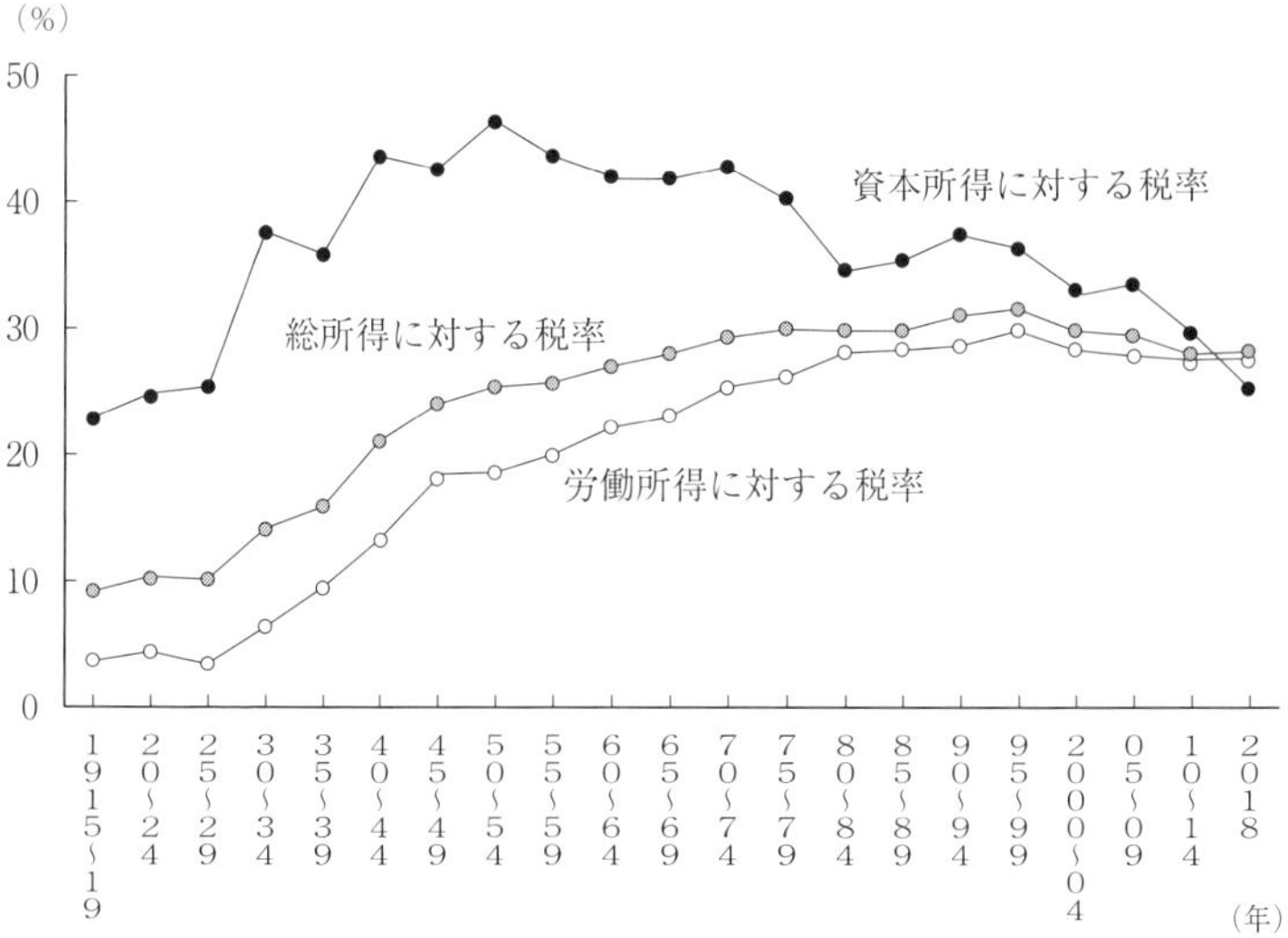

出所）エマニュエル・サエズ、ガブリエル・ズックマン著、山田美明訳『つくられた格差』

長を経験している。資本課税と資本蓄積との間には相関関係がないことは事実によって確かめられている。

資本所得に対する減税は投資を呼び起こさなかったばかりか、多国籍企業や富裕者は減税によって余剰となった資金を、海外の低税率国やタックスヘイブンに移転して、税を逃れた。資本所得に対する減税は、税制が所得と富の格差を拡大し、不公平を拡大する結果をもたらした。法人税の減税は税引き後の利益を増大させ、株価を上昇させ、また配当を増やす。大株主である投資家はますます富裕となる。また、個人に対する資本課税であるキャピタルゲインや配当所得への減税は富裕者の富を増殖させた。他方労働所得の課税強化が、労働者家庭をますます貧困にし、格差をますます拡大させた。

2　バイデン政権の税制改革

　このような状況の中で、トランプ政権に代わって政権に就いた米国のバイデン政権は注目すべき変化をもたらそうとしている。米財務省が二〇二一年四月に発表した報告は、法人税や資本課税に関するこれまでの考え方を根本から転換する重要な内容を含んでいる。

　バイデン政権は、政権発足直後、コロナ対策の緊急対策として、総額一・八兆ドル（約一九〇兆円）の追加景気対策（American Rescue Plan）を成立させたのに続いて、「アメリカ雇用計画」（American Jobs Plan）と「アメリカ家族計画」（American Families Plan）の二つの中長期計画を相次いで打ち出した。

「アメリカ雇用計画」は、道路通信などのインフラ、クリーン・エネルギー導入など国内産業強化、学校、住宅など生活基盤強化のためのインフラにあてるために、八年間に総額二兆ドル（約二二〇兆円）を投じるプラン。「アメリカ家族計画」は、教育投資、生活子育て支援、家計所得支援などで、一〇年間で一・八兆ドル（約一九〇兆円）を投入するといういずれも大型プランで、その裏付けとな

図表8—6　バイデン政権の二つの中長期プラン

	規模	財源	内訳
アメリカ雇用計画 American Jobs Plan	2兆ドル (約220兆円) 8年間	2.5兆ドル (約280兆円) 15年間	法人税 21⇒28% 多国籍企業に対する最低課税 10.5⇒21% 大企業ミニマム税率15% 租税回避規制
アメリカ家族計画 American Families Plan	1.8兆ドル (約200兆円) 10年間	1.8兆ドル (約200兆円) 10年間	個人最高税率 37⇒39.6% キャピタルゲイン課税 20⇒39.6% 税務調査強化
合計	3.8兆ドル (約420兆円)	4.3兆ドル (480兆円)	

る財源として、総額四・三兆ドル（約四八〇兆円）の増税計画を打ち出した。

バイデン税制改革の意義は、この二つの中長期プランの財源を新たな国債の発行によらず、増税によって賄うこと、しかもその財源は、国民全体に負担を押し付けるのではなく、そのすべてを、大企業に対する法人税の増税や、富裕者に対する増税でまかなう内容となっていることにある（図表8—6）。その背景には、予算教書で示されたように、連邦財政赤字（二〇二一年度）がすでに一・八兆ドル（対GDP比七・八パーセント。過去最大）、政府債務が二二兆ドル（対GDP比一三八パーセント。戦後初めて）と財政状況が悪化し、これ以上借金できないという事情がある。

まず「アメリカ雇用計画」の財源として、一五年間で二・五兆ドル（約二八〇兆円）の増税が予定されているが、これはすべて法人税の増税によってあてることとしている。その内容は、①法人税の税率を現行の二一パーセントから二八パーセントに引き上げる、②タックスヘイブンに利益を移して税を逃れている多国籍企業に最低税率を支払わせる、③高収益をあげながら税を払わない大企業に、最低一五パーセントの税率を適用する、④国際的な法人税の引き下げ競争に歯止めをかけるために、最低税率を定める国際合意をすすめる、などというものである。

他方、「アメリカ家族計画」の財源は、すべて富裕者に対する増税で賄うこととし、一〇年間で一・八兆ドル（約二〇〇兆円）の増税をおこなうこととしている。その内容は、①個人所得税の最高税率を現行の三七パーセントから三九・六パーセントへ引き上げる、②キャピタルゲインに対してそれと同一税率を適用する、そのほか、税務調査を強化する、などというものである。

一見して明らかなように、バイデン税制改革は、単にトランプ税制改革をそれ以前に巻き戻すにとどまらず、一九八〇年代のレーガン、サッチャー改革以来の、税に関する考え方・思想を、根本的に転換しようとしている。それは、大統領の就任早々、議会でおこなった所信表明演説で発せられた「いわゆるトリクルダウン理論は一度も機能しなかった」との言葉で示されている。これまで長く続けられた、「資本に軽く、労働に重い」課税は、大企業や富裕者を支援すれば経済活動が活性化し、富が低所得層に向かって滴《したた》り落ちるという、いわゆるトリクルダウン理論の仮説によって正当化されるものであった。この仮説を否定した意義は大きい。

その理由を、米財務省の報告書「メイド・イン・アメリカ・タックス・プラン」（The Made in America Tax Plan）は、こう説明している。

図表8―7　連邦収入に占める企業シェアと労働シェアの推移

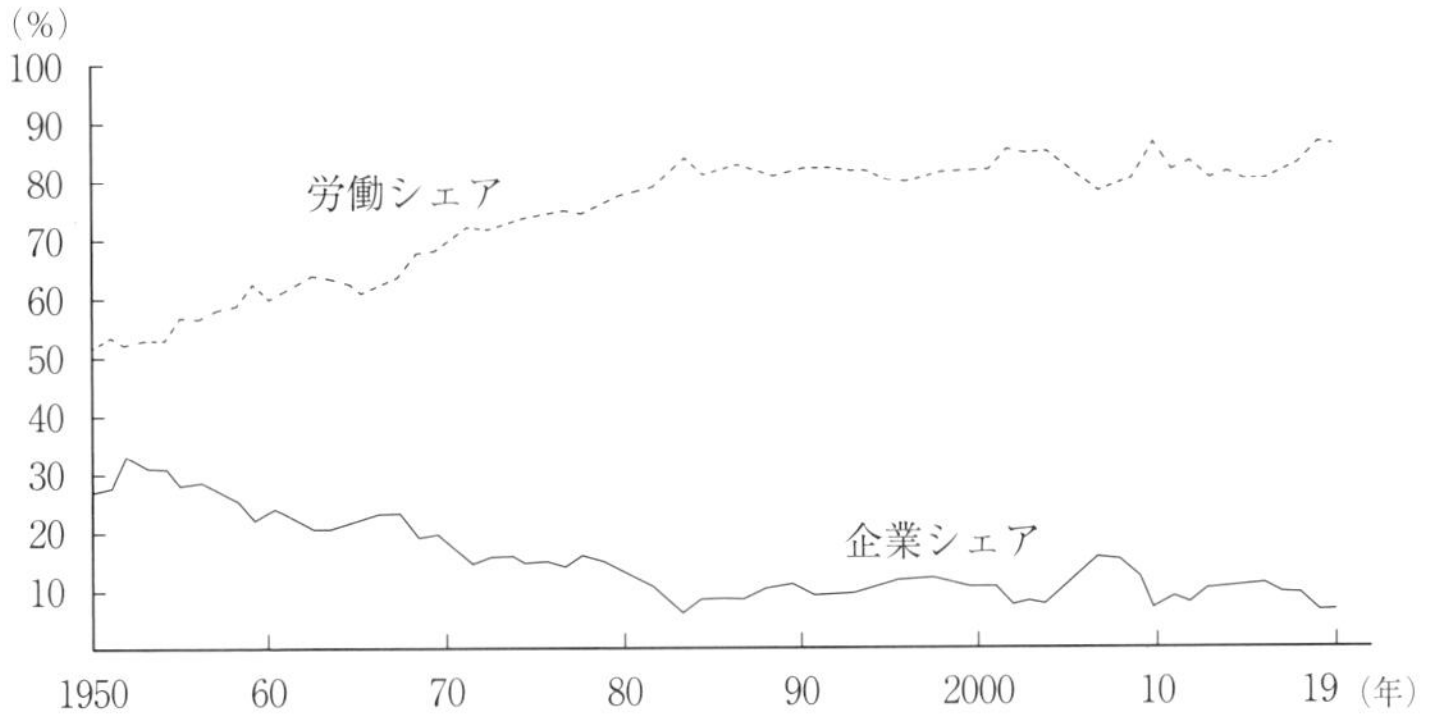

出所）U.S. Department of the Treasury "The Made In America Tax Plan" April, 2021

――これまで、法人税など資本に対する課税は、資本蓄積を妨げ、成長を抑制するというものと考えられ、経済を活性化するためには、資本や富裕者に対する減税が必要と考えられてきた。この考えにもとづいて、これまで大企業、富裕者に対しては減税の一方、その分の負担が労働者にまわされてきた。その結果、総税収に占める法人税のシェアは、五〇年代には約三割程度あったが、それ以来減り続け、今では一割を割った。その一方、労働に対する課税のシェアは約五割から増え続け、現在では八割を超えている（図表8―7）。またこの間、企業利益は増え続けたにもかかわらず、法人税収は低迷している（図表8―8）。しかし、こうした企業減税の結果、経済が好転したかというと、その証拠はなく、経済成長は低下し、長期の不況が続いた。大企業は減税で余剰となった資金をタックスヘイブンに移転し（図表8―9）、国内では不平等が拡大した――。

実際、レーガン税制以前には、法人税、所得税の税率

図表8―8　法人の利益と法人税収（米国、対 GDP 比）

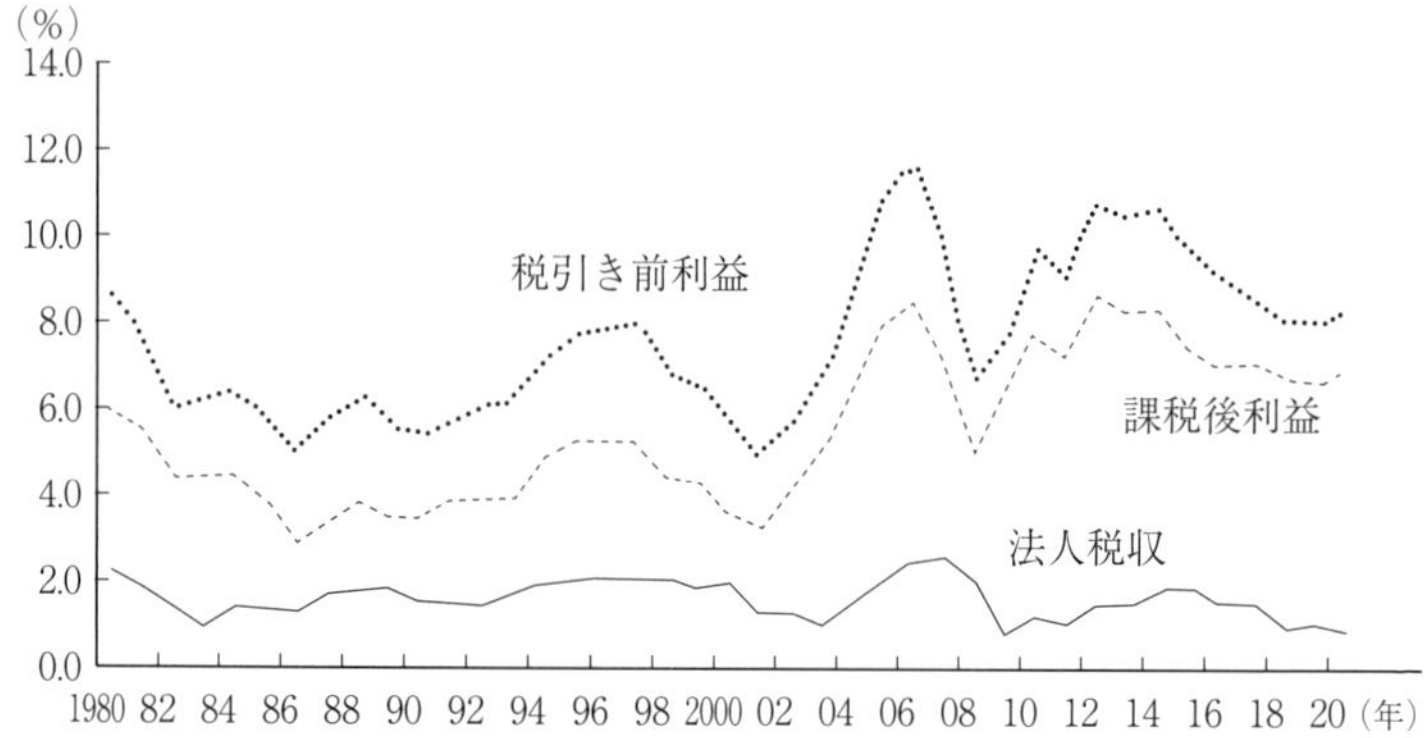

出所）U.S. Department of the Treasury "The Made In America Tax Plan" APRIL, 2021

図表8―9　米多国籍企業利益の大半は7大タックスヘイブンへ

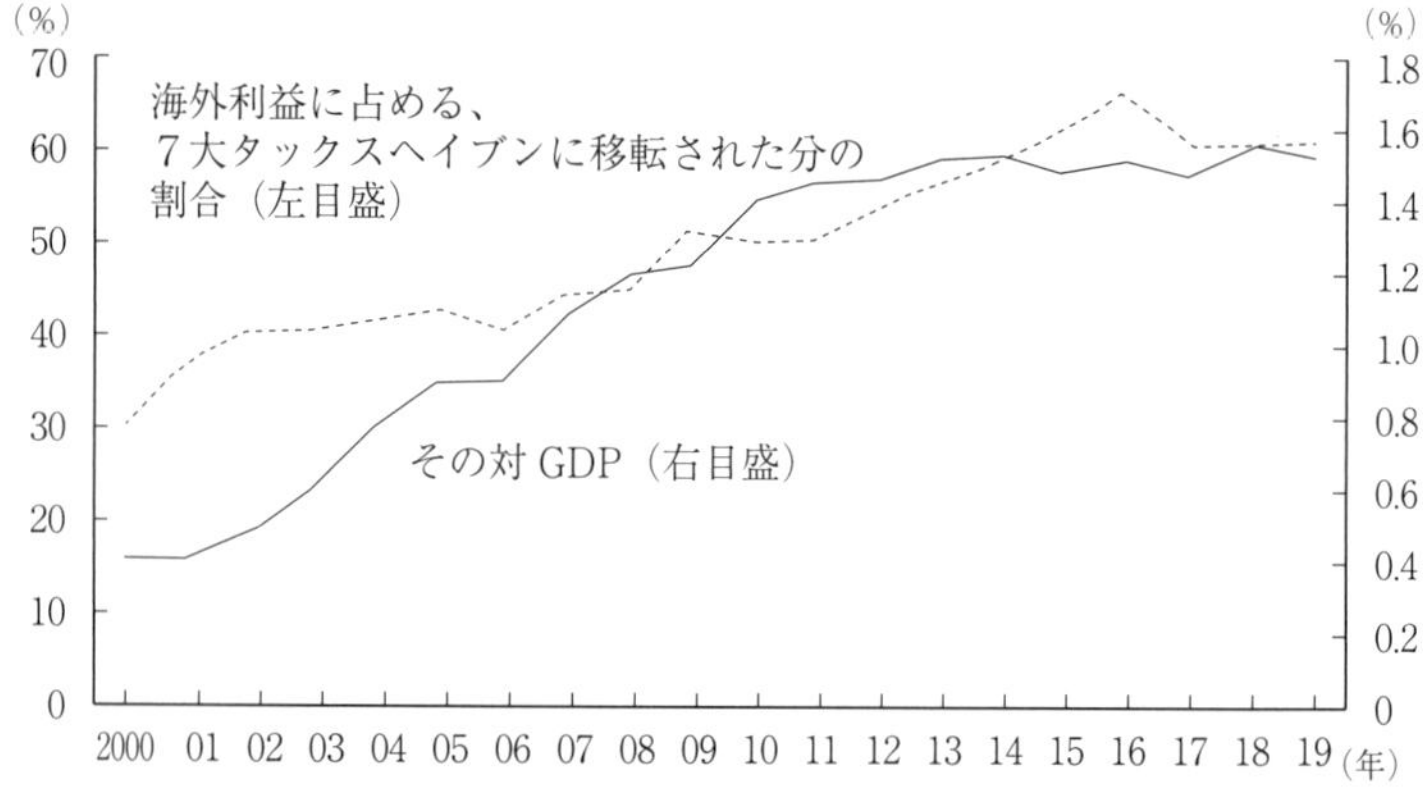

注）7大タックスヘイブンは、バミューダ、ケイマン諸島、アイルランド、ルクセンブルク、オランダ、シンガポール、スイス

出所）U.S. Department of the Treasury "The Made In America Tax Plan" APRIL, 2021

は高かったが、経済は好調で、所得も比較的平等に分配されていた。ところがそれ以降、資本に対する減税、労働に対する増税のトレンドの中で、経済の低成長、不平等の拡大という状況が生み出されてきたのである。

さらにバイデン税制改革は、労働課税から資本課税に重点を移すことを通じて、社会の不公平を正そうとしている。単に大規模な税収増を目的とするのなら、薄く広く課税する大衆課税を強化する方が目的にかなっている。しかしバイデン税制改革は、巨額の財源確保を目的とするものであるが、財源確保だけではなく、同時に不平等の拡大を止め、より公正な税のシステムを構築することを目指している。

その考え方に立って、所得税では、最高税率を上げる一方、年収四〇万ドル（約四四〇〇万円）未満の人には、「彼らは既に、十分に支払っている」（所信表明）という理由で、増税しない方針を示している。税制改革の中心に法人税の増税を掲げているのも、法人税は配当やキャピタルゲインの先取りの性格を持ち、富裕者に対する増税につながるとの考えからである。法人税の増税と所得税の富裕者増税が相まって、税制全体の累進性を回復させることをねらっている。

3　租税競争を終わらせる

レーガン税制以来の税制改革の潮流として、資本課税から労働課税へのシフトと並んで、法人税の引き下げ競争がある。引き下げ競争は資本課税、とくに法人税の引き下げ競争として表れている。この流れは一九八〇年代のレーガン税制、サッチャー税制以来の基本的な流れとなっている。レーガン改革までの米国の法人税率は四六パーセント、サッチャー改革前の英国の法人税率は五二パーセント、日本でもピーク時には四三・三パーセントであった。当時の主要先進国の法人税率は四〇～五〇パーセントが普通であった。それ以来、各国は法人税の税率引き下げを競い、現在では、米国では二一パーセント、英国では一九パーセント、日本でも二三・二パーセントと、二分の一あるいはそれ以下となっている。この二〇年をとっても、OECD諸国の平均税率で、三二・二パーセント（二〇〇〇年）から二三・二パーセント（二〇二〇年）へと、九パーセントの下落となっている（図表8―10）。

確かに他国に先んじて税率を下げれば、自国に対する投資が増えるかもしれない。しかしすべての国が引き下げ競争を始めたらどうなるのか。それは終わりのない「底辺への競争」となる。タックスヘイブンはその究極の姿である。

図表8—10　法人税率引き下げの推移（地域別）

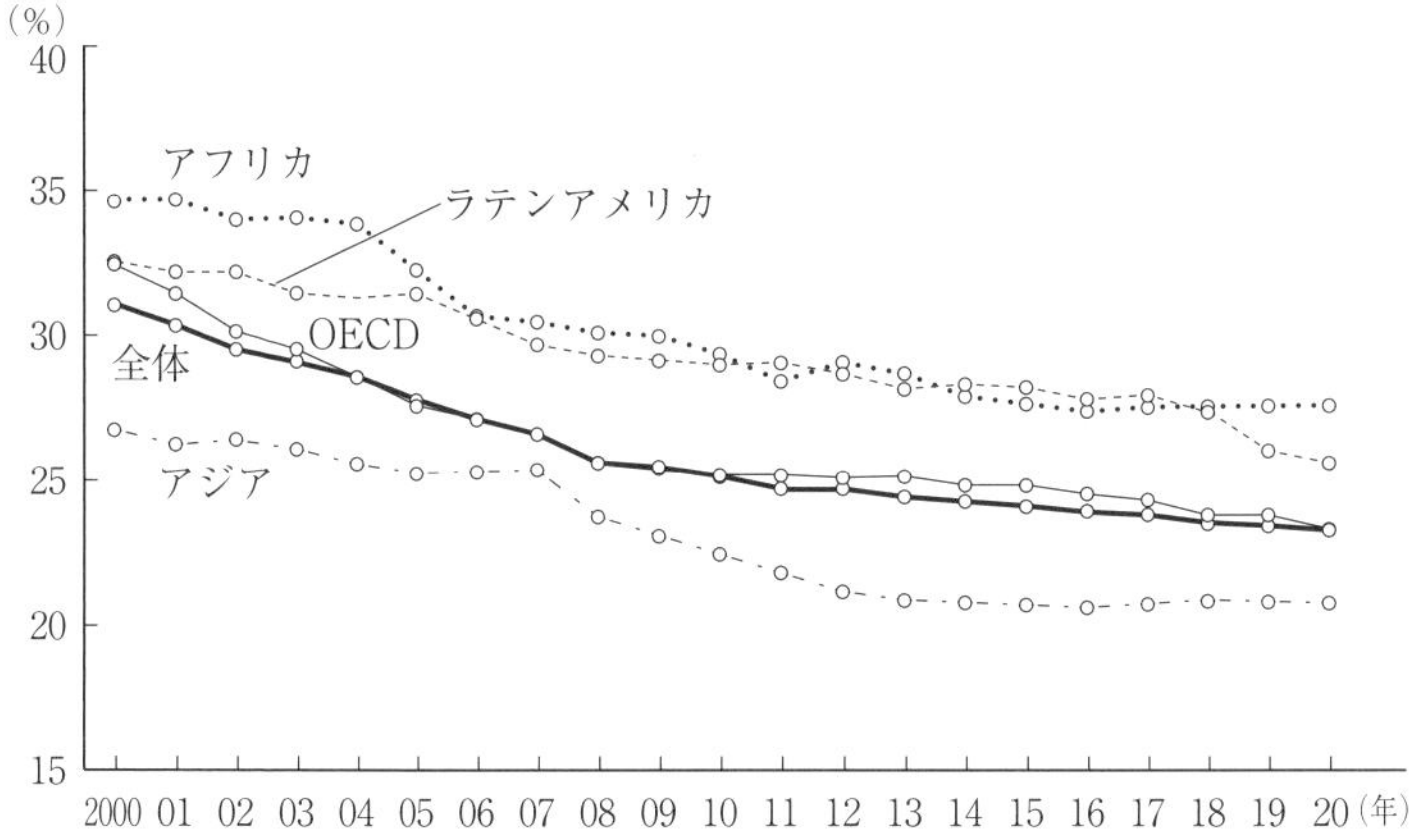

出所）OECD “Corporate Tax Statistics Second Edition”, 2020

税の競争を正当化する思想がある。租税競争がなくなれば政府が肥大化するというものである。ジェフリー・ブレナンとジェームズ・ブキャナンによって展開されたこの思想は、民主的に選ばれた多数派の政府は、少数の富裕者に重税を課す傾向があるので、政府の活動に制約を加える必要があり、そのために租税競争は必要だというのである。しかしこの論理は大企業や富裕者の論理であり、多数者が支える民主国家の論理ではない。

税の競争は、資本所得に対する減税を競う。資本は税率の差を求めて、高いところから低いところに流れやすいからである。それに対して人は簡単に移動できないので、労働所得に対する課税は租税競争の対象とはならない。しかも資本所得減税による減収を取り戻すために、労働所得に対する課税は強化される。したがって租税競争は、資本所得から労働所得へと税のシフトをもたらす。それによって格差はますます拡大する。

他方、税の引き下げ競争は税収を減らし、社会保障など公共支出に必要な財源を減らす。いま各国は福祉社会を支え、パンデミックのもとでますます必要となる公共支出を賄うために、大きな財源を必要としている。税の引き下げ競争は、そのために必要な自国の税収を減らすばかりか、それに追随して税を引き下げる他国の税収を奪う悪循環をもたらす。

税の競争は途上国に最も強い打撃を与える。多くの途上国の歳入は法人税に依存する度合いが高い。先進国が税率引き下げを競えば、途上国もその流れに巻き込まれる。その結果、途上国は貧困から脱出し、公共支出をまかない、経済を発展させるために必要な財源を失う。

バイデン税制改革のもう一つの注目点は、このほぼ半世紀続いている世界的な法人税の引き下げ競争をやめ、法人税の最低税率を設定する国際協調を進める姿勢に転換しようとしていることである。これまで長く、国際的な法人税引き下げ競争の先頭グループを走っていたアメリカが、方向を転換して最低税率を設定する国際協議に加わることは歓迎すべきことである。ちょうどイギリスも、現行の一九パーセントの税率を、二三年から二五パーセントに引き上げることを表明していることから、国際的合意を進めやすい環境ができつつあるといえる。

国際的最低税率の設定については、すでにOECD主導で一四〇か国が参加する「包摂的枠組み」の下で進められており、二〇二〇年末までに合意することが予定されていたのであるが、トランプ政権の米国が交渉から離脱し、決着は二〇二一年に持ち越されていた。米国の復帰により交渉が再開されている。

資本課税から労働課税へのシフトと国際的な税率引き下げ競争の二つの流れは、レーガン税制、サッチャー税制以来の世界的な税制改革の大きな潮流であった。それはいずれも資本の論理、企業活動の自由を最優先する新自由主義政策の税制面の表れであった。

しかしいま、世界がコロナ・パンデミックの未曽有の大波に洗われ、様相は大きく変わりつつある。各国は、国民の命とくらしを守り、経済を再建するために、巨額の財政支出を迫られ、そのための巨額の財源を必要としている。コロナ・パンデミックは、これまで新自由主義の政治によって蓄積されてきた、公衆衛生の危機、格差拡大の危機、気候変動の危機、そして経済・金融の危機など、あらゆる危機と矛盾を全面的に浮き彫りにしつつある。資本の論理や企業活動の自由を最優先する新自由主義の政治路線は大きく行き詰まっている。

いま、資本課税から労働課税へのシフトと国際的な税の引き下げ競争という二つの潮流がせき止められ、反対方向に転換すれば、世界的な公正税制の実現に向けた大きなチャンスとなる。この二つの潮流は相互に連関している。法人税をはじめとする資本課税の国際的な引き下げ競争がなくなり、国際的な税の協力体制が確保されれば、各国は他国の動向にとらわれず、自国の法人税や資本所得課税を強化することができ、所得税の累進性を強化することが可能となる。租税競争の停止と税の国際協力は世界的なタックス・ジャスティスの実現にとって必須の要件である。

4　公正な課税としての資本課税

資本課税から労働課税へのシフトは長年にわたっておこなわれてきたので、これを逆転させ、全体としての税のシステムの累進性を回復することは簡単ではない。その目的を達成するには単一の税目だけではなく、いくつかの税目を組み合わせ、総合的に取り組むことが必要となる。その目的達成のために中心となる税目は、法人税、累進所得税、累進富裕税の三税であり、相続税などその他の税もあわせて活用することによって達成しなければならない。

資本に対して課税する方法はさまざまである。まず、ストックに課税するかフローに課税するかの選択がある。資本のストックに課税する税としては、富裕税、財産税、相続税などがある。これに対して資本のフローに課税する税は、企業利益に対する課税である法人税のほか、株式配当、キャピタルゲインなどに対する税がある。

所得税の体系からいえば、資本に対する課税は、資本から生まれた所得（資本所得）に対する課税としておこなわれる。しかし資本から生まれる所得は定義が難しく、把握が困難で、しばしば隠蔽《いんぺい》され、課税を逃れる。そこで資本所得に対する課税を補完する税として、資本のストックに対する課税、個人に対してはその富に課税する富裕税が必要となる。とくに所得分配の不平等が拡大し、その結果として、富の不平等が著しく広がっている今日、富に対して直接課税する累進富裕税が、不平等対策としては強力かつ効果的である。

八〇年代のレーガン・サッチャー税制改革以来、各国の税のシステムは長期にわたって累進性が弱められてきた。エマニュエル・サエズとガブリエル・ズックマンの研究[*4]によれば、米国では、所得税の最高税率は、八〇年代以前の七〇パーセントから、三七パーセント（二〇一八年）に引き下げられ、法人税の法人利益に対する比率は、六〇年代までの五〇パーセントから、一六パーセント（二〇一八年）に下落するなどによって、税のシステム全体として累進性を失い、フラット化している。サエズらは、富裕税を米国の税システムの累進性を回復する強力な手段として位置づけている。

極端な富の不平等と経済力の集中は経済と社会にとって脅威であり、さらにそれは政治と結びつくことによって、民主主義にとっての重大な脅威となる。富の不平等に取り組むことは現代のもっとも重要な課題の一つである。

富の不平等に対する最も有効な対策として、グローバルな累進富裕税を提案したのは、トマ・ピケティの『21世紀の資本』である。ピケティは、二〇世紀に発明された累進所得税は、引き続き中心的な役割を果たさなければならないが、二一世紀のグローバル金融資本主義に対するコントロールを取り戻すためには、新しい道具を発明しなくてはならないとし、そのための理想的な道具として、資本に対する世界的な累進課税を提案した。[*5]

ピケティが提案する累進資本税は、課税ベースを金融資産と非金融資産（不動産など）の合計から負債を差し引いた金額とし、たとえば一〇〇～五〇〇万ユーロの資産に対しては一パーセント、五〇〇万ユーロ以上の資産についてては二パーセントとし、また一〇億ユーロ以上の巨額の資産に対しては五～一〇パーセント程度の税率も考えられるとしている。

今日、コロナ・パンデミックによって、各国は巨額の財政出動をおこなっており、その財源の一つとして、富裕税は新たな注目を浴びている。コロナ・パンデミックによって、底辺の不安定労働者の賃金は下がる一方、株価高騰によって、富裕者はますます豊かになり、不平等化が加速しているからである。

米国では二〇二〇年の大統領選でエリザベス・ウォーレン、バーニー・サンダース両上院議員らが累進富裕税の創設を主張している。ウォーレンの案は、資産五〇〇〇万ドル超に対して二パーセント、一〇億ドル超に対して三パーセントの税率をかけるもの。サンダースの案は、資産三二〇〇万ドル超に対して一パーセント、一〇億ドル超に対して五パーセント、一〇〇億ドル超に対して八パーセントの税率をかけるというものである。

三〇年ほど前までは、ヨーロッパには累進富裕税を持つ国が十数か国あったが、その後、縮小・廃止され、現在では、OECD加盟国ではスイス、スペイン、フランス、ノルウェーの四か国のみとなっている。廃止された理由は、課税を逃れるために資産を海外のオフショアに移す事例が多発したこと、自国に資金を引き寄せようとする政府間の税の競争が起きたことなどがある。

しかしその後、政府間の協力体制も進展し、金融情報の自動交換制度も整備されるなど、オフショアの秘密構造の透明化に向けた一定の進展が見られる。すでにOECDのグローバルフォーラムの下で、二〇一七年から金融情報の自動交換制度が始まっており、共通報告基準（CRS）と呼ばれる共通の様式にもとづいて、各国税務当局間で自国にある非居住者の金融口座の情報を定期的に交換している。今日すでに、一〇〇か国以上が参加し、世界の八四〇〇万口座、約一一兆ドルの資産がその対象となっている。

また金融口座の真の所有者（ベネフィシャル・オーナー）の開示を義務づけることも必要である。オフショアでは銀行口座は匿名・仮名口座が多く、またトラストやペーパーカンパニーを使って真の所有者を隠す事例が多い。真の所有者を特定しなければ情報交換制度も機能しない。現在約八一か国が真の所有者の登録を義務付ける法律を制定しているが、さらにタックスヘイブンを含む多くの国が、真の所有者の開示に向けて取り組むことが求められている。

また多国籍企業に提出が義務付けられている国別報告書、とりわけグループ企業内の法的事業体の活動規模に関する情報なども、オフショアの富の透明化に役立てることができる。

これらの成果を結び付け、グローバルな富裕者の資産の登記簿をつくることができれば、国際的な累進富裕税を実現する有力な手段となる。国際協力の成果やデジタル技術の活用によって、これまでの富裕税とは異なる、近代的な累進富裕税として、不平等対策の強力な武器となる。

スティグリッツ、ピケティらが推し進める「国際企業課税改革独立委員会」（ICRICT）は、二〇一九年に「グローバル・アセット・レジストリー（GAR）実現のためのロードマップ」[*6]を公表した。これは世界の富と資産の登録機関を創設するための具体的なプログラムである。ロードマップは、GAR実現のためには、ゼロからスタートする必要はなく、すでに現存するデータ収集のインフラを活用し、それらを結び付けることによって道が開けることを示している。これらの既存のデータから得られた情報を結び付けることによって、欠落した情報を発見し、グローバルな富と資産の登録簿をつくること、そしてそれをオンラインで公開することを提案している。

ICRICTは、GARの実現によって富の不平等の実態が明らかとなれば、取るべき対策を議論し、不平等を減らすために必要な税制の立案に資する情報を提供することができるとしている。また税だけでなく、犯罪資金のマネー・ロンダリングや政治家の腐敗資金の流れをつかむこともできるとしている。

累進資本税（富裕税）は、富の不平等に対する有効な対策であるが、同時に課税によって得られる税収も大きい。ピケティの提案が実現すれば、ヨーロッパだけでGDP（約一五兆ユーロ）の約二パーセントにあたる三〇〇〇億ユーロ／年の巨額の税収が得られる。米国のエリザベス・ウォーレンの提案した富裕税が実施されれば、一〇年間で三兆ドル（毎年約三〇兆円）という巨額の税収が得られる。

サエズとズックマンの前掲論文によれば、米国のトップ〇・一パーセントの超富裕者が保有する資産は一二兆ドル（国民所得の六〇～七〇パーセント。二〇一九年）と見込まれることから、彼らに一パーセントの税率で課税すれば、一二〇〇億ドル／年の税収が得られると推定している。

労働課税から資本課税に振り子を巻き戻すことは、公正な課税の目標を達成するためにも、欠かすことのできない重要な課題である。企業に対する課税は投資を抑制し、経済成長に有害だという考えがある。しかしGAFAなど巨大多国籍企業の利益は、デジタル・プラットフォームの独占的な支配にもとづく独占利潤（レント）であり、通常利潤を上回る超過利潤である。そのようにして得られた巨額の利益がタックスヘイブンに隠され、課税を免れている現状にある。それを正すことは、税に対する信頼を回復し、税の公正を実現するために不可欠である。

また、富裕者課税や累進課税に関し、戦時には支持されるが、平時には支持を得ることが難しいという批判もある。イェール大学のケネス・シーヴ教授らは、課税の公正さを保障する方法として、①平等な扱い論、②支払い能力論、③補償論の三つがあり、なかでも富裕課税のもっとも強い根拠は、富裕者に与えている特権に対して補償を求めることだとしている。富裕者課税が肯定されたのは両大戦時において、富裕者は徴兵されなかったこと、戦時需要の恩恵にあずかったことなどから、補償論が優勢となったという[*7]。

昨今のコロナ・パンデミックにおいても、戦時に似た状況がもたらされているので、補償論を根拠に求めることも不可能ではない。しかし累進課税や富裕税は、シーヴの言う①の平等論から根拠づけることが十分に可能である。なぜなら、第一に、所得税は米国でも日本でも、富裕者ほど税負担率が低い逆累進構造になっていること、第二に、タックスヘイブンを利用し税を逃れる特権を持っているのは富裕者に限られること、第三に、富裕者の所得の多くは勤労によって得たものではなく、キャピタルゲインや配当など、富の保有そのものが生み出したものであること、などから説明可能だからである。

5 金融取引税への新たな注目

金融取引に課税する金融取引税も、資本に対する課税の一つである。金融取引税（Financial Transaction Tax：FTT）は株式、債券、デリバティブ、為替など金融商品の取引に対して、低率で課税する。金融取引税の課税対象は金融商品の取引なので、投機的で過剰な取引を抑制する効果があり、また低率で課税しても、取引の規模が大きいので多額の税収を得ることができる。また株式など金融商品の取引によって利益を得ているのは富裕者であることから、富の不平等に対する対策としても位置付けることができる。

金融取引税はこれまで金融危機のたびに、また財政が逼迫《ひっぱく》するたびに注目を浴び、導入が検討されてきた。七〇年代、国際通貨制度が変動相場制に移行し、為替市場の相場変動が激しくなったとき、国際通貨の取引に低率の税を課す、いわゆるトービン税の構想が生み出された。

また二〇〇七～〇八年のリーマンショックを契機とする世界経済危機の後、金融取引税の導入の是非が国際的な議論となった。一〇年には英国で金融取引税の導入を主張する「ロビンフッド・タックス」の市民運動が発足した。「ロビンフッド・タックス」運動は金融取引税による税収を二分し、国内向けと世界向けの公共財に配分し、後者を開発向けと気候変動対策向けに半分ずつ分けるというもので、グローバルな再分配の視点を有するものであった。

こうした運動を背景に、ヨーロッパでは金融取引税導入の機運が巻き起こり、一一年にはEUで議論が高まり、フランス、ドイツなど一一か国で導入の合意が成立した。しかし交渉の過程で、導入の目的や税収の使途をめぐって各国の意見が分かれ、英国などの反対で成立には至らなかった。EU提案の金融取引税は、株式、債券などの取引に〇・一パーセント、デリバティブ取引に〇・〇一パーセントの税率を課すというもので、五七〇億ユーロ／年の税収を見込むものであった。

リーマンショック以降、金融取引税導入の運動は米国でも活発となり、「パブリック・シティズン」などの市民団体によって精力的に取り組まれてきた。両院の議員による立法活動も盛んにおこなわれており、二〇二一年にピーター・デファジオ下院議員が提案した“Wall Street Tax Act”は、株式、債券、デリバティブの取引に〇・一パーセントの税率で課税するというもので、一〇年間で七七七〇億ドルの税収を見込んでいる。高頻度取引（HFT）をターゲットにしているので、金融市場の過剰な浮動性を取り除き、金融システムの安定に資するものとしている。

いまポスト・コロナの財政収入の要請、株式市場の過熱対策、そして高まる不平等対策として、金融取引税の導入は新たな注目を浴びている。

6 自国第一主義から国際協力へ

約半世紀続いた資本課税から労働課税へのシフトを逆転させ、法人税、累進所得税、累進富裕税の三税を中心とする資本課税体系を復活させるため、同じく、長期にわたって続けられた国際的な税率引き下げ競争を止め、最低税率を取り決めるためには、国際協力が不可欠である。

資本課税の優遇や税率引き下げ競争が極限まで行きついたところがタックスヘイブンである。バミューダやケイマン諸島などの純粋タックスヘイブンは、無税や秘密の提供を売り物にして、企業や富裕者の資金を呼び込むことが目的なので、税収はそれほど必要としない。しかしタックスヘイブンの存在は、それ以外の国の税率をさらに引き下げる圧力としてはたらく。

資本課税の軽減や「底辺への競争」は、各国の税収を失わせただけではない。税を財源とする社会保障をはじめとする公的サービスの切り捨て競争という結果をもたらす。とくに潤沢な財源をもとにした福祉国家の実現を求める国民にとって、税率引き下げは厳しい結果をもたらす。

英国のキャメロン政権の政策が教訓的である。キャメロンは二〇一〇年に政権に就くとともに、G

20の中でもっとも競争的な法人税を目指すことを宣言し、当時二八パーセントであった法人税率を一七パーセントにまで引き下げる計画を発表した。法人税率の引き下げの一方、キャメロン政権は財政収支の均衡化をめざし、福祉支出など公共サービスを切り捨てる厳しい緊縮政策をとった。法人税率の引き下げは、国民に対する公共サービスを切り捨てる結果をもたらしたのである。

税率引き下げ競争は「囚人のジレンマ」の比喩《ひゆ》で語られる。各国が協力し合えばお互いの利益になることがわかっていても、協力しない国が利益を得る状況があれば、どの国も協力しない状況が生まれるというジレンマである。しかし税率の引き下げは、自国の税収を増やすためではなく、大企業、富裕者による引き下げ要求のロビー活動に屈した結果である場合が多い。

仮に自国第一主義で単独行動をとり、利益を受けたとしても、それは一時的なものでしかなく、いずれ他の国の追随を受けて利益を失う。それは税率を引き下げた国に、わずかな利益を一時的にもたらすかもしれないが、それと引き換えに、他の多くの国の税収を奪う。利益を受けるのはその国の企業や富裕者であり、それに対して、労働者や一般国民には受ける利益はなく、受けるのは損失だけである。

要するに、資本は税率の差を求めて、高いところから低いところに流れるが、人は簡単に移動できないので、租税競争の結果は労働所得に対する増税となって表れる。この半世紀、世界の税制のトレンドとして見られた資本所得から労働所得への税のシフトは、このような理由から引き起こされているものであり、それが不平等をますます拡大しているのである。

7　新しい国際課税ルールに向けて

資本課税から労働所得へのシフトを逆転するためには、租税競争を停止するとともに、国際協力とそれによる新しい国際課税ルールの策定が求められる。

第5章でみたように、税の国際協力はすでにOECDなどを舞台にして進められている。二〇一三年に始まったBEPSプロジェクトは、二〇一五年に最終報告書をまとめ、それにもとづいて多国籍企業の利益移転による課税逃れに焦点を当てた一五の行動計画が進められている。しかし、BEPSプロジェクトは多国籍企業に「国別報告書」の提出を義務付けることなど、一定の成果が見られるものの、基本的に現行の国際課税ルールの枠内の改革にとどまり、多国籍企業の利益移転に有効に歯止めをかけるものにはなっていない。

BEPSプロジェクト最終報告書の発表以降、OECD主導のもと、約一四〇か国が参加する「包摂的枠組み」諸国によって、「デジタル課税」の取り組みが進められている。この取り組みはBEPSⅡとも呼ばれ、BEPS最終報告書の残された課題である、経済のデジタル化に伴う課税のあり方を問うプロジェクトで、GAFAなど巨大企業に対してどう課税するかの問題に取り組むものであった。

このプロジェクトは、ＯＥＣＤが主導しているとはいえ、世界の約一四〇か国が参加するグローバルなフレームワークの下で進められており、先進国だけではなく、途上国、新興国の意見も反映される仕組みとなっている。途上国や新興国の要求を受け入れて、国際的に公正な課税を実現するためには、「恒久的施設（ＰＥ）原則」や移転価格ルールなど、一世紀前から続く現行の国際課税ルールの基礎となっている原則を乗り越えなければならない。

現段階の到達点をみると、多国籍企業の世界利益を算出し、そこから一定の配分指標をもとに課税権を再配分するという考え方は、現行の国際課税ルールを打ち破る斬新なものであり、また、半世紀続いた税率引き下げ競争に歯止めをかけるために最低税率を設定するという提案と合わせ、画期的な性格を持つものといえる。しかし、課税権をめぐる国家間の争いは、国際政治のパワー・ポリティクスに左右される。グローバル化した今日の世界経済では、もっとも強い影響力を持つのは英米を中心とする大国である。そのために、再配分の対象となる利益は総利益の一部に限定され、国際的な最低税率も低水準に設定されるなど、改革案は全く不十分なものにとどまっている。

約一世紀の間、長く維持されてきた原則を変える事業は、短期間でなしうることではない。この改革は第一歩であり、抜本的な改革に向けた取り組みがさらに進むことが期待される。

8　ユニタリー（合算）課税の正当性

約一世紀前につくられた現行の国際課税ルールは、一九三〇年代に国際連盟の下で租税条約の基礎として形成されたもので、第二次大戦後、ＯＥＣＤのモデル条約に引き継がれた。このルールの基礎にあるアームズ・レングス原則は、多国籍企業のグループ内取引に適用される価格は、独立企業間で一般に成立する価格に従わなければならないというものであった。ＯＥＣＤのモデル条約はその後、二国間の租税条約に取り入れられたが、それによって、移転価格は、ますます二国間のアドホックな税の配分をめぐる談合によって調整され、本質問題から目をそらすことになった。

現行国際課税ルールは、グローバル化と多国籍企業が支配的地位を占める今日の国際社会ではすでに時代遅れとなっており、多国籍企業は旧ルールの盲点を悪用し、アグレッシブな「タックス・プランニング」を設計し、どこからも課税されない「二重非課税」の状態をつくり出してきた。

その方法の第一は、移転価格を利用して利益を移転する方法である。低税率／タックスヘイブンの子会社に、商品、資産などを割高価格で販売するなどによって利益を移転する方法である。とくに無形資産などは独立企業間価格が見当たらないことから、恣意《しい》的な価格を設定することができる。第二の方法は、低税率国／タックスヘイブンに持ち株会社、中継子会社を設置し、金融活動、経営指導などの業務を実施するために利用し、利益を移転する。このような方法による課税逃れを封じ、多国籍企業に適正に課税するためには、これらの会社を、個別の企業ではなく、国境を越えて事業活動をおこなう単一企業としてとらえる必要がある。

「ポストＢＥＰＳ」の現在までの取り組みによって、現行国際課税ルールの何が問題で、どう改革すべきかの方向性が浮かび上がりつつある。それは、現行ルールの根底にある移転価格制度にもとづくアームズ・レングス原則および恒久的施設（ＰＥ）ルールを乗り越える、新しい原則にもとづく国際的なルールである。それは、多国籍企業を独立企業の集まりと見る非現実的な仮定を捨て、単一の事業体としてとらえて課税する「ユニタリー課税」（unitary taxation）である。

多国籍企業は原材料となる資源採掘から、研究開発、製造、運輸、販売に至るグローバルなバリュー・チェーンのなかで事業をおこなっている。そのために多くの国に子会社など事業体を設置しており、本社および子会社間の取引は、直接投資あるいは貿易の形をとる。しかし商品貿易の約三分の一は多国籍企業の内部取引であるといわれている。これらの取引はすべて同一企業の内部取引であって、中央のコントロールのもとに決定され遂行されている。

グローバル化によって、モノ、サービス、マネーが、国境を越えて自由に移動するようになった。それは表面上、貿易や直接投資あるいは間接投資の形をとるが、その大半は多国籍企業のグループ内部の取引である。国際的な生産チェーンは企業内分業において構築されている。「貿易自由化は国際貿易における見えざる手を呼び起こすためとされていたが、実際には国際経営と企業内調整の見える手をもたらした」[*8]のである。

ユニタリー課税の導入は、グローバルな事業活動から得た総利益の算出が出発点となる。ユニタリー課税は、多国籍企業の利益はグループ全体の結合した活動から生まれると考える。したがって総利益の配分は、資産、労働力（雇用／賃金）、販売高を基準にして、価値創造への貢献度に応じて関係国に配分される。この方式は「定式配分方式」（formulary apportionment method）と呼ばれる。配分された利益に対して、各国が自国の税率で課税する。[*9]ユニタリー課税と定式配分方式の採用は、多国籍企業のタックスヘイブン／低税率国を利用した脱税・税逃れを防ぎ、各国が公共サービスの充実に必要な税収を確保するもっとも適切な方法であるといえる。この方式は、すでに米国やカナダで国内の利益配分方式として取り入れられており、欧州でも、ＥＵが同様の方式であるＣＣＣＴＢ（共通連結法人税課税標準）プロジェクトを進めている。

ユニタリー課税と定式配分方式は、多くの専門家、国際機関、ＮＧＯなどによって支持され、提唱されている。多国籍企業の利益は、企業グループ全体として獲得されるものであり、それはグループ内の各企業が個別に生み出す利益よりも大きい。多国籍企業のグループ内の各企業は、単一の企業の分枝として活動することによって、スケールメリットとシナジー効果を発揮できるのであり、独立企業が個別に生産するよりも大きい利益を得ることができる。ミシガン・ロー・スクールのアビ・ヨナ教授が主張するように、そもそも多国籍企業は、独立企業がアームズ・レングス原則で相互に取引す

図表８—11　定式配分法の導入による各国の課税所得の変化割合

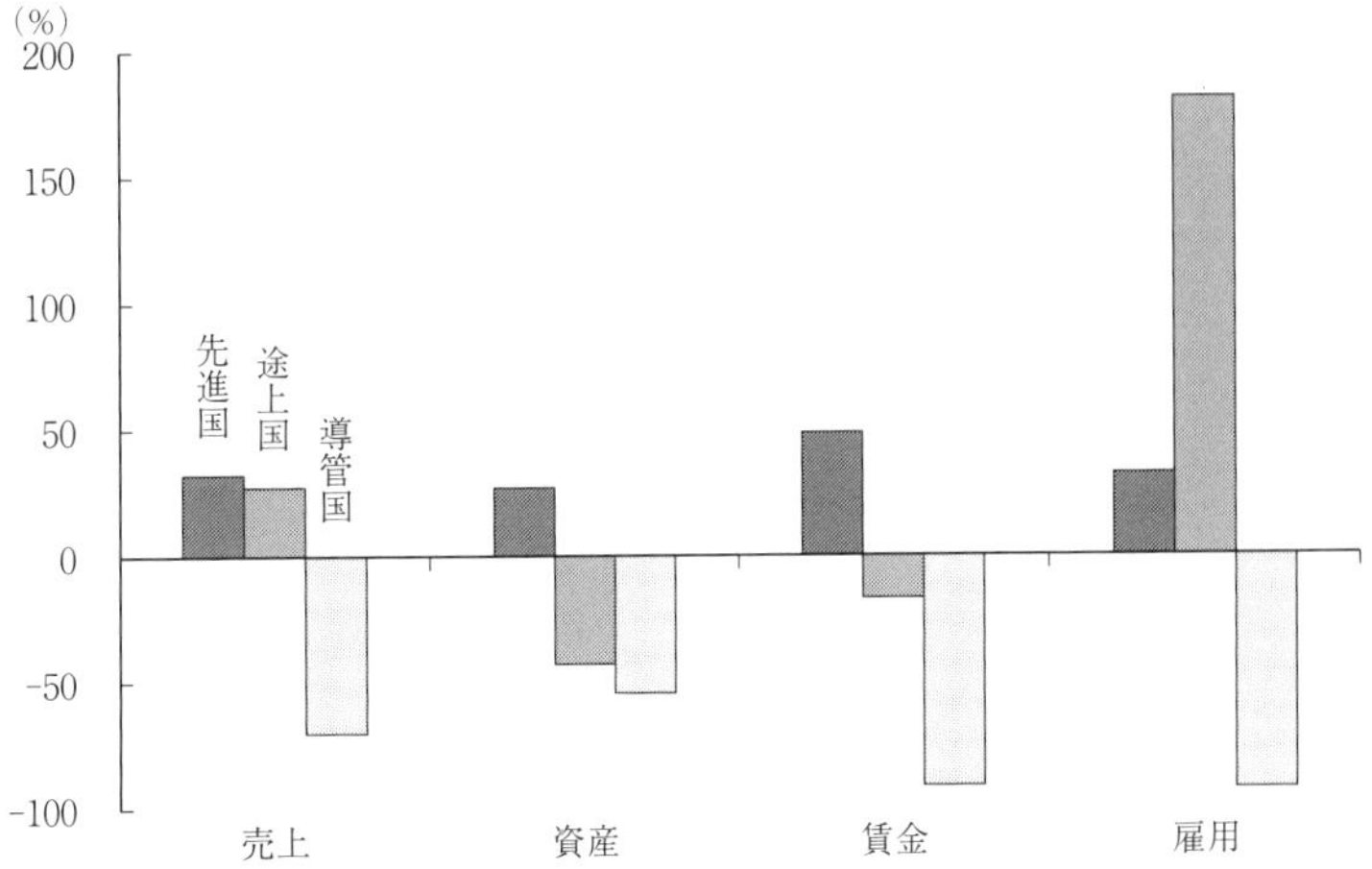

注）「売上」「資産」「賃金」「雇用」とあるのは定式配分法における配分基準。
それぞれの配分基準で多国籍企業グループ全体の利益を配分し直した場合の課税所得の変化割合を示している
出所）IMF “Spillovers in International Corporate Taxation”, May 9, 2014

るよりも大きな利益を生み出すがゆえに存在するのである。[*10]

ＩＭＦも近年、合算課税に高い関心を示している。ＩＭＦスタッフによる論文（二〇一九年）は、ＢＥＰＳプロジェクトを、国際的な税の協力に重要な進展を示していると評価する一方、アームズ・レングス原則への依存など、一世紀前の税の設計に変更を加えようとしていないとして批判し、定式配分方式が、アームズ・レングス原則によるよりも、利益配分のふさわしい方式だと述べている。[*11]

ＩＭＦはまた、定式配分方式をとった場合に、課税所得がどう再配分されるかに関する試算をおこなっている。それによると、配分基準として何を使うかにもよるけれど、先進国はどの基準を使っても課税所得は増える一方、タックスヘイブンや導管国は、課税所得を大きく失うこと、また新興国は基準として「雇用」にウェイトをつけると最も多く、「売上」でも課税所得の増大の結果をもたらすことが示されている[*12]（図表8―11）。

国際NGO「国際企業課税改革独立委員会」（ICRICT）は、「OECDのデジタル経済に関する現行の取り組みによって、移転価格の矛盾すべてが極端に表れており、もはや目的にかなっていないことが明らかだ」「小手先の改革を続けるのか、それとも二一世紀のための抜本的で持続的な国際課税システムを設計するのか、国際社会は重大な岐路に立っている」との声明を発表し、ユニタリー課税の実現を強く求めている[*13]。

9 国連の新しい役割

第二次大戦後の国際的な税のシステムは、OECDを舞台にして設計されてきた。OECDは先進国を中心としたグループなので、戦後の国際的な税のシステムは先進国優位の設計となっている。しかしグローバル化に伴って、途上国を含む多くの国が世界経済に取り込まれ、相互依存関係が深まった今日、先進国優位の現行システムは限界に突き当たっている。

とくに租税のあり方は国家の主権にかかわる問題であり、国際的な税のシステムの設計にあたっては、すべての国の意見が尊重されなければならない。ＢＥＰＳプロジェクトやポストＢＥＰＳとしておこなわれている現在の取り組みも、国際課税ルールを再設計する課題に直面しており、本来ならば世界のすべての国の参加によって解決されるべき性格のものである。

世界のすべての国が参加する枠組みとしては国連が最もふさわしい。現在、国連には経済社会理事会（ＥＣＯＳＯＣ）のもとで、国際租税協力専門家委員会（The Committee of Experts on International Cooperation in Tax Matters　以下「国連租税委員会」）が活動している。国連租税委員会は、二国間租税条約のモデルとなる「国連モデル条約」を策定するなど、税の問題に関する国際協力を進めている。

先進国間で締結される条約が「ＯＥＣＤモデル条約」にもとづいて締結されるのに対して、「国連モデル条約」は、先進国と途上国の間で結ばれる租税条約のモデルとなっている。「国連モデル条約」は、「ＯＥＣＤモデル条約」と比べ、比較的に源泉国（途上国）に有利な内容を含むモデルとなっている。ＢＥＰＳプロジェクトやポストＢＥＰＳが目指す「経済活動がおこなわれたところで課税」という課題は、そのための「ＰＥ規定」や課税権の再分配問題も含め、「国連モデル」を基礎にしてこそ、解決の道が開ける。

しかし、現在の国連租税委員会は体制が不十分で、税に関するリソースも不足しており、グローバルな税のシステムの設計に取り組む課題に応える役割を十分発揮できる状況にはない。国連租税委員会の体制を強化し、税の国際ルール設定に関する発言権を強めることが課題である。

税に関する国連の役割を強める声は、国連の内外から強まっている。国連では特定のテーマで有識者が集まって議論し、解決策を報告するハイレヴェル・パネルの制度がある。パネルでは国連システムに加え、市民社会、民間企業、学術界、そして世界各地の研究機関も交えたオープンで包括的な協議がおこなわれる。

二〇二〇年に国連総会及び経済社会理事会の議長によって設置されたいわゆるＦＡＣＴＩパネルは、二〇三〇年を目標年次とする国連の「持続可能な開発目標」（ＳＤＧｓ）達成のための資金の調達方法に関する課題に取り組むパネルであった。

ＳＤＧｓ目標達成のためには、そのための資金をどう調達するかが最大の課題である。そのためにはまず、途上国からの不法な資金の流出を止めなければならない。ＳＤＧｓの目標一六―四は、一九三〇年までに不法資金の流れ（illicit financial flows）を大幅に減少させる目標を掲げている。途上国からの資金流出の大きな部分を占めるのは、多国籍企業による税逃れである。

二〇一五年に、ＳＤＧｓ目標を決める国連総会に先立ってアジスアベバで開かれた、国連の第三回開発資金国際会議は、「アジスアベバ行動宣言」（ＡＡＡＡ）を採択し、不法資金の流出に税逃れを含ませ、多国籍企業は経済活動がおこなわれたところで税を支払うよう求めた。同年開催された国連のハイレヴェル・パネル報告（ムベキ報告）も途上国からの不法資金流出の最大のものは多国籍企業による税逃れであることを指摘した。ところが、ＳＤＧｓ目標が掲げる不法資金の流出から、多国籍企業の税逃れによる資金流出を除外しようとするキャンペーンが広がった。

二〇二〇年に開始されたFACTIパネルは約一年間の討議を経て、二一年に最終報告書[*14]を提出した。FACTIパネルは「持続的発展のための金融のインテグリティ（誠実性）」の実現を中心課題とし、そのための一四の提言を示している。

FACTIパネル報告書は、「不法資金の流出」とは発展に有害な富の移転で、アグレッシブな税逃れと金融秘密を含んだものと定義し、その送り手と受け手の両方の国に対する行動を呼びかけている。提言は税の問題だけでなく、腐敗問題、マネー・ロンダリングなど広い範囲にわたっているが、とくに税に関して、以下のような注目すべき提言が含まれている。すなわち、国際課税ルールに関して、アームズ・レングス原則を基本とする現行の移転価格制度から、定式配分方式に移行すること、税の競争とたたかう公正なルールとインセンティブ形成のために、国際的最低税率の合意を開始すること、金融機関、法律事務所、会計事務所など、税逃れを指南するプロフェッショナルに対して、グローバルな基準とガイドラインを作成し、監視を強めること、また多国籍企業の国別報告書を公開することなどを求めている。また報告書は、以上の内容を盛り込んだ国連租税条約（UN Tax Convention）を締結すること、国連のもとに包括的な政府間ボディを設立することを求めている。

これらの提言はタックス・ジャスティス・ネットワーク（TJN）をはじめ、市民運動や有識者がかねて求めていたものであり、それが国連のハイレヴェル・パネルの報告書に取り入れられた意義は大きい。

10 国際連帯と市民社会

二一世紀に入り、グローバル化とデジタル化が急進展し、多国籍企業の支配が強まり、新自由主義が支配的な経済思想として取り込まれるにつれて、世界各国で大企業や富裕者に対する減税がおこなわれるとともに、税率引き下げ競争（底辺への競争）が激しくなった。巨大企業や富裕者はタックスヘイブンを濫用《らんよう》して脱税し、税を逃れた。

こうした中で、資本への軽課と労働への重課が、税に関する政策の世界の趨勢《すうせい》となった。その結果、各国で税収の停滞と債務の累積が進行し、財政基盤を悪化させた。また税収確保のための大衆課税の強化が逆進性を強化し、格差を拡大させた。

コロナ・パンデミックが世界を襲ったのはちょうどそのような時であった。各国はコロナ対策のための緊急の財政支出に加え、経済の回復のために、異例の規模の財政支出を講じることとなった。とりわけ、借金を支える経済力の弱い貧困な途上国は、借り入れ余力のある先進国と異なり、深刻な状況に置かれている。

今こそ世界は税率引き下げ競争を停止し、国際的な最低税率を定める国際合意を実現しなければな

図表8—12　国際連帯と市民社会

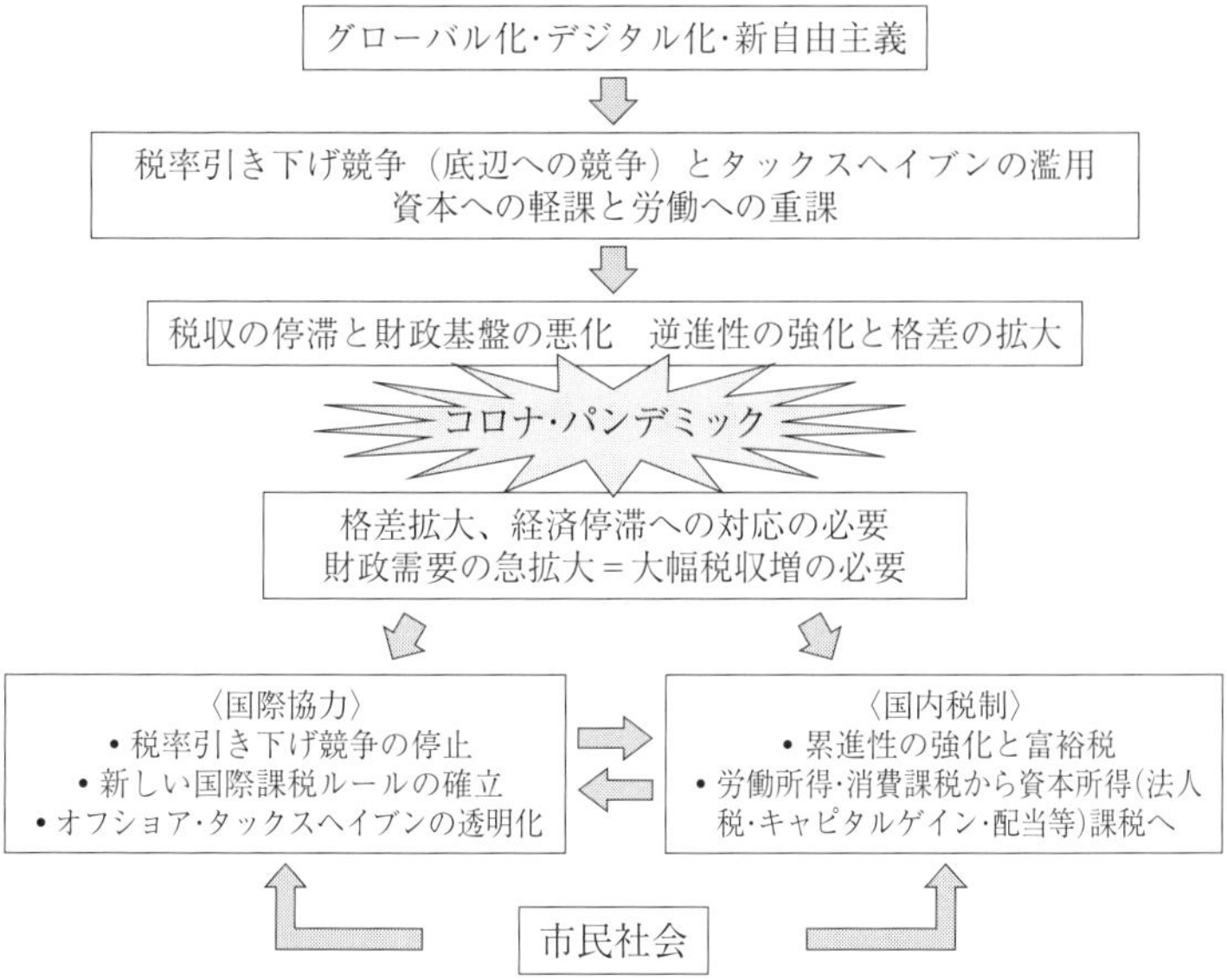
グローバル化・デジタル化・新自由主義
税率引き下げ競争（底辺への競争）とタックスヘイブンの濫用
資本への軽課と労働への重課
税収の停滞と財政基盤の悪化　逆進性の強化と格差の拡大
コロナ・パンデミック
格差拡大、経済停滞への対応の必要
財政需要の急拡大＝大幅税収増の必要
〈国際協力〉
• 税率引き下げ競争の停止
• 新しい国際課税ルールの確立
• オフショア・タックスヘイブンの透明化
〈国内税制〉
• 累進性の強化と富裕税
• 労働所得・消費課税から資本所得(法人税・キャピタルゲイン・配当等)課税へ
市民社会

らない。また巨大企業の脱税、税逃れを封じ、応分の負担を求めるとともに、課税権を公平に配分する、新しい国際課税ルールを確立しなければならない。同時に、オフショア、タックスヘイブンの透明化にいっそう力を入れなければならない。

各国は国内税制を改革し、法人税の税率引き上げ、所得税の累進性の強化、富裕税の創設などによって、労働所得・消費課税から、資本所得（法人税・キャピタルゲイン・配当等）課税に比重を移す税体系へと転換を図らなければならない。労働課税から資本課税への税の比重の転換をはかるためには、各国における取り組みとともに、国際的な協力が不可欠である。なぜなら、資本は税の高いところから低いところに簡単に移動できるからである。そしてそのような税の仕組みを国際的に実現するためには、市民社会の監視と行動が不可欠であることはいうまでもない（図表8―12）。

注

＊1　ILO, OECD "The Labour Share in G20 Economies", February 2015

＊2　U.S. Department of the Treasury "The Made in America Tax Plan", April 2021

＊3　エマニュエル・サエズ、ガブリエル・ズックマン著、山田美明訳『つくられた格差』二〇二〇年、光文社。なお同書では、自営業者が稼いだ「混合所得」については、三〇パーセントを資本所得に、七〇パーセントを労働所得に振り分けている。

＊4　Emmanuel Saez, Gabriel Zucman "Progressive Wealth Taxation" Brookings Paper on Economic Activity, 2019

＊5　トマ・ピケティ著、山形浩生、守岡桜、森本正史訳『21世紀の資本』二〇一四年、みすず書房

＊6　ICRICT "A Roadmap for a Global Asset Registry: Measuring and tackling inequality: Curbing tax avoidance, tax evasion, corruption and illicit financial flows", March 2019.

＊7　ケネス・シーヴ、デイヴィッド・スタサヴェージ著、立木勝訳『金持ち課税』二〇一八年、みすず書房

＊8　ロバート・フィッツジェラルド著、川邉信雄、小林啓志、竹之内玲子、竹内竜介訳『多国籍企業の世界史　グローバル時代の人・企業・国家』二〇一九年、早稲田大学出版部

＊9　Sol Picciotto "Toward unitary taxation of transnational corporations", 2012

＊10　Reuven S. Avi-Yonah and Kimberly A. Clausing "A Proposal to Adopt Formulary Apportionment for Corporate Income Taxation" The Hamilton Project, April 2007

＊11　IMF Policy Paper "Corporate Taxation in the Global Economy", March 2019

＊12　IMF Policy Paper "Spillovers in International Corporate Taxation", May 9, 2014

＊13　ICRICT "The Fight Against Tax Avoidance", January 2019

＊14　"Financial Integrity for Sustainable Development: Report of the High Level Panel on International Financial Accountability, Transparency and Integrity for Achieving the 2030 Agenda", February 2021

合田　寛（ごうだ・ひろし）
1943年、韓国・釜山生まれ。神戸大学大学院経済学研究科博士課程修了。国会議員政策秘書を経て、公益財団法人政治経済研究所理事・現代経済研究室長（主任研究員）。「公正な税制を求める市民連絡会」「タックス・ジャスティス・ネットワーク・ジャパン」など市民運動に携わる。
著書に、『これでわかるタックスヘイブン』（2016年、合同出版）、『パナマ文書とオフショア・タックスヘイブン』（2016年、日本機関紙出版センター）、『タックスヘイブンに迫る』（2014年、新日本出版社）、『格差社会と大増税』（2011年、学習の友社）、『大増税時代』（2004年、大月書店）、『現代日本の金融』（1997年、共著、新日本出版社）、『検証・日本の金融政策』（1995年、大月書店）など。共著に本庄資編『国際課税ルールの新しい理論と実務』（2017年、中央経済社）。共訳書にアンガス・マディソン『世界経済史概観』（2015年、岩波書店）。

パンデミックと財政《ざいせい》の大転換《だいてんかん》——GAFA支配《しはい》と租税国家《そぜいこっか》の危機《きき》をこえて

2021年9月30日　初　版

著　者　合　田　　寛
発行者　田　所　　稔

郵便番号　151-0051　東京都渋谷区千駄ヶ谷4-25-6
発行所　株式会社　新日本出版社
電話　03（3423）8402（営業）
03（3423）9323（編集）
info@shinnihon-net.co.jp
www.shinnihon-net.co.jp
振替番号　00130-0-13681

印刷　亨有堂印刷所　　製本　小泉製本

落丁・乱丁がありましたらおとりかえいたします。

ISBN978-4-406-06625-9 C0033　Printed in Japan